国家宏观战略中的关键性问题研究丛书

扩大中等收入群体与促进产业升级协同发展研究

杨汝岱　王　璐　陈斌开　罗　知◎著

科学出版社

北　京

内　容　简　介

以比较优势为基础的全球分工体系带来了福利水平大幅提升，但贸易的分配效应也带来了不同维度的全球经济失衡。新经济时代，技术进步速度越来越快，资本不断替代劳动，这使得失衡进一步加剧。因此，在加快产业升级的同时扩大中等收入群体、实现共同富裕，就不仅仅是个政治问题，更是个经济问题，是涉及供需匹配促进经济良性循环的重要问题。基于此，本书以丰富的数据为基础，从技术进步、产业升级、收入分配、人力资本等角度讨论产业升级与扩大中等收入群体协同发展问题，以期为未来学术研究与政策制定提供较为扎实的基础研究成果。

本书适合经济学类教学科研人员、高年级本科生与研究生，以及关心中国经济发展的广大群体阅读参考。

图书在版编目(CIP)数据

扩大中等收入群体与促进产业升级协同发展研究 / 杨汝岱等著. —北京：科学出版社，2023.2

（国家宏观战略中的关键性问题研究丛书）

ISBN 978-7-03-071237-0

Ⅰ. ①扩… Ⅱ. ①杨… Ⅲ. ①收入分配-关系-产业结构升级-协调发展-研究-中国　Ⅳ. ①F269.24

中国版本图书馆 CIP 数据核字（2022）第 000291 号

责任编辑：魏如萍 / 责任校对：贾娜娜
责任印制：张　伟 / 封面设计：无极书装

科学出版社 出版
北京东黄城根北街 16 号
邮政编码：100717
http://www.sciencep.com

北京中科印刷有限公司 印刷
科学出版社发行　各地新华书店经销

*

2023 年 2 月第　一　版　开本：720×1000　1/16
2023 年 2 月第一次印刷　印张：13 1/4
字数：267 000

定价：145.00 元
（如有印装质量问题，我社负责调换）

丛书编委会

主　编：
　　侯增谦　副 主 任　国家自然科学基金委员会

副主编：
　　杨列勋　副 局 长　国家自然科学基金委员会计划与政策局
　　刘作仪　副 主 任　国家自然科学基金委员会管理科学部
　　陈亚军　司　　长　国家发展和改革委员会发展战略和规划司
　　邵永春　司　　长　审计署电子数据审计司
　　焦小平　主　　任　财政部政府和社会资本合作中心

编委会成员（按姓氏拼音排序）：
　　陈　雯　研 究 员　中国科学院南京地理与湖泊研究所
　　范　英　教　　授　北京航空航天大学
　　胡朝晖　副 司 长　国家发展和改革委员会发展战略和规划司
　　黄汉权　研 究 员　中国宏观经济研究院
　　李文杰　副 主 任　财政部政府和社会资本合作中心推广开发部
　　廖　华　教　　授　北京理工大学
　　马　涛　教　　授　哈尔滨工业大学
　　孟　春　研 究 员　国务院发展研究中心
　　彭　敏　教　　授　武汉大学
　　任之光　处　　长　国家自然科学基金委员会管理科学部
　　石　磊　副 司 长　审计署电子数据审计司
　　唐志豪　处　　长　审计署电子数据审计司
　　涂　毅　主　　任　财政部政府和社会资本合作中心财务部
　　王　擎　教　　授　西南财经大学
　　王　忠　副 司 长　审计署电子数据审计司
　　王大涛　处　　长　审计署电子数据审计司
　　吴　刚　处　　长　国家自然科学基金委员会管理科学部
　　夏颖哲　副 主 任　财政部政府和社会资本合作中心
　　徐　策　原 处 长　国家发展和改革委员会发展战略和规划司
　　杨汝岱　教　　授　北京大学
　　张建民　原副司长　国家发展和改革委员会发展战略和规划司
　　张晓波　教　　授　北京大学
　　周黎安　教　　授　北京大学

丛 书 序

习近平总书记强调,编制和实施国民经济和社会发展五年规划,是我们党治国理政的重要方式[①]。"十四五"规划是在习近平新时代中国特色社会主义思想指导下,开启全面建设社会主义现代化国家新征程的第一个五年规划。在"十四五"规划开篇布局之际,为了有效应对新时代高质量发展所面临的国内外挑战,迫切需要对国家宏观战略中的关键问题进行系统梳理和深入研究,并在此基础上提炼关键科学问题,开展多学科、大交叉、新范式的研究,为编制实施好"十四五"规划提供有效的、基于科学理性分析的坚实支撑。

2019年4月至6月期间,国家发展和改革委员会(简称国家发展改革委)发展战略和规划司来国家自然科学基金委员会(简称自然科学基金委)调研,研讨"十四五"规划国家宏观战略有关关键问题。与此同时,财政部政府和社会资本合作中心向自然科学基金委来函,希望自然科学基金委在探索PPP(public-private partnership,政府和社会资本合作)改革体制、机制与政策研究上给予基础研究支持。审计署电子数据审计司领导来自然科学基金委与财务局、管理科学部会谈,商讨审计大数据和宏观经济社会运行态势监测与风险预警。

自然科学基金委党组高度重视,由委副主任亲自率队,先后到国家发展改革委、财政部、审计署调研磋商,积极落实习近平总书记关于"四个面向"的重要指示[②],探讨面向国家重大需求的科学问题凝练机制,与三部委相关司局进一步沟通明确国家需求,管理科学部召开立项建议研讨会,凝练核心科学问题,并向委务会汇报专项项目资助方案。基于多部委的重要需求,自然科学基金委通过宏观调控经费支持启动"国家宏观战略中的关键问题研究"专项,服务国家重大需求,并于2019年7月发布"国家宏观战略中的关键问题研究"项目指南。领域包括重大生产力布局、产业链安全战略、能源安全问题、PPP基础性制度建设、宏观经济风险的审计监测预警等八个方向,汇集了中国宏观经济研究院、国务院发展研究中心、北京大学等多家单位的优秀团队开展研究。

该专项项目面向国家重大需求,在组织方式上进行了一些探索。第一,加强顶层设计,凝练科学问题。管理科学部多次会同各部委领导、学界专家研讨凝练

[①]《习近平对"十四五"规划编制工作作出重要指示》,www.gov.cn/xinwen/2020-08/06/content_5532818.htm,2020年8月6日。

[②]《习近平主持召开科学家座谈会强调 面向世界科技前沿面向经济主战场 面向国家重大需求 面向人民生命健康 不断向科学技术广度和深度进军》(《人民日报》2020年9月12日第01版)。

科学问题，服务于"十四五"规划前期研究，自上而下地引导相关领域的科学家深入了解国家需求，精准确立研究边界，快速发布项目指南，高效推动专项立项。第二，加强项目的全过程管理，设立由科学家和国家部委专家组成的学术指导组，推动科学家和国家部委的交流与联动，充分发挥基础研究服务于国家重大战略需求和决策的作用。第三，加强项目内部交流，通过启动会、中期交流会和结题验收会等环节，督促项目团队聚焦关键科学问题，及时汇报、总结、凝练研究成果，推动项目形成"用得上、用得好"的政策报告，并出版系列丛书。

该专项项目旨在围绕国家经济社会等领域战略部署中的关键科学问题，开展创新性的基础理论和应用研究，为实质性提高我国经济与政策决策能力提供科学理论基础，为国民经济高质量发展提供科学支撑，助力解决我国经济、社会发展和国家安全等方面所面临的实际应用问题。通过专项项目的实施，一方面，不断探索科学问题凝练机制和项目组织管理创新，前瞻部署相关项目，产出"顶天立地"成果；另一方面，不断提升科学的经济管理理论和规范方法，运用精准有效的数据支持，加强与实际管理部门的结合，开展深度的实证性、模型化研究，通过基础研究提供合理可行的政策建议支持。

希望此套丛书的出版能够对我国宏观管理与政策研究起到促进作用，为国家发展改革委、财政部、审计署等有关部门的相关决策提供参考，同时也能对广大科研工作者有所启迪。

侯增谦
2022 年 12 月

目 录

第一章 绪论 ·· 1
   第一节 研究背景 ··· 1
   第二节 主要研究内容 ·· 6
   第三节 主要研究结论与政策含义 ··· 9

第二章 技术进步、不平等与全球经济发展 ······································ 14
   第一节 不平等与反全球化浪潮 ·· 15
   第二节 不平等的长期影响 ·· 20
   第三节 不平等与经济增长 ·· 23
   第四节 公平和效率能否兼得？ ·· 26

第三章 不平等与中国中等收入群体 ··· 33
   第一节 国民收入分配：典型事实和国际比较 ···························· 33
   第二节 中国居民收入分配 ·· 47
   第三节 居民财富不平等 ··· 67
   第四节 中国是否会陷入不平等陷阱？ ····································· 76

第四章 偏向性技术进步与劳动收入占比 ······································· 78
   第一节 引言 ··· 78
   第二节 文献综述 ·· 79
   第三节 偏向性技术进步估算方法 ··· 83
   第四节 相关数据与变量说明 ··· 87
   第五节 偏向性技术进步估计结果及分析 ·································· 91
   第六节 偏向性技术进步与劳动收入份额 ································ 110
   第七节 总结 ··· 117

第五章 结构变迁与制造业转型升级················119
第一节 引言················119
第二节 研究背景················121
第三节 劳动生产率增长的分解：就业结构变迁与部门内增长········122
第四节 经济特区、产业集聚和制造业乘数················126
第五节 制造业内部的劳动生产率增长················131
第六节 总结················132

第六章 产业升级、技术进步的就业破坏和就业创造效应········134
第一节 引言················134
第二节 工业机器人应用与我国就业趋势变化················136
第三节 挤出效应：工业机器人应用与第二产业就业··········138
第四节 创造效应：工业机器人应用与第三产业就业··········139
第五节 智能制造对劳动力就业结构影响的检验············143
第六节 进一步研究：智能制造的分配效应················145
第七节 总结················147

第七章 产业升级与农村劳动力非农就业················149
第一节 引言················149
第二节 产业升级背景下的农村劳动力就业················152
第三节 分行业的农村劳动力就业情况················158
第四节 总结················159

第八章 人力资本匹配与产业升级················161
第一节 人力资本与经济发展················161
第二节 人力资本与社会流动················169
第三节 人力资本与产业升级················176
第四节 人力资本与科技创新················183
第五节 人力资本与未来社会经济发展展望··········186
第六节 总结················187

参考文献················191

第一章

绪 论

新经济时代，以人工智能、机器替代等为代表的新技术迅猛发展，这些技术的进步又进一步使大数据、规模经济的作用得到较好的挖掘，大幅度降低了交易成本，在很大程度上改变了全球生产与贸易格局。几十年来各国基于资本、劳动禀赋进行分工的共同发展模式，由于资本对劳动的替代而面临重大挑战，作为一个深度参与全球化的发展中大国，这一现象对我国就业、收入增长、收入分配、社会福利等方面也产生了深远的影响。本书以这一判断为基础，研究在促进产业转型升级、提高国际竞争力的同时，如何扩大中等收入群体、全民共享经济发展成果的问题。本书研究以丰富、精准的宏微观数据为基础，讨论产业升级与中等收入群体协同发展问题，希望能为未来的政策决策提供较为扎实的基础研究成果。

第一节 研 究 背 景

一、相关背景

刘世锦（2019）领衔的国务院发展研究中心"中长期增长"课题组研究成果指出，中等收入群体倍增应该成为全面建成小康社会后的另一个重要的发展目标。只有当中等收入群体达到总人口的 60%～70% 时，我们才可以真正说跳出了中等收入陷阱，真正体现了全民共享发展成果。经济增长依赖产业发展与产业升级，目标是希望能实现全民共享经济增长的成果，实现人的发展与经济增长的统一。因此，扩大中等收入群体与促进产业升级二者之间的协同发展是我们需要重点关注的问题。几百年来的全球经济发展实践表明，技术进步与分工是经济增长的源泉，两者互相促进，推动社会经济发展。18 世纪以前，技术水平较低，分工程度较低，各国经济长期处于传统的农业社会低水平均衡状态，生活水平非常低。工业革命以后，人均产出开始持续增长，完全突破了原有的农业社会低水平均衡状态，使人们开始从理论上思考经济持续增长的原因。$Y=AF(K,L)$ 是现代经济增长理论和实践的精髓，Y 表示最终产出，K 表示资本，L 表示劳动，A 表示以技术为核心的全要素生产率。经济学理论一直以这一基本的表达式解释和指导经济发展实践。资本、劳动和以技术为核心的全要素生产率构成现代经济增长的基本要素。在这一理论体系中，技术进步和以分工为基础的资源配置效率成为全球经济增长的关键。各个经济主体（国家、企业、个人）根据自己的比较优势从事合适的产业，再通过产品交换（要素的间接流动）或要素直接流动来改善资源配置效率，并促进技术扩散和技术进步，促进经济增长和社会福利提升。

技术进步与分工对于经济发展有增长效应，也有分配效应。技术不断进步，产业不断升级，必然带来不同群体回报、收入和社会福利的相对变化。过去的几十年，全球分工基本上是以各国资本、劳动禀赋为基础（由于资本流动性较强，此处也可以理解为以各国的劳动禀赋为基础），每个经济体在全球分工体系中有一席之地。由于分工带来的增长效应较大，社会整体福利上升较快，分配效应产生的矛盾还没有充分显示，世界各国整体上是和谐发展的。改革开放以来，我国正是很好地把握了这一历史机遇，做出了"和平与发展是当今时代的主题"这一重要论断，深度参与全球分工，取得了非常好的经济发展绩效。

新经济时代，以机器学习（人工智能）、机器替代等为代表的新技术迅猛发展，大幅度降低了交易成本，大数据与规模经济的作用日益凸显，全球生产与贸易格局深刻变革，几十年来各国基于资本、劳动禀赋进行分工的共同发展模式，由于资本对劳动的替代而面临重大挑战，作为一个以劳动力比较优势为基础深度参与全球化的发展中大国，这一现象在改变我国面临的国际发展环境的同时，也对我国就业、收入增长、收入分配、社会福利等产生了深远的影响，亟待深入研究。

在此背景下，本书研究在促进产业转型升级、提高国际竞争力的同时，如何扩大中等收入群体、全民共享经济发展成果的问题。本书课题组收集了1998～2007年的中国工业企业数据库、2000年以来的海关进出口报关数据等企业层面微观数据，以及1986～2009年国家统计局城镇住户调查（Urban Household Survey，UHS）数据、2010年以来北京大学中国家庭追踪调查（China Family Panel Studies，CFPS）等微观家户数据。这些企业和家户数据整合形成了一个研究产业升级与收入增长、收入分配的综合数据集，这是本书课题研究得以顺利开展的重要保障。

总结而言，1978年，中国制造业规模占全球的比重不到2%，中国劳动力工资水平不足美国的3%，而现在，这两个比重都超过20%，并且在继续上升，中国的产业升级与劳动力发展问题已经成为一个亟待深入研究的重大课题。本书课题研究以丰富、准确的企业和家户（个人）微观数据为基础，在一般均衡框架下研究扩大中等收入群体与促进产业升级协同发展问题，希望能为未来的政策决策提供较为扎实的基础研究成果。

二、国内外的研究状况述评

（一）关于产业升级相关政策的研究

新中国成立以来，尤其是改革开放以来，我国产业发展从最早的重工业优先到后来的遵循比较优势，虽然历经了曲折，但也取得了很好的成绩。姚洋和郑东雅（2008）认为计划经济时代以很大的代价为中国留下了齐全的工业门类，这为后来的产业升级提供了条件。很多研究认为，改革开放以来，比较优势战略在我国的应用非常成功（林毅夫等，1999），劳动密集型产业的发展使中国经济迅速崛起。随着经济规模与对外贸易的迅速发展，有学者认为如果固守劳动力的比较优势，长此以往，我们将丧失核心技术，沦为"加工厂"，不利于长期发展，并从国际竞争力（黄玖立和李坤望，2006；沈坤荣和李剑，2003）、产品技术含量（Hausmann et al.，2007；黎文靖和郑曼妮，2016）、外商投资（陈继勇和盛杨怿，2008）、竞争优势（洪银兴，2001；梁琦和张二震，2002）、全要素生产率（袁志刚和解栋栋，2011）、能源环境（张伟等，2016；童健等，2016）等不同角度研究了产业升级的表现形式及其必要性，研究从"中国制造"到"中国智造"的转型（Wei et al.，2017）。此外，产业升级受很多因素影响，也会对宏观经济各个层面产生影响。产业政策是政府干预经济的重要方式，其方式、效果等在学术界和决策部门都有很大的争议。相对而言，发展中国家更加热衷于实行产业政策，希望能保护弱势产业，实现产业升级，但文献上并没有统一的结论（Krueger and Tuncer，1982；Greenwald and Stiglitz，2006）。Harrison 和 Rodríguez-Clare（2010）对此做出了非常详细的综述。近些年，关于中国产业政策影响产业升级的研究也越来越多，研究角度各有不同（Aghion et al.，2015；韩永辉等，2017；郭克莎，2019）。Aghion 等（2015）认为促进竞争的产业政策能够有效促进生产率增长。

韩永辉等（2017）以产业相关的地方性法规和地方政府规章对产业政策予以定量识别，研究发现，产业政策的出台与实施能够有效促进地区产业结构合理化和高度化，但其效果高度依赖地方市场化水平与地方政府能力。

总结现有的研究，本书主要从以下两点进一步拓展。第一，提高对新经济的关注度。根据国家统计局 2020 年公布的数据，2019 年我国新产业、新业态、新商业模式的"三新"经济增加值已经占到 GDP（gross domestic product，国内生产总值）的 16.3%，而且增速远高于传统经济，这对劳动力市场造成了非常大的冲击，有待深入研究。第二，对产业升级和相关政策的研究更注重一般均衡框架。产业升级同时意味着淘汰低端产业，这在带来增长效应的同时也带来分配效应，需要综合研究。特定产业政策（金融、财政、准入等）的确可以带来某个产业、某个产业内的部分企业的发展，但从全局来看，这会不会带来不公平竞争？会不会带来对劳动者的分配不公平？本书的研究中重点对技术进步和产业升级的分配效应进行讨论。

（二）关于技术进步、产业升级与收入分配的关系研究：宏观层面

产业升级对于收入分配的影响，首先是对劳动收入占比的影响，学术界对此进行了系统、深入研究。在要素分配中，劳动收入占比下降是全球性趋势（Karabarbounis and Neiman；2014；皮凯蒂，2014）。白重恩和钱震杰（2009a，2009b，2010）、吕冰洋和郭庆旺（2012）等基于中国的数据同样发现劳动收入份额不断下降。至于具体比例，根据不同的数据计算会有不同的结果。贾珅和申广军（2016）用中国工业企业数据库计算，发现劳动收入份额由1998年的45.4%下降到2007年的40.9%。这背后的原因非常复杂。林毅夫和陈斌开（2013）认为重工业优先发展战略会造成金融抑制和劳动力市场扭曲，扩大收入差距。罗长远和张军（2009a）认为转型时期的结构变迁使得产业向资本更密集的第二、第三产业转变，这必然带来劳动收入份额的下降。除劳动收入份额之外，也有大量文献讨论产业升级与整体收入分配的关系。收入差距的结构性特点表现在城乡之间（钱忠好和牟燕，2013；陈斌开等，2010）、地区之间（赵勇和魏后凯，2015）、性别之间（李实等，2014）、行业之间（顾颖等，2007；吴万宗等，2018）等不同维度，过大的收入差距会给个人发展（封进和余央央，2007）、社会流动性（罗楚亮和刘晓霞，2018）、创新（程文和张建华，2018；安同良和千慧雄，2014）、经济增长（田新民等，2009）等带来负面影响。影响收入分配的因素多种多样，如教育、人力资本等（杨娟等，2015；黄祖辉等，2006；吕炜等，2015），本书重点梳理从技术进步和产业升级角度开展研究的文献。Acemoglu（2002b）从理论上讨论了技术进步影响收入不平等的机制。黄先海和徐圣（2009）认为技术进步的资本偏向会使得资本不断挤出劳动，扩大资本、劳动的所有者之间的收入差距，而这种技术进步又会使得与高技术匹配的高技能劳动者收入增加，从而扩大劳动者内部的收入差距（马红旗等，2017；姚毓春等，2014；卢晶亮，2017；董直庆等，2014）。Autor等（2006）对美国的研究也发现了类似的机制。还有一些文献将这种影响研究细化到行业层面（Caju et al.，2010；叶林祥等，2011；周云波等，2017）和地区层面（周茂等，2018）。

总结而言，学术界关于产业升级与劳动收入占比、收入分配的宏观层面研究成果已经非常多，而且研究质量很高。本书主要从以下几个方面做一些完善。第一，全球化和经济总量提升使我国产业升级受外部环境的影响越来越大，本书重点讨论国际背景下的技术进步分配效应研究。中国制造业产值占全世界的比例从1978年的2%上升到现在超过20%，中国与其他国家的产业联动比以往任何时期都更为频繁复杂。中国产业升级及其对劳动力市场的影响是全球产业升级与资本

劳动分化的一部分，如何在这个大背景下思考促进产业升级与扩大中等收入群体协同发展，是本书重点讨论的问题。第二，产业升级包括产业间结构转型和产业内升级（Solow，1958；胡秋阳，2016；王林辉和袁礼，2018），当技术进步速度较慢时，研究更多关注的是产业内的产业升级，新经济时代，以人工智能为代表的机器学习、机器替代快速发展（Acemoglu and Restrepo，2019；Acemoglu and Restrepo，2020），"三新"经济使得结构转型周期迅速缩短，这对人力资本匹配、产业规制的与时俱进等，都提出了新的要求，本书的研究对这一新情况更为重视。

(三) 关于技术进步、产业升级与收入分配的关系研究：微观层面

进一步的研究将技术进步、产业升级对收入分配的影响拓展到家户和个人层面（Han et al.，2012），这时候就可以更好地探究个人成长如何更好地适应社会经济发展问题。徐舒（2010）的一般均衡框架分析中，认为异质性劳动回报的根源是教育回报率的变化。程名望等（2016）基于农村数据也发现了人力资本的重要性。也有研究认为，劳动者异质性体现在年龄、性别、不同类型人力资本等其他方面（韩军等，2015）。除了劳动力本身的异质性，还有劳动力市场的异质性、产品市场的不完全竞争、工会等因素，也会使得产业升级带来分配效应（魏下海等，2013）。此外，新经济的发展使得很多文献开始探讨信息化、平台经济从不同维度对产业升级以及异质性劳动回报的影响（陈宇羡等，2018；李雅楠和谢倩芸，2017；Kaushik and Singh，2004）。

总的来看，扩大中等收入群体对于中国可持续发展意义重大（张军，2017），由于数据缺乏、新经济业态发展时间还比较短，从微观层面研究产业升级与收入分配的成果还不是很多。第一，本书研究认为，产业升级有增长效应和分配效应，当产业升级是一个慢变量时，其分配效应更多地体现为宏观的劳动收入占比问题；当技术进步速度加快时，知识更新速度加快，劳动者人力资本无法与从事的工作完全匹配，这就会给劳动力市场的就业、收入增长、收入分配带来很大的影响。本书从这个角度从理论上和实证上对现有文献开展拓展研究。第二，本书特别关注一个宏观与微观联合拓展的方向。产业升级扩大收入差距，但同时带来了经济增长，似乎是暗含一个假设，如果在初次分配中节制资本，扩大劳动收入份额，就会损失效率。本书认为，应该从一般均衡角度深入研究这个问题，杨汝岱和朱诗娥（2007）的研究初步表明，中等收入群体扩大会提高社会平均消费倾向，刺激经济增长。王勇和沈仲凯（2018）的研究发现，收入不平等与产业升级的程度之间呈倒"U"形关系，即存在一个最优的收入不平等程度，最有利于产业升级。节制资本可能会损失部分效率，但由此带来的收入差距缩小却可以扩大总需求，促进增长。本书对哪一种效应发挥主导作用进行了较为详细的探讨。

第二节 主要研究内容

本书的核心研究内容一共分为七章。第二章讨论技术进步、不平等与全球经济发展问题。第三章讨论不平等与中国中等收入群体的基本事实。第四章讨论偏向性技术进步与劳动收入占比问题。第五章讨论结构变迁与制造业转型升级。第六章讨论产业升级、技术进步的就业破坏和就业创造效应。第七章讨论产业升级与农村劳动力非农就业问题。第八章讨论人力资本匹配与产业升级问题。

一、技术进步、不平等与全球经济发展

技术进步带来的不平等问题会对中等收入群体构成巨大威胁。技术进步具有增长效应，从长期来看，技术进步是经济增长的唯一动力。技术进步同样具有巨大的分配效应，在以人工智能、信息技术为代表的新一轮科技革命浪潮下，技术进步正在颠覆劳动力市场，加剧失业与不平等问题。在技术进步快速推进的大背景下，不平等究竟如何影响和改变世界？第二章通过对各国历史发展与相关文献做出系统梳理，总结不平等对世界影响的内在机制，进一步探讨未来如何解决不平等问题。第二章中，第一节首先描述了反全球化浪潮与不平等间的关系，发现近年间反全球化浪潮愈演愈烈，民粹主义的高涨与不平等间有着紧密联系；第二节讨论了不平等的长期影响，发现不平等问题是发展中国家陷入中等收入陷阱的重要原因之一；第三节从制度、社会冲突、社会再分配与机会不均等维度讨论了不平等影响经济增长的潜在机制；第四节描述了东亚经济体解决不平等问题的一些方法，回答公平与效率能否兼得的问题。

二、不平等与中国中等收入群体

降低收入分配不平等程度对于扩大中等收入群体规模、增加低收入群体收入意义重大。第三章从权威翔实的宏观及微观数据出发，对国民收入分配、居民收入分配与财富不平等的典型事实做出详细描述，进而厘清城乡收入、财富分配不平等状况，从不平等视角论述中等收入群体倍增问题。第三章中，第一节基于国家统计局资金流量表等数据，首先对我国的国民收入分配进行详细的描述，并结合联合国数据库进行国民收入分配的国际比较，在全球视野下深入理解中国收入分配格局。第二节从翔实的微观家户数据出发，刻画城乡、区域行业之间的中国居民收入分配状况。第三节基于微观家户数据进一步讨论中国居民财富的分配问题，并利用相关研究结果进行财富不平等的国际比较。第四节主要讨论了中国是否会陷入不平等陷阱的问题。

三、偏向性技术进步与劳动收入占比

长期来看,技术进步是经济增长的唯一动力来源。但由于生产不同要素的技术存在边际收益的差别,技术进步并非中性,技术进步的偏向性对一国要素间收入分配的影响起决定性作用。从全球来看,技能偏向性的技术进步是中等收入群体规模缩小的重要原因之一。第四章首先基于中国的省级数据和中国工业企业数据库数据并结合供给面标准化系统法,分别测算了我国1979年至2012年间的省际技术进步偏向和1999年至2007年间的行业技术进步偏向。其次,对偏向性技术进步估计结果进行了系统讨论。估计结果显示,1983年以后,我国技术进步普遍偏向资本,偏向性技术进步导致每年各省资本与劳动的边际产出比至少上升1%。最后,从偏向性技术进步的视角研究了中国劳动收入占比变化的原因。实证结果显示,资本偏向性技术进步是导致我国劳动收入占比下降的重要原因之一,应充分重视偏向性技术进步对收入分配的负向影响。

四、结构变迁与制造业转型升级

制造业是一个国家综合实力的根本,是立国之本、强国之基,从根本上决定一个国家的综合实力和国际竞争力。第五章综合采用宏观统计数据和微观调查数据,量化了整体就业结构变迁和制造业部门内增长对总体劳动生产率增长的贡献。首先,该章分解了1990~2007年劳动生产率增长的"部门内"效应和"部门间"效应,结论显示部门间就业结构的变动提高了整体劳动生产率,工业化的发展促进了农业部门劳动生产率的快速上升。其次,该章首次提出并估计了制造业就业引致劳动力需求的乘数效应。最后,通过将制造业部门进行细化,该章进一步考察了制造业部门内部各行业劳动生产率的增长和就业的变化。该章的研究结果表明,制造业部门具有乘数效应,能够有效引致整体就业需求,制造业劳动生产率的增长主要来自部门内劳动生产率增长和转向生产更高端产品的制造业转型升级。总体而言,推动制造业高质量发展对于扩大中等收入群体意义重大。

五、产业升级、技术进步的就业破坏和就业创造效应

随着工业4.0的到来,以工业机器人为代表的智能制造装备和技术逐渐在制造业普及,引发了劳动力就业结构的变化和全球经济的转型。第六章以工业机器人为研究对象探讨了智能制造对于劳动力就业的挤出效应和创造效应,以及其如何作用于我国经济结构转型。行业层面宏观数据表明,密集应用工业机器人的行业呈现出显著的"机器人换人"趋势,流出的劳动力部分涌向了服务业尤其是生

产性服务业。接下来的回归分析验证了这一观点，我们发现工业机器人渗透度越高的地区第二产业就业减少越多，第三产业尤其是生产性服务业就业增加越多。进一步地，在考虑了劳动者的人力资本水平差异后发现，对于高技能劳动者来说，智能制造使其第二产业和第三产业就业机会均增加，而对于低技能劳动者来说智能制造的发展挤占了其就业机会。由此可见，工业机器人的应用推动了中国劳动力就业结构的变化，而这一结构性变化正是智能制造推动我国逐步实现经济结构转换的必然表现。

六、产业升级与农村劳动力非农就业

就业是民生之本，是发展之基，也是财富创造的源头活水。自改革开放以来，大量农村剩余劳动力向非农部门转移，在大幅度提升自身收入水平的同时也有效推动了宏观经济较快发展。农村劳动力更高质量、更充分非农就业对于扩大中等收入群体、推进城市化进程与促进共同富裕意义重大。

当前农村劳动力非正规、非稳定就业与低技能属性尚未彻底扭转，伴随着产业结构的进一步转型升级，农村劳动力非农就业面临更为严重的结构性错配与摩擦性失业问题。第七章研究内容显示，近年间农村劳动力非农就业总量增速呈持续下降趋势，增速回落明显。农村劳动力非农就业分化加剧，制造业部门就业占比在2013~2019年持续下降，服务业成为非农就业主导行业；外出农村劳动力从业地域从省外就业逐渐向省内就业转移，地理距离影响依然明显；从分行业的农村劳动力就业情况来看，整体非农就业老龄化程度进一步上升，建筑业老龄化问题突出，各行业受教育年限呈上升趋势，未来仍然有较大提升空间。第七章试图通过厘清产业升级背景下农村劳动力非农就业若干典型事实，以更深刻理解新发展阶段的非农就业问题。

七、人力资本匹配与产业升级

人力资本培育是经济社会发展最为坚实的基础，也是以人为本发展观的核心体现。第八章中，第一节讨论了人力资本与经济发展之间的关系，证据显示人力资本的高质量积累能够有效提升经济增长绩效，且人力资本存在较强外部性，人口聚集区域更能够发挥人力资本正外部性以促进经济增长。第二节从社会流动的视角讨论了人力资本，基于详尽的微观家户数据，研究发现人力资本有助于促进社会流动以缓解长期不平等，与此同时，伴随着人力资本稀缺程度下降，知识型人力资本回报下降，能力型人力资本回报上升，人力资本培育理念进一步发展。第三节讨论了人力资本与产业升级的相互作用，不同行业对员工人力资本要求差异较大，整体而言，服务业相比于制造业对人力资本要求更高，扎实的人力资本基础能够有力支撑产业升级。第四节讨论了人力资本对科技创新的影响，原创性的科技创新必须要有以能力培养为基础的人力资本培育理念，当前中国需要更为完善的措施来促进专利成果转化。第五节展望了未来社会经济发展，认为创新的水平将成为决定一个经济体综合实力的最重要因素，未来人力资本将发挥人类发展史上最为重要的作用。综合上述研究来看，人力资本结构在一定程度上决定了一国的产业结构，因此我国要实现迈向高收入国家必须以扩大高技能人力资本群体为基础；此外，产业结构转型升级也会不断调整对于人力资本的需求，产业升级背景下人力资本匹配问题就变得尤为重要。

第三节 主要研究结论与政策含义

总结本书的研究工作，我们认为，收入分配不平衡是全球不断加剧的矛盾和冲突的根源，伴随着技术进步不断加速、规模经济的作用越来越重要，不同维度的收入分配不平衡还在不断加剧，这就使得我们未来的发展面临很大的不确定性。2020年，中国的GDP已经突破100万亿元，货物出口总额占全世界的份额约为15%，制造业增加值占全世界的份额接近30%，中国经济已经与全球经济融为一体，中国同样面临严重的全球性的不同维度的分配问题。改革开放以来，尤其是最近十多年来，中国政府采取了强有力的措施，在反贫困、促进公平分配等方面取得了骄人的成绩。但是，面对全球范围内近似"存量博弈"时代的到来，面对技术的快速进步和规模经济效应凸显，我们在扩大收入群体、实现共同富裕、实现"以人民为中心"的发展理念方面还有很长的路要走。结合本书的基础研究，我们初步从几个方面提出政策建议，希望能为中国迈向共同富裕的道路贡献微薄力量。

这是一项跨领域的基础性与应用性相结合的研究，相对于现有研究，我们的拓展有四个方面。第一，瞄准重大现实需求。机器替代和机器学习正在迅速改变现实世界，产业升级速度加快对人力资本匹配提出了更高的要求，本书研究如何协调二者之间的关系，把蛋糕"做大分好"，让全民分享技术进步和经济增长带来的好处。第二，以扎实的理论和微观数据为基础。本书研究强调以基本的产业组织理论和规制理论为基础，结合最为全面的企业和家户微观数据，深入分析扩大中等收入群体与产业升级协同发展的微观基础。第三，突出一般均衡研究框架。本书试图在一般均衡框架中进行综合研究，考虑环境、政策、规制的影响，尽可能提炼影响产业升级和扩大中等收入群体协同发展的关键因素。第四，落脚到政策价值提炼。本书以一般均衡框架下企业和家户行为研究、政策评估研究的结论为基础，结合对未来技术进步方式的预判，提出相关的政策建议，为相关政策制定提供基础。

需要特别说明的是，由于时间、能力等各方面因素的约束，本书的研究还非常不完善。比如，2020年开展的企业层面的产业升级与员工发展调研项目还没有在研究报告中得到体现；此外，我们规划的以农村固定观察点样本为基础，对农村外出务工劳动力进行回溯性调研项目也还没有展开。在随后的几年，我们团队还将继续就这个问题做更为深入的研究，希望能有一些更为扎实的基础性研究成果。

一、大力发展制造业，促进充分就业和高质量就业，扩大中等收入群体

制造业是就业、创新、技术进步的核心，是其他产业发展的根基。有多方面证据表明，制造业发展对于整体经济发展具有重要意义。第一，从宏观层面看，制造业是其他产业发展的基础，也是创新与技术进步最为核心的依托。创新的主要载体是制造业，服务业的技术进步速度相对有限。第二，从微观层面看，制造业就业人员在收入增长、技能进步、职业转换等方面有显著的优势。第三，制造业发展壮大能提高经济体应对风险、创新等方面的能力。通过此次新冠疫情冲击可以很明显地看出，制造业份额越高的国家，经济方面受到的冲击越小，制造业发展壮大可以提高经济体应对风险的能力。

三大产业门类中，农业对就业和GDP的贡献会持续下降，服务业发展必须要依托工业的发展。整体的技术进步必须依赖工业、制造业。服务业的技术进步速度非常有限，农业的技术进步同样依赖工业化的支持。跨国证据显示，哪个国家如果能尽量延缓去工业化的时间，尽量将制造业占比维持高位，就将取得更好的发展绩效。此外，制造业发展对于发挥人力资本作用、促进创新等意义重大。

2018年，中国制造业增加值占全球的比例已经达到28.4%，再寄希望于过去的以外需为主的模式已经不太现实，必须将供给侧结构性改革（降成本）与需求侧政策（扩需求）结合起来，不断消化产能，促进制造业发展。扩张总需求同样有短期政策和长期政策之分，短期政策重点是刺激消费，但不解决结构性问题，短期政策刺激的效果非常有限。长期政策方面，还是要从房产税、土地制度、社会保障体系等制度着手，扩大中等收入群体，提高劳动收入占比和消费占比。

二、加大基础研究与人力资本投资，长期政策短期强化，提高创新发展能力

随着技术不断进步，资本对劳动的替代不断加强，全球生产与贸易分工的竞争焦点将由禀赋转向科技创新。新冠疫情冲击后，可以预见产业链收缩将成为未来全球化发展的一个重要特点，这对自主创新提出了更高的要求。本书的研究从不同维度强调教育、创新的重要性，强调当前的非常时期，应该将长期政策短期使用，大力加大对基础研究、基础教育的投入，提高人力资本水平，提高科技创

新能力。将过度依赖物质资本积累的增长方式转向依赖人力资本积累的增长方式，促进结构转型升级，同时提高劳动者收入水平，实现内生增长。

宏观经济调控中，一直有短期调控政策（如货币政策、基础设施建设等）和长期调控政策的争论。在当今复杂的全球发展局面下，本书认为必须改变短期调控思路，将长期调控放在更为优先的位次，长短结合，改变中国经济面临的深层次结构问题和创新能力不足问题。未来应加大对基础研究、基础教育的投入，将长期调控政策与短期调控政策相结合，提高人力资本水平，提高科技创新能力。对人力资本的投入没有折旧问题，其不仅能带来人力资本积累、提高科技创新水平，回报率高，还能扩张总需求，现阶段，这比基础设施建设更有意义。基础研究与人力资本投资和物质资本投资不同，这类投资的特点是一次性投入很大，以后年份逐年获得回报，这一回报率和经济发展水平密切相关。如果我们对未来经济发展有足够信心，就应该大幅度增加研发与人力资本投资，提高长期经济增长潜力。

结构转型与产业升级非一日之功，应扎实人力资本培育，夯实基础。社会经济的发展经常会困惑于长期目标和短期目标的权衡。在我们以往的很多认识中，总认为教育的发展、国民素质的提升等是个长期的事情，需要有长远规划，但经济增长却更多的是个短期的事情。这就使得很多时候的决策会出现长期目标让位于短期目标的情况，先保增长，再提升人力资本，从而出现教育经费投入不足，劳动力素质较低，经济增长乏力的恶性循环。如何看待这样一个问题呢？如果我们将经济增长理解为简单的资本和劳动的组合形成产出的过程，那么这种经济增长确实没有太高的技术含量。但是，经济增长，尤其是长期的经济增长绝对不是简单的资本与劳动的组合，经济增长的质量存在很大的差异。即使最简单的经济学模型，也认为经济增长至少包括三个方面的贡献：资本、劳动和全要素生产率。而全要素生产率中非常重要的因素就是技术和人力资本等密切相关的元素。应该说，长期以来，各国政府都观察到了经济增长质量的差异，都希望致力于经济结构转型升级。最近十多年，我国一直在推动经济发展模式转变，就是希望改变原有的投资拉动型模式，转向内生经济增长模式。在这里，我们需要特别表明的是，根据我们的研究，我们认为经济增长目标和国民人力资本培育是完全相辅相成的。长期而言，经济增长的唯一动力只有技术进步，而只有高水平的教育、高素质的劳动力才有可能带来技术进步。比如，根据现有的研究，不同产业存在不同的知识密集度，假设第一、第二、第三产业的知识密集度分别为6年、8年、10年，如果一个经济体希望由第一产业和第二产业各占50%转型升级到第二产业和第三产业各占50%，也就意味着该经济体的劳动者人均受教育程度必须由7年上升到9年。经济结构转型依赖的是人力资本先行，没有人力资本的大发展，就不可能有真正的经济结构转型，只有培养了高水平的劳动者，才能带来经济发展质量的提升。因此，经济发展与人力资本培育是相辅相成、互相促进的。

三、完善产业规制，适度节制资本，扩大中等收入群体，使全民共享技术进步和规模经济带来的好处

根据国家统计局的数据，2019年"三新"经济在我国GDP中的占比已经达到16.3%，且呈快速上升趋势。平台经济、规模经济在提高效率的同时，会加剧产业升级和技术进步的分配效应，需要加强规制制定，扬长避短。新经济时代，以规模经济为基础，催生了规模巨大的平台经济，这对中国的就业和收入分配结构都产生了很大的影响。多年以来，平台经济降低交易成本，在很大程度上促进了就业发展，对普通劳动者就业和收入增长有很好的促进作用（如快递、淘宝、滴滴出行等）。同时需要注意的是，平台经济与规模优势、垄断是天然连接在一起的，平台同时有很强的资本属性，这种结合必然带来就业的分化与收入分配的恶化。每一次的产业升级，都是一次资源再配置，在再配置过程中，如何发挥平台经济提高效率的优势，如何规范大数据产权、节制资本收益、保护信息弱势的市场参与主体（包括小微企业和消费者、普通劳动者等），如何使全民分享平台经济的高效率发展成果，这些都需要政府从规制上加强引导。本书认为，现有的产业规制制定是落后于技术进步速度的，平台作为企业的同时也在一定程度上充当了监管者的角色，这会造成不公平竞争，损害员工利益，损害消费者利益。产业规制制定要适应技术进步的速度，使得新经济的发展能对劳动力就业、收入分配产生正面影响，引导新经济健康快速发展。

四、明晰地权，放松户籍，促进资源合理流动，延续农村对于就业和经济发展的蓄水池作用

（1）经济发展要始终"以人民为中心"，要保障劳动力基本的生活与就业。就业的波动性和周期性是衡量就业质量的关键指标，全球来看，很多国家都面临较为严重的城市贫民窟、流浪人口问题，但中国没有。产业升级和经济周期会冲击企业经营，国家主要有两种应对方式，一种是限制劳动力市场，保护就业（如日本等），但劳动力供给弹性下降会降低企业应对风险的能力，不利于创新与产业升级；另一种是放开劳动力市场（如美国、巴西等），保护企业，但劳动力受经济周期冲击大，贫民窟、流浪人口等社会问题严重。中国的农村土地集体所有制在这个方面发挥了重要作用，既保障了劳动力市场的高弹性，提高了企业应对风险的能力，又保障了劳动力的基本生活，不至于出现劳动力赤贫状态。

（2）充分发挥农村在经济发展和就业方面的蓄水池作用。要实现"以人民为中心"的发展，两个核心问题是经济增长和就业（即提高收入、扩大中等收入群体）。这两个目标有时候是矛盾的。实现经济增长和就业的核心载体是企业，为了

促进企业发展、产业升级，必须让企业有足够的应对风险的能力，让企业有自由雇用员工的选择权。这就与实现充分的高质量的就业有一定冲突，对劳动者权益的保护会使就业存在一定的黏性。中国的城乡二元体制在这方面发挥了积极作用，既保障了劳动力市场的高弹性，提高了企业应对风险的能力，又保障了劳动力的基本生活，不至于出现劳动力赤贫状态。改革开放以来，农村一直是我国就业和经济发展的蓄水池，既保障了就业市场高弹性，又保障了基本生活水平。通过本次新冠疫情冲击也可以看出，至少在短期内，中国经济的韧性较强，这在一定程度上得益于以农村土地集体所有制为基础的二元经济体制。

但是，当经济发展到今天的水平，农业就业收入和非农就业收入差异不断扩大，农村的蓄水池作用会越来越小。本书研究认为，当农业就业收入和非农就业收入差异达到一定程度时，需要进一步放开户籍，稳定和明确土地产权，促进劳动力流动，优化土地和人力资源配置，提高农村的经济增长和就业发展的蓄水池作用。

第二章

技术进步、不平等与全球经济发展

新经济时代，以人工智能、机器替代等为代表的新技术迅猛发展，这些技术进步又进一步使大数据、规模经济的作用得到较好的挖掘，大幅度降低交易成本，在很大程度上改变了全球生产与贸易格局。几十年来各国基于资本劳动禀赋进行分工的共同发展模式，由于资本对劳动的替代而面临重大挑战，快速的技术进步对全球就业、收入增长、收入分配、社会福利等方面也产生了深远的影响。2020年是不平凡的一年，新冠疫情给全球普通民众的生活带来了非常大的影响。即使是在欧美发达国家，很多普通百姓的生活也是极度艰难，更不用说印度、非洲、拉丁美洲等国家和地区了。然而，与此形成鲜明对比的是，全球大型跨国公司的市值大幅度增长，财富不断集中。2020年，特斯拉的股价增长了743%，苹果公司的股价上涨了83%，亚马逊的股价上涨了76%，微软公司的股价上涨了43%。2020年初，苹果、亚马逊、Facebook、微软和谷歌这五家最大的公司约占标准普尔500指数的17.5%，到2020年底，这一比例上升到22%。

联合国秘书长安东尼奥·古特雷斯在2020年"纳尔逊·曼德拉国际日"发表的题为《消除普遍存在的不平等：新时代的新社会契约》的讲话中提到："当今世界动荡不安。经济状况急遽恶化。我们已被微小的病毒击倒。这场大流行病疫情暴露了当今社会的脆弱性。它暴露了我们几十年来忽视的风险：公共卫生系统薄弱，社会保障欠缺，结构性不平等，环境退化乃至气候危机。各个地区在消除贫困和缩小不平等方面取得的进展仅在短短几个月内就倒退了好几年。病毒对最弱势群体——贫困者、老年人以及残疾人和既有疾病患者——构成的风险最大……2019冠状病毒病像是一张X光片，它使我们所建立的社会脆弱框架中的裂痕一览无遗。"[1]一场新冠疫情把不平等、不公正的社会结构暴露得更加彻底，对于世界经济发展、国际关系构建更是雪上加霜。我们曾经难以想象，不平等现象会推波助澜给社会带来如此巨大的动荡。但此刻，国际组织、学者纷纷站出来表示，我们需要关注不平等问题，需要努力解决不平等问题。

在技术进步迅速推进的背景下，不平等究竟如何影响和改变世界？本章基于

---

[1] 联合国：https://www.un.org/zh/coronavirus/tackling-inequality-new-social-contract-new-era[2021-03-20]。

当今严峻的不平等形势，对过去各国的历史发展和相关文献做出系统梳理，总结不平等对世界影响的内在机制，进一步探讨未来如何解决不平等问题。第一节描述了反全球化浪潮与不平等间的关系，发现反全球化浪潮愈演愈烈，民粹主义的高涨与不平等间有着紧密联系；第二节描述了不平等对发展中经济体的影响，发现不平等问题会阻碍发展中国家的经济快速飞跃；第三节描述了不平等通过何种机制影响经济增长，本章总结四种机制阐述不平等对经济增长的抑制效应；第四节描述了东亚经济体解决不平等问题的一些方法，回答公平与效率能否兼得的问题。

第一节　不平等与反全球化浪潮

2008年金融危机以来，很多西方发达国家出现了反全球化浪潮，对世界经济产生了全面的影响。2016年，特朗普当选美国总统，上台后相继推出了一系列"逆全球化"政策：退出跨太平洋伙伴关系协定（Trans-Pacific Partnership Agreement，TPP）、退出《巴黎协定》、对贸易伙伴（包括中国）实行大幅提高关税等贸易保护主义政策、修建"墨西哥墙"等。特朗普宣称，这是"美国优先"的重要政策，可以让美国再次伟大。同年，英国进行"脱欧"公投，之后英国脱离欧盟，"脱欧"支持者鲍里斯·约翰逊此后当选英国首相。德国、法国、意大利等欧洲国家近些年都出现了明显的反全球化浪潮，标榜"反全球化"政党的影响力不断提升，世界政治经济格局正处于历史的十字路口。

"全球化"与"反全球化"是世界历史发展的重要组成部分。全球化可以远溯至15世纪，航海和地理大发现揭开了人类社会全球化进程的序幕。但是19世纪以前，世界贸易进展较慢，到17世纪和18世纪，国际贸易的年度增长率仅为1%，略高于全球收入增长速度，但二者差别很小。真正意义上的全球化开始于19世纪，这一时期，国际贸易和全球资本流动都取得了飞速发展，大多数经济史学家把1914年之前的100年称为第一波全球化浪潮。全球化在这一时期快速兴起有其历史条件。第一，铁路、电报、汽船等新技术大大降低了国际贸易和国际通信的交易成本，推动了贸易全球化。第二，1870年开始广泛推行的金本位制为国际资本自由流动提供了条件。第三，亚当·斯密、大卫·李嘉图等自由主义经济学家为自由贸易提供了理论基础。

在全球化快速推进的同时，世界各国的不平等程度也在持续上升。从国与国的角度看，英国、美国等西方国家是全球化的主要受益者，众多的欠发达国家不仅没有在全球化中受益，甚至严重受损。在国家内部，全球化的收益往往主要被可以全球配置资源的资本家所攫取，普通劳工收益较少。图2-1数据显示，世界不平等程度在这一时期持续上升。1810年，欧洲前1%的人群占有了社会52%的财富，前10%的人群占有了社会82%的财富；100年后，欧洲贫富分化更为严重，欧洲前1%的人群占有了社会不到64%的财富，前10%的人群占有了社会90%的财富。马克思在这一时期出版了影响世界的《资本论》，对资本主义的内在矛盾进行了深刻的剖析，持续扩大且维持高位的贫富差距意味着资本主义必然要走向灭亡。同一时期，美国的不平等程度也出现了快速的上升，1810年，美国前1%的人群占有了社会25%的财富，前10%的人群占有了社会近58%的财富；1910年，前1%人群财富占比上升到45%，前10%人群财富占比上升到81%，财富不平等程度已接近欧洲，社会矛盾不断累积。

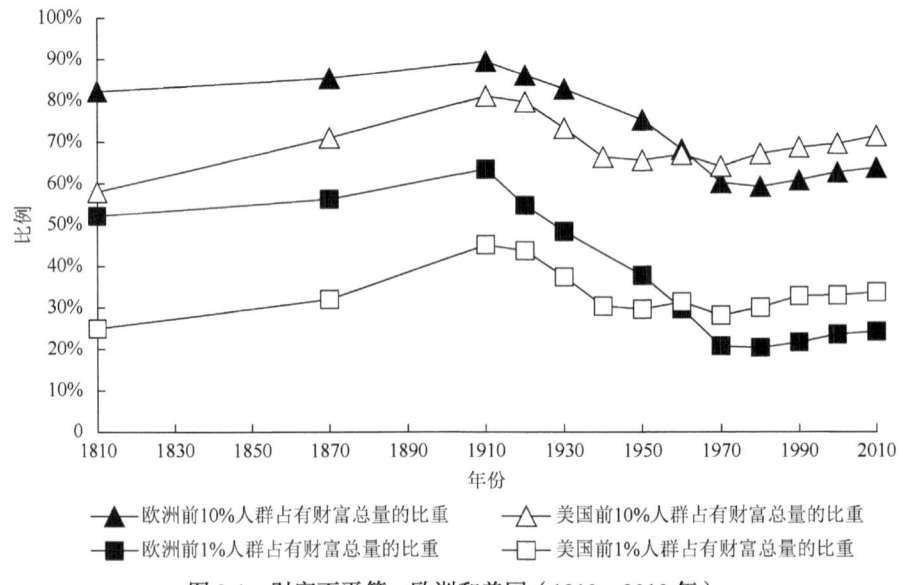

图2-1　财富不平等：欧洲和美国（1810～2010年）

资料来源：http://piketty.pse.ens.fr/en/capital21c2

第一波"不公平的全球化"在两次世界大战中退潮，经济大萧条加速了反全球化浪潮，世界各国贸易壁垒不断提高，金本位制也随之覆灭，全球化陷入低谷。第二次世界大战（简称二战）以后，为恢复国际经济秩序，美国、英国等44个国家的官员们在新罕布什尔州的度假胜地布雷顿森林开会，构建了对后期影响深远的布雷顿森林体系，现代宏观经济学的缔造者、英国政府代表凯恩斯和美国政府代表怀特参加了此次会议。这次会议议定成立两个新国际组织——国际货币基金组织（International Monetary Fund，IMF）和世界银行（World Bank），为国际协调和国际资本流动提供了制度基础，该协议控制了二战后近30年的世界经济。在布雷顿森林体系构建下，美国等23个国家于1947年10月30日在日内瓦签订了《关税及贸易总协定》（General Agreement on Tariffs and Trade，GATT），旨在通过削减关税和其他贸易壁垒，消除国际贸易中的差别待遇，促进国际贸易自由化，以充分利用世界资源，扩大商品的生产与流通。《关税及贸易总协定》于1948年1月1日开始临时适用，开启了20世纪的全球化进程。

与 19 世纪的全球化相比,二战以后的全球化更加关注各协议方的利益,其主要体现是多边主义原则。多边主义意味着规则执行需要通过国际机构——IMF、世界银行、关税及贸易总协定来执行,尽管美国对国际机构依然拥有更大的影响力,但多边主义使得发展中国家的权利得到了更好的保护,发展中国家更有可能在全球化中获益。关税及贸易总协定在促进国际交流和贸易方面发挥了重要作用,同时又给各国政府留出了足够的政策空间来应对国内社会和经济发展的需求。冷战结束后,为进一步推动全球化,世界贸易组织(World Trade Organization,WTO)于 1995 年 1 月 1 日正式开始运作,并于 1996 年 1 月 1 日正式取代关税及贸易总协定临时机构,全球化开始向纵深发展。图 2-2 和图 2-3 描述了 1970～2018 年全球贸易的发展历程。

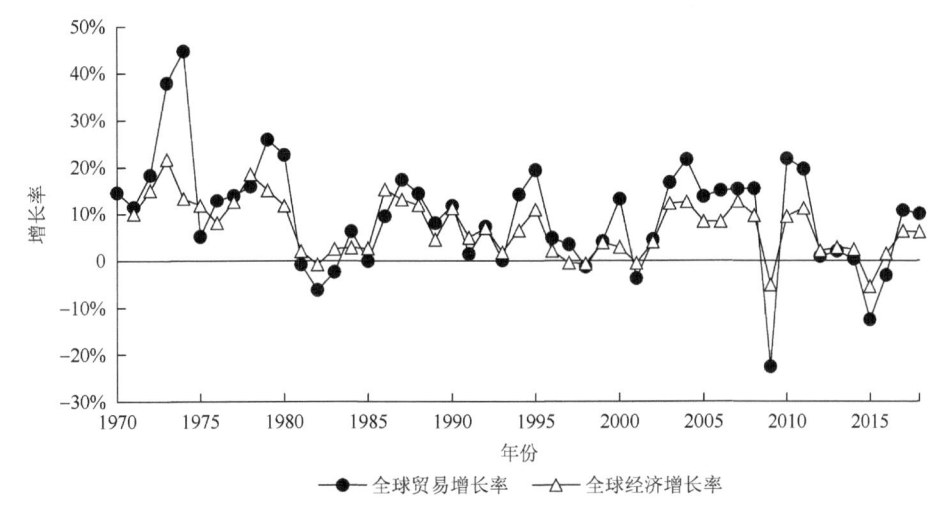

图 2-2　全球贸易增长率和全球经济增长率(1970～2018 年)

资料来源:WTO、IMF

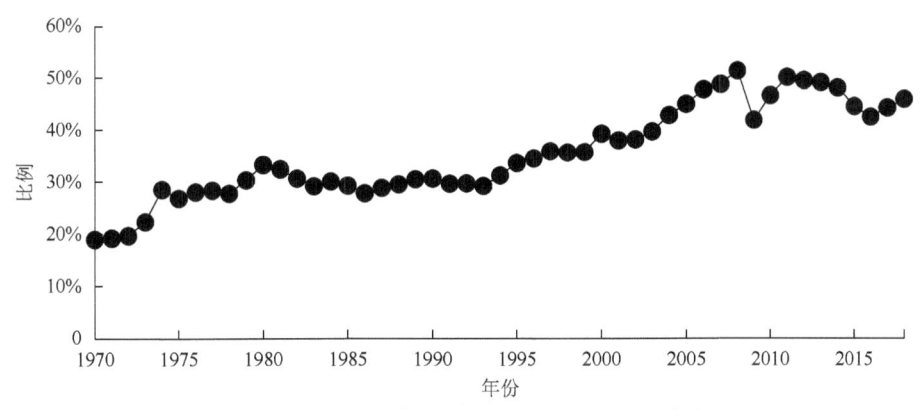

图 2-3　全球贸易占 GDP 比重(1970～2018 年)

资料来源:WTO、IMF

从图中可以看出，1970~2018 年全球贸易增长率平均高于全球经济增长率，1970~2018 年全球贸易增长率平均为 10%，全球经济增长率平均为 7%，贸易占 GDP 的比重从 19% 上升到 42%。

2008 年金融危机后，除 2010 年、2011 年、2017 年和 2018 年外，全球贸易增长率均低于全球经济增长率，全球化开始减速。2008~2018 年，全球经济增长率平均为 3%，全球贸易增长率平均为 2%，贸易占 GDP 比重从 51% 波动下降至 42%。这一时期，西方诸多国家出现了反全球化浪潮，以反全球化作为政策纲领的政党和政客获得了越来越大的影响力，甚至掌握了国家政权，这是自二战以后不曾有过的现象，未来，全球化将面临越来越多的挑战，世界经济发展的不确定性不断上升。

为什么反全球化近年愈演愈烈？其直接的原因是西方主要国家民粹主义的快速兴起。民粹主义者最显著的特征是反全球化、反移民，奉行国家主义和孤立主义。20 世纪以来，民粹主义泛滥主要出现在两次世界大战期间，特别是大萧条之后，民粹主义情绪高涨。众所周知，20 世纪 30 年代的民粹主义给世界带来了灾难性的影响，希特勒、墨索里尼等独裁者借助民粹主义上台，日本的军国主义全面盛行，给世界制造了巨大的灾难。近年来再次兴起的民粹主义让很多有识之士忧心忡忡。比如，麻省理工学院的经济学家阿西莫格鲁认为特朗普可能侵蚀美国民主社会的根基，公民抗争可能成为阻止特朗普走向独裁的最后防线。尽管精英群体对欧美反全球化浪潮有诸多批评，但依然无法阻挡近年来反全球化愈演愈烈，民粹主义政党和政客的影响有增无减。

为什么民粹主义者在欧美国家获得了越来越多的支持？这与欧美国家社会不平等有千丝万缕的关系。20 世纪 80 年代以来，欧美国家收入和财富不平等程度持续恶化，低收入群体过去四十多年收入和财富增长非常缓慢，贫富差距不断扩大，2012 年美国和英国收入基尼系数分别高达 0.48 和 0.32。如图 2-4 和图 2-5 所示，

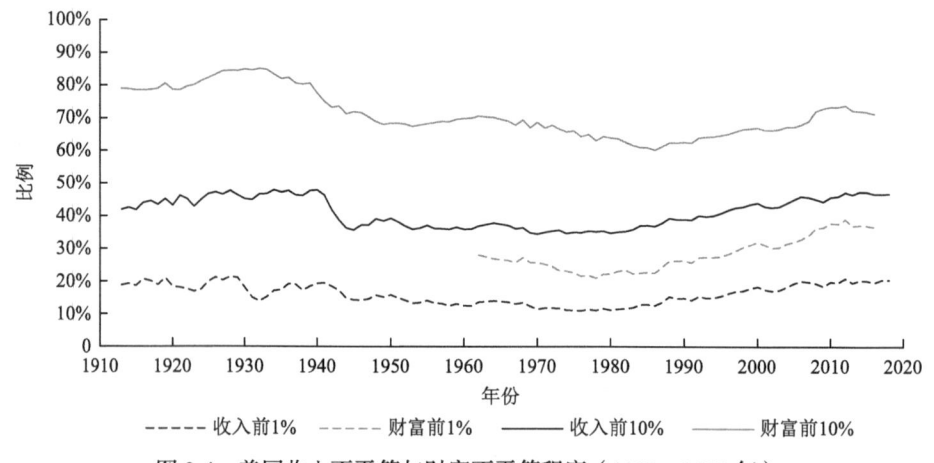

图 2-4　美国收入不平等与财富不平等程度（1913~2018 年）

资料来源：WID（The World Wealth and Income Database，世界财富与收入数据库）

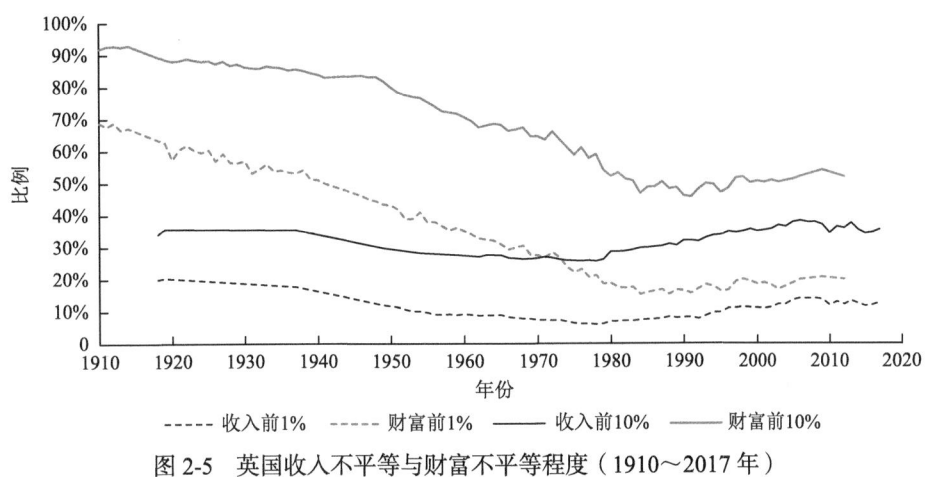

图 2-5 英国收入不平等与财富不平等程度（1910~2017年）

资料来源：WID

在美国，2012年收入前1%的人拥有20.9%的收入，财富前1%的人占有了38.9%的财富，收入前10%的人拥有47.2%的收入，财富前10%的人占有了73.9%的财富。在英国，2012年收入前1%的人拥有12.1%的收入，财富前1%的人占有了19.9%的财富，收入前10%的人拥有35.9%的收入，财富10%的人占有了51.9%的财富。截至2017年，美国、英国等西方发达国家不平等程度已处于1980年以来的较高值。

从更长的历史来看，美国的收入不平等程度在大萧条之前就处于历史高位。1920年，美国收入前1%的人拥有18.4%的收入，收入前10%的人拥有43.2%的收入。经历大萧条和二战之后，美国收入和财富不平等程度大幅度下降。20世纪40年代到70年代，美国收入不平等程度处于低位，财富不平等程度有所下降，到1980年，美国收入前1%的人拥有11.2%的收入，财富前1%的人占有了22.3%的财富。1980年以后的30多年间，美国收入和财富不平等程度上升。2012年，美国收入前1%的人拥有20.9%的收入，接近大萧条时期（1929~1933年）的峰值。同时，财富前1%的人占有了38.9%的财富。英国的情况与美国类似，经历两次世界大战和经济大萧条之后，英国收入和财富不平等程度大幅度下降，从20世纪40年代到70年代，英国收入和财富不平等程度都有所下降。到1980年，英国收入前1%的人拥有6.9%的收入，财富前1%的人占有了18.8%的财富。1980年以后的30多年间，英国收入和财富不平等程度上升，2012年，英国收入前1%的人拥有12.1%的收入，财富前1%的人占有了19.9%的财富，接近30多年来的历史峰值。

欧美国家不平等程度的持续恶化导致社会矛盾不断累积，低收入群体对经济社会体制的不满情绪越来越多，民粹主义和反全球化思潮开始兴起。在此背景下，欧美国家的部分政客和政党开始利用民粹主义情绪，以反全球化、保护低收入群体利益为政治工具，不断鼓动低收入群体的民粹主义情绪从而获取政治收益。图 2-6 描述了美国前 0.1%和后 90%财富的分配。

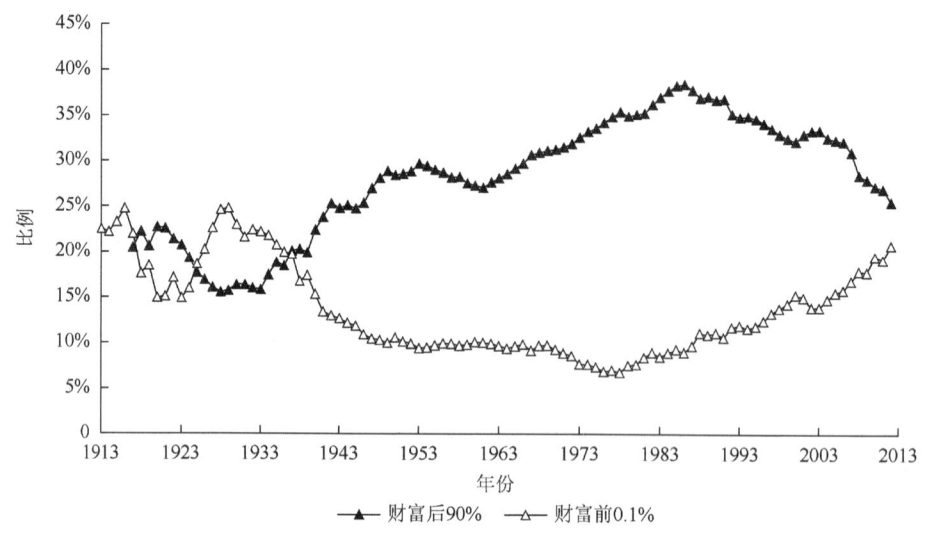

图 2-6　美国前 0.1%和后 90%财富的分配（1913~2012 年）

资料来源：Zucman（2016）

从图 2-6 中可以看出，在 20 世纪 30 年代初，美国财富前 0.1%家庭的财富水平超过了财富后 90%家庭财富水平的总和，这一时期民粹主义情绪高涨。二战之后的三十年里，美国财富不平等水平出现下降趋势。20 世纪 80 年代以后，财富不平等程度再次上升，2012 年，美国财富前 0.1%家庭的财富水平已经接近财富后 90%家庭财富水平的总和，财富不平等程度再次达到历史新高。收入和财富不平等程度的持续扩大是近年来民粹主义情绪泛滥的重要原因。尽管全球化对低收入群体收入和福利的影响存在不确定性，但将社会不平等程度上升的原因归结为全球化和移民是最容易被低收入群体理解和接受的，这是西方国家部分政客和政党不断把反全球化、反移民作为政治工具的原因。

由此可见，不平等是近年来主要西方发达国家反全球化浪潮和民粹主义情绪兴起背后的原因。历史的经验告诉我们，反全球化和民粹主义可能给世界带来灾难性的影响。诺贝尔奖得主斯蒂格利茨在其《不平等的代价》一书中对不平等的影响进行了更为全面的分析，他认为，不平等将削弱民主制度、侵蚀法治基础、造成机会不均等（斯蒂格利茨，2020）。事实上，不平等正在改变世界。

第二节　不平等的长期影响

不平等不仅会影响发达国家的政治经济格局，对发展中国家也有深远影响。

二战以来，世界上仅有11个欠发达国家实现了从中低收入向高收入的跨越，成为发达国家，分别是葡萄牙、西班牙、希腊、波兰、斯洛伐克、爱沙尼亚、以色列、塞浦路斯、韩国、日本和新加坡。这些国家的共同特征是在其高速增长阶段收入差距都比较小。与此形成鲜明对比的是，收入差距过大的发展中国家纷纷陷入了低收入陷阱或中等收入陷阱。表2-1对部分不同经济发展水平国家的收入分配情况进行了对比。

表2-1 部分不同类型国家收入分配情况

\multicolumn{3}{c}{经济腾飞国家}	\multicolumn{3}{c}{经济停滞国家}
国家	年份	基尼系数	国家	年份	基尼系数
塞浦路斯	2018	0.327	阿根廷	2019	0.429
希腊	2018	0.329	玻利维亚	2019	0.416
以色列	2016	0.390	墨西哥	2018	0.454
日本	2013	0.329	秘鲁	2019	0.415
韩国	2016	0.314	巴西	2019	0.534
波兰	2018	0.302	智利	2017	0.444
葡萄牙	2018	0.335	哥伦比亚	2019	0.513
新加坡	2011	0.473	南非	2014	0.630
斯洛伐克	2018	0.250	博茨瓦纳	2015	0.533
西班牙	2018	0.347	土耳其	2019	0.419

资料来源：世界银行贫困与公平数据库（World Bank Poverty and Equity Database）

从表2-1中可以看出，在经济腾飞国家中，不平等程度普遍较低，基尼系数的平均值为0.340。新加坡尽管基尼系数较高，但政府为所有低收入家庭提供廉价住房，拥有更加平等的医疗和教育体系，其实际不平等程度远低于数据。相反，经济停滞国家的收入差距则普遍较大。拉丁美洲国家（包括阿根廷、巴西、墨西哥、智利）是陷入中等收入陷阱的代表性国家，其基尼系数都超过了0.4。非洲国家（如南非、博茨瓦纳等）大部分处于较低收入水平，这些国家的收入差距都很大，南非基尼系数更是世界最高，达到0.630。在其他大洲中，经济增长绩效较差的往往也是收入差距更大的国家（如欧洲的土耳其等）。

图2-7描述了日本1947~2010年收入分配的情况。1947年以后，日本收入差距持续处于低位，收入前1%的人和收入前10%的人所占收入份额呈现相似的变化趋势。1952~1992年的40年间，收入前1%的人所占收入份额在10%上下变动，收入前10%的人所占收入份额在35%上下波动，收入分配比较均等。同时，这一

时期也是日本经济高速增长时期，日本的年人均 GDP 增长率高达 4.93%，实现了"公平的增长"。

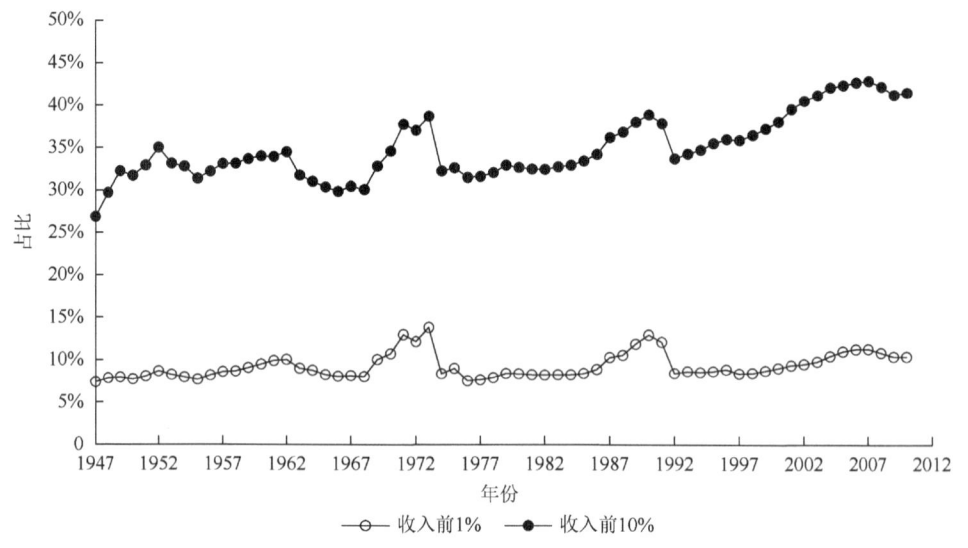

图 2-7　日本收入前 1% 和收入前 10% 的收入分配（1947~2010 年）

资料来源：WID

值得注意的是，日本收入分配出现了两次向收入前 1% 和收入前 10% 的人集中又迅速恢复的现象，分别是 1968~1974 年和 1985~1992 年两个阶段。1973 年，石油输出国组织宣布石油禁运，原油价格暴涨，引发石油危机。油价不断飙升，引起严重的通货膨胀，实际 GDP 出现负增长，日本经济出现衰退（白成琦，1991）。根据世界银行数据，1971 年日本通货膨胀率仅为 6.4%，1973 年上涨至 11.6%，1974 年高达 23.2%，达到日本近 60 年通货膨胀的顶峰，随后又逐渐落回原来水平。1986 年至 1991 年的泡沫经济同样带来了土地价格和股市的暴涨，引起通货膨胀。根据日本银行《经济金融统计手册》数据计算，日经 225 指数从 1985 年的 13 113.32 迅速上涨到 1989 年的 38 915.87，4 年间上涨 196.77%，年均上涨幅度为 31.3%。土地方面，1988 年日本全国土地价格呈大幅上升趋势，上半年上涨 21.7%（范从来和卞志村，2003）。1991 年资产泡沫破灭，价格跌回现实水平。这两次收入不平等的波动告诉我们，通货膨胀和资产价格的暴涨暴跌往往对低收入群体不利，容易造成收入分配的恶化。

1992 年以来，日本经济增长率开始下降，收入差距开始呈现扩大趋势，收入前 1% 的人群收入份额由 1992 年的 8.4% 上升到 2010 年的 10.4%，收入前 10% 的人群收入份额由 1992 年的 33.7% 上升到 2010 年的 41.6%，同一时期，日本的年均经济增长率仅为 0.68%。日本的这段历史告诉我们，一旦经济陷入停滞，收入不平等程度更可能上升。我们不能将经济增长和收入分配对立起来，经济高速增长过程中可以实现公平，经济停滞则更可能造成收入分配恶化。尽管日本收入不平等程度在 20 世纪 90 年代后有所上升，但其整体不平等程度依然处于较低水平，是世界上实现"公平经济增长"的典范。

韩国于 1960 年开始工业化发展，这一时期，相对其他发展中国家，韩国的收入分配是相对平等的（Alesina and Rodrik，1994）。1976 年韩国收入前 1%的人拥有国家 7.1%的收入，收入前 10%的人拥有国家 25.7%的收入。此后，韩国收入前 1%和前 10%的人所占收入份额略有上升。亚洲金融危机以前，韩国收入不平等程度一直处于低位。1997 年，韩国收入前 1%的人拥有国家 8.0%的收入，前 10%的人拥有国家 35.7%的收入。1960~1997 年，韩国年人均 GDP 增长率高达 7.58%，实现了公平的增长。亚洲金融危机后，失业率上升，韩国收入不平等情况开始加剧，阶级固化和贫富差距扩大（Seoghoon，2001）。如图 2-8 所示，到 2015 年，韩国收入前 1%的人拥有韩国收入的 12.1%，收入前 10%的人拥有韩国收入的 43.1%，收入差距处于历史高位。韩国的历史也表明，高速经济增长并不一定会带来不平等程度上升，恰恰相反，经济增长率下滑时期，不平等程度更有可能上升。

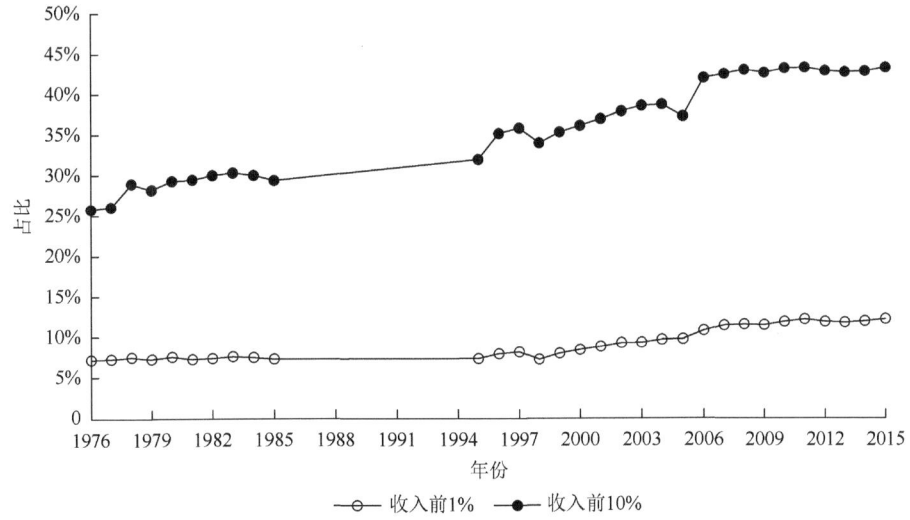

图 2-8　韩国收入前 1%和收入前 10%的收入分配（1976~2015 年）

资料来源：WID

第三节　不平等与经济增长

收入分配与经济发展一直是经济学研究中的核心问题，是贯穿于经济学学科全部历史的极其重要的理论问题和实践问题。通过对稀缺性资源的充分利用和有效配置，从而最大化地增进人类的福利，是经济活动的目的，也是经济学研究的目的。任何社会的经济活动基本可以概括为财富的创造与分配的互动过程，财富如何被创造与分配，是社会进步水平或程度的重要标志之一。国民收入作为财富"流量"的概念，如何被分配，不仅关系到社会成员的切身利益，而且关系到整体经济效率和社会财富增长。由于经济增长与收入分配影响因素的多样性和影响机制的复杂性，收入分配与经济增长问题一直是经济学研究领域中争议最大的问题。在确保经济增长的同时，如何进行利益的分配以及如何分配更能促进经济增长成为经济学界讨论最多的问题，是经济发展理论面临的重要研究课题之一，也是经济学家争议的焦点问题。而且，鉴于其明显的现实性和政策导向性，经济增长与收入分配也是各国政府所关注的重要问题之一。

发展中国家经济发展与收入分配的研究开始于两位诺贝尔奖得主刘易斯和库兹涅茨的经典论文：刘易斯的二元经济理论和库兹涅茨的收入分配倒"U"形假说（Lewis，1954；Kuznets，1955）。前者侧重于理论分析，后者更侧重于经验研究。经济增长与收入分配的关系是双向的，不仅经济增长会影响收入不平等，收入不平等也会反作用于经济增长。由于不平等可能有利于增强工作激励、提高社会储蓄率等，早期理论倾向于认为不平等有利于经济增长。例如，不平等对个体的激励作用可以提高效率，进而促进经济增长。在个人努力难以观测的情况下，平均主义将挫伤个体工作积极性，工资不平等有利于提高工作效率（Mirrlees，1971）。因此，降低不平等程度的再分配政策会有害于经济增长，公平和效率之间存在两难冲突（Aghion et al.，1999）。然而，20世纪90年代以来的很多实证研究却发现，不平等和经济增长可能存在负相关关系（Benabou，1996），即不平等不利于经济增长。为什么不平等会阻碍经济增长？世界各国的历史经验为我们提供了多种可能解释。

一、不平等、制度与经济增长

Engerman 和 Sokoloff（2002）通过比较美洲国家长期经济发展绩效发现，拉丁美洲国家经济增长停滞主要是因为收入差距过大。经济上的不平等造就了特殊利益集团，这些利益集团为维护其利益构建了阻碍经济增长的制度结构。他们认为，拉丁美洲国家经济上的不平等由其禀赋条件所决定，拉丁美洲国家适合糖类、棉织品、银矿开采等具有较大规模经济性产品的生产，而这些行业发展需要廉价的劳动力作为支撑。因此，垄断这些行业的精英群体有激励维护奴隶制度以提高其收益。为保证廉价劳动力的供给，他们不愿意为社会提供公共教育，并剥夺了奴隶获取土地的权利和在政治上的投票权利。这样的制度可以最大化精英群体的利益，但将在长期内阻碍经济增长。Acemoglu 和 Robinson（2015）将这种制度称为攫取型制度，这种攫取型制度将降低生产者的积极性，导致劳动生产率下降、经济增长率下滑。更重要的是，攫取型制度一旦形成则难以改变，精英群体可以在这种制度中受益，他们有激励不断维持这种制度结构，使得经济进入恶性循环。

南非是世界上最不平等的国家之一，其制度结构对穷人的保护严重不足，社会矛盾难以化解。在这样的制度结构下，其经济增长率往往很难维持。从图2-9中可以看出，南非1961~2019年的年人均GDP增长率仅为0.85%，其经济波动非常大，经济增长不稳定，对于收入差距过大的发展中国家，"低增长、高波动"往往成为难以逃脱的宿命。

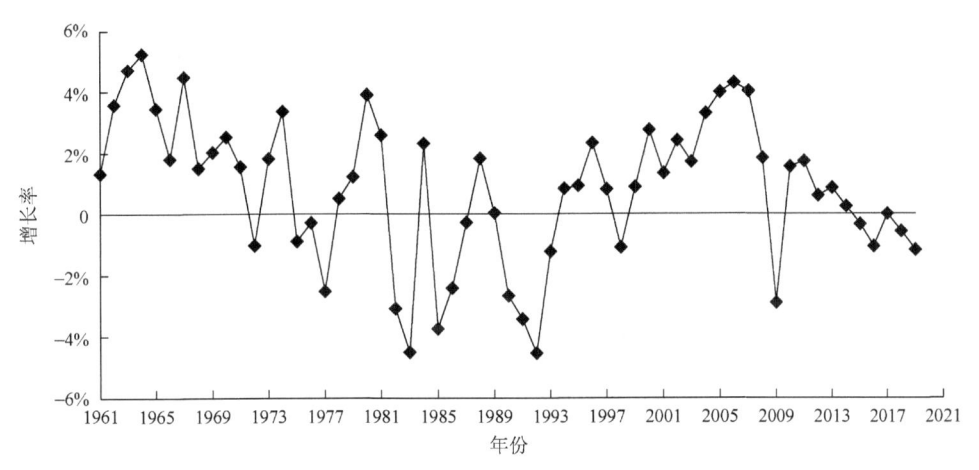

图2-9 南非人均实际GDP增长率（1961~2019年）

资料来源：世界银行

二、不平等、社会再分配与经济增长

不平等可以通过影响政府行为，进而影响到经济增长，其中最重要的途径就是政府财政政策（Perotti，1993；Persson and Tabellini，1994；Alesina and Rodrik，1994）。Persson 和 Tabellini（1994）研究了收入不平等影响政府再分配政策，进而影响经济增长的机制。再分配政策意味着穷人比富人支付相对比较少的税收而得到比较高的转移支付，所以当中间投票者收入水平与平均收入水平之比越小，即收入越不平等时，社会偏好税率就越高。高税收会降低投资者可得到的税后边际产出，从而降低投资和经济增长率。Alesina 和 Rodrik（1994）研究了财富不平等对经济增长的影响。财富不平等将影响政府财富和资本的税率，经济中财富分布越不平等，中间投票者财富水平越低，投票所产生的资本税率越高，投资和经济增长率就越低。

三、不平等、机会不均等与经济增长

在完备市场情形下，个体投资选择只取决于投资回报率，而与其初始财富和收入无关，因此，初始收入（财富）不平等对经济增长没有影响（Caselli and Ventura, 2000）。然而，当资本市场不完备时，个体可能受到信贷约束，初始收入（财富）不平等将影响个体的投资选择，进而影响经济增长。现有文献主要研究了存在信贷约束前提下，收入不平等影响个体人力资本投资、物质资本投资、职业选择，进而影响经济增长的机制（Galor and Zeira, 1993；Aghion and Bolton, 1997；Piketty, 1997；Banerjee and Newman, 1993）。在这些模型中，由于经济中借贷资本市场的缺失或者不完善，低收入群体的经济行为将会受到初始财富的约束。收入和财富分配的不平等或者阻碍个人投资机会，或者弱化借款人生产的积极性，会使得不平等有害于经济增长。

不平等通过机会不均等影响经济增长的一个重要渠道是教育。低收入家庭往往没有足够的资金为子女提供高质量的教育，尽管很多低收入家庭的子女拥有较好的天赋，但他们无法接受到良好的教育，这不仅会降低他们个人的收入水平，固化他们与高收入家庭的差异，还会导致社会整体人力资本投资不足，阻碍经济增长。即使低收入家庭的子女获得了教育，在进行职业选择时，由于风险承担能力有限，他们更倾向于选择低风险、低收益的职业，这种职业选择造成人力资本错配，抑制了经济增长。同样，在面临良好的投资机会时，低收入家庭往往因为缺乏足够的资本金而无法进行投资，这不仅会导致低收入家庭收入难以提高，还会导致良好的投资机会无法实现，造成物质资本错配，阻碍长期经济增长。

第四节 公平和效率能否兼得？

公平和效率是经济学追求的理想目标，对一个国家而言，是否可能同时兼得公平和效率，实现"公平的增长"？早期理论认为公平和效率难以兼得，要提高效率就不得不在一定程度上牺牲公平。库兹涅茨通过对美国、英国和德国历史数据的研究发现，收入不平等在经济发展过程中呈现先上升后下降的倒"U"形规律，这就是著名的库兹涅茨倒"U"形假说（Kuznets, 1955）。刘易斯对城乡二元结构的研究为库兹涅茨倒"U"形假说提供了理论基础（Lewis, 1954）。早期的实证文献倾向于支持库兹涅茨倒"U"形假说（Summers et al., 1984；Lindert and Williamson, 1985）；然而，基于更新数据的研究则基本都不支持库兹涅茨的倒"U"形假说（Jung, 1992；Anand and Kanbur, 1993；Oshima, 1994；Chu, 1995；Deininger and Squire, 1996；陈斌开和林毅夫, 2013）。事实上，20世纪50年代以来，日本、韩国、新加坡在经济快速增长过程中实现了收入分配的改善，公平的增长可以实现。相反，20世纪80年代以来，主要发达国家收入差距下降趋势出现了逆转，收入不平等程度开始扩大。由此可见，无论是发达国家还是发展中国家，库兹涅茨倒"U"形规律都不稳健，经济增长初期的收入分配并不必然会恶化，收入差距也不会随着经济发展自然弥合。东亚经济体"公平的增长"是如何实现的？对东亚经济体实现"公平经济增长"的原因和机制进行研究发现，政府政策对经济增长和收入分配有非常重要的影响，包括初次分配政策和再分配政策等。

一、政府发展战略和劳动密集型产业发展

城乡收入差距是发展中国家收入不平等的重要来源，其根本原因在于农村居民增收困难。由于农业产出增长受到土地的约束，农业投入增加必然面对边际报酬递减，农业收入增长难以持续。农村居民增收最重要的途径在于减少农村劳动力，其出路在于农村劳动力向城市转移。一方面，劳动力转移可以提高农村人均土地拥有量，提高劳动生产率，进而提高农民收入；另一方面，劳动力转移可以增加农产品需求，提高农产品价格，提高农民收入。

Oshima（1987，1993）对东亚国家政府发展战略和产业政策的影响进行了比较研究。日本于20世纪50年代开始支持劳动密集型产业（如纺织业等）的发展，为企业提供税收、金融等方面的支持，使得非农就业快速增加。1950年，日本非农就业收入与农业收入之比仅为28%，1960年这一比例上升至73%，1970年进一步上升至393%。这一时期，日本经济快速增长，1960~1970年的平均经济增长率达9.36%[1]，同时，日本的收入不平等程度趋于下降，实现了平等的增长。由此可见，欠发达国家遵循比较优势发展战略，促进劳动密集型产业发展，提供更多的非农就业机会是实现公平经济增长的必要条件。1963年，韩国经济进入了持续高速增长期，其产业结构也发生了明显变化。1960~2001年，农业产值占韩国国民生产总值（gross national product，GNP）的比例从36.5%下降至4.4%，而非农业产值的比例从63.5%增加至95.6%（Song，1990）。如图2-10所示，制造业企业数量大量增加，1960~1996年，韩国制造业企业从15 204家增加至97 143家，制造业就业人数从275 254人增加至2 897 667人，由于制造业向城市地区集中，也加速了韩国城市化的发展。

---

[1] 资料来源：世界银行世界发展指标数据库。

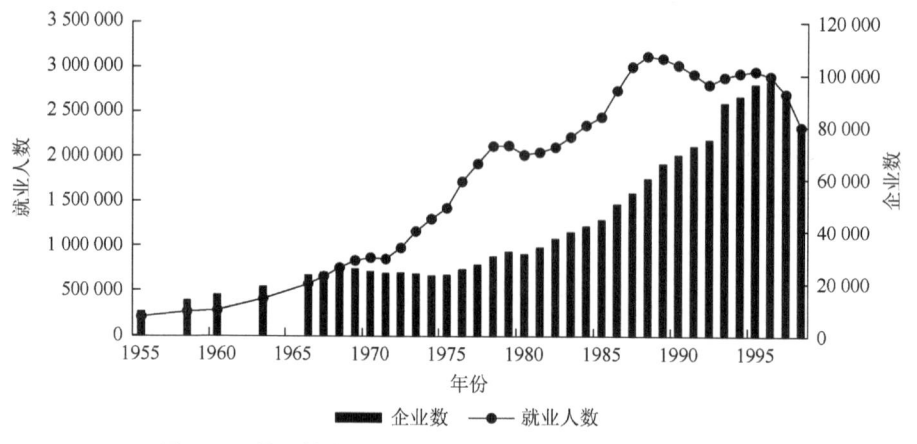

图 2-10　韩国制造业企业数和就业人数（1955～1998 年）

资料来源：韩国统计局

二、土地改革与公平的土地资源分配

土地是城乡低收入群体最重要的财产，而且是许多发展中国家经济活动和市场制度（如信贷）及非市场制度（如地方政府和社会关系网）运行的基础（Deininger，2003）。因此，政府的土地分配政策不仅直接影响到收入分配，还对长期经济增长有着重要影响。大量实证研究表明，更加公平的土地分配有利于长期经济增长（Rodrik，1998；Deininger and Olinto，2000）。

首先，公平的土地分配有利于提高投资者的投资意愿。Nugent 和 Robinson（2002）通过研究哥伦比亚、哥斯达黎加、危地马拉和萨尔瓦多四个国家土地分配与经济发展的关系发现，土地高度集中会造成地主对劳动力市场的有力控制，劳动者只能获得非常低的收入，导致其人力资本积累或其他形式投资活动的报酬大大降低，抑制了个人投资意愿。其次，公平的土地分配有利于增加公共品供给。Bardhan 和 Ghatak（1999）指出，在大部分情况下，资产分配越公平，土地等公共物品的总剩余越高，公共品投资的激励越大。因此，土地的高度集中会降低提供公共物品服务（如基础设施、灌溉等）的激励（Deininger，2003）。Banerjee 等（2002）通过对印度的研究发现，土地集中导致公共设施的可得性大大下降。最后，公平的土地分配有利于降低代理成本、提高生产率。标准的委托-代理理论表明，当个体工作努力不可观察时，风险分担的雇佣契约将降低个人工作的积极性，进而降低生产效率。土地集中将使农业生产中的雇佣关系更加普遍，提高代理成本，降低劳动者工作积极性。

由此可见，政府行之有效的再分配政策不仅可以改善收入分配，还可以促进长期经济增长。事实上，二战以后实现经济起飞的日本和韩国都进行了土地改革，创建了以家庭经营为主的、稳定的生产关系，强烈刺激了自耕农耕作和投资的积极性，使其努力采用新技术，提高产出水平，为其实现公平的增长提供了保证（Oshima，1987；Cho and Kim，1991；Deininger，2003）。相反，拉丁美洲大部分国家土地改革的失败则为其经济停滞埋下了伏笔。

三、公平的公共教育体系

人力资本对于经济增长和收入分配的重要性是学术界的共识。新增长理论认为人力资本是经济增长最重要的源泉（Lucas Jr，1988）；同时，人力资本差异也是收入不平等最重要的来源（Mincer，1974）。个体人力资本积累的主要方式是教育投资，因此，政府公平的教育投入对于实现平等的增长至关重要。

大量实证研究发现，公平的基础教育对于快速的经济增长和平等的收入分配有着重要的作用（Papanek and Kyn，1986；Jung，1992）。事实上，在实现了公平经济增长的国家和地区（日本、韩国等），政府对教育的投入都很高，使其公民能够受到良好的教育，比如，日本1980年的平均受教育水平就高达10.4年（Oshima，1993）。

更为重要的是，政府教育投入方式与经济发展阶段紧密相关。在经济发展初期，劳动密集型产业符合其比较优势，政府投入应该以基础教育为主。随着产业结构升级，经济对熟练劳动力的需求越来越多，政府也应当逐步加强对职业教育、高等教育等方面的投入（Kanbur，2005）。

二战至今的日本建立了较为公平的教育体系。从二战临近结束时开始，日本政府就十分注重教育机会的均等与教育无差别的实现。1946年颁布的《日本国宪法》规定，"所有国民在法律规定的范围内，根据自己的能力，享有平等接受教育的权利"。1947年颁布的《教育基本法》规定，"所有国民必须被平等地赋予平等接受与其能力相适应的教育的机会"和"在教育方面，不能因人种、信条、性别、社会身份、经济地位以及门第而有所差别"。

《教育基本法》是日本提倡公平教育理念的重要体现。二战后的日本仍然存在城乡间的差异，为了减轻经济不平等对教育不平等的影响，政府特别强调对修学困难的家庭和儿童予以必要的奖学措施。不仅如此，日本的公平教育还体现在学校的各个方面。为了保障入学机会均等，政府要求义务教育按居住地就近入学，且小学生徒步上学距离不能超过4千米，中学生不能超过6千米，此举为贫困山区或路途遥远的孩子提供了入学机会。为了保障教育实施过程的无差别，日本要求各学校的设施配置和师资配置均衡。老师配备数要严格按照学校学生人数安排，并且老师不由学校管理和招聘，一律受雇于当地政府。老师每三年会轮换一次工作地点，以此保证每个学校的学生都有可能接受到最好的老师的教育。同时，老师的工资一律由中央和省级政府 1∶1 共同负担。无论身处何地，老师工资都基本一致，以此实现无差别的教育原则。

日本公平教育的理念一直延续至今，在 2018 年经济合作与发展组织（Organization for Economic Co-operation and Development，OECD）发布的年度报告中，全球 35 个富裕国家里，日本提供给学生的教育是最公平的。在日本，家庭背景只能解释学生数学和科学成绩差异的 9%，而世界 35 个富裕国家的平均值是 14%，美国是 17%。此外，日本的失学率也是 35 个国家中最低的，中学毕业率达到 96.7%，远远高于美国的 83%。时至如今，日本始终坚持着公平的公共教育理念，在基础教育之上也不断惠及高等教育和职业教育，曾有学者这样评价日本的教育："在日本，个人出身的劣势成为全社会的共同责任"。

四、农村基础设施建设

农村基础设施建设对于提高农业生产率、提高农民收入具有重要意义。Oshima（1987）对日本农村发展历史进行了深入的比较研究。日本在经历了 1946 年的土地改革以后，农民（特别是收入水平较低的农民）的民主权利大大加强。农民有权利对政府施压，要求政府为农村修建公路、铁路、水利、发电站等基础设施。这大大提高了农业生产率，农村的失业和隐性失业大幅下降，缩小了城乡收入差距。同时，由于贫困的农民在土地改革和基础设施建设中受益更大，农村内部的收入差距也逐步下降。Cho 和 Kim（1991）研究了韩国农村发展的历程。他们的研究发现，韩国 20 世纪 50 年代的土地改革并没有缩小城乡收入差距和农村内部收入差距，直到 1971 年韩国开始开展新村运动。在新村运动中，农村基础设施大大改善，农产品收购价格得到提高，农业生产率大幅提高，农民收入快速增加，城乡收入差距和农村内部收入差距开始下降。

农村基础设施建设帮助韩国所有村庄从落后停滞发展成先进现代。20 世纪 60 年代韩国实施两个五年计划后，工业迅速崛起。第一个五年计划时期工业发展速度为 7.8%，农业发展速度为 5.3%。第二个五年计划时期工业发展速度达到 10.5%，农业发展速度为 2.5%。快速崛起的工业化与衰落的农村经济越发显现出巨大落差，城乡间严重的贫富分化也吸引着农村青年不断涌入城市探寻新的生存方式。为了解决经济结构失衡问题，扭转农村经济落后的局面，韩国政府总结过往经验，开始了救助农业经济的新村运动。

1971 年，政府开始了新村运动的第一阶段——打牢基础，改善农民的生活条件。从改善农民居住的厨房、屋顶、厕所到完善公路和公共洗衣厂等公共基础设施，为农民无偿提供水泥、钢筋，助力农村建设，极大地提高了农民重振家乡、回到家乡发展的信心。随后，新村运动步入第二阶段，扩大农村建设规模，把影响力普及到全国，进一步为农村提供福利，修建新房屋和公共设施提高农民生活质量，积极宣传让国家管理人员、学界科研人员到乡村扶持农业发展。农民收入从第二阶段开始大幅度提高，连年实现丰收。前期政府政策措施与大力扶持重振了农民在家乡建设生活的信心，后期国民逐渐自发完善和修缮农村，实现了农村自治的繁荣景象。

数据显示，从1970~1980年韩国政府财政累计向新村运动投入2.8万亿韩元，相当于财政支出的1%（李忠富等，2008）。参加新村运动的人数累计达11亿人次，效果十分明显。突出变化是农民生产生活条件显著改善。到1977年作为农村贫困标志的草房顶全换为彩钢和瓦顶，1978年全国98%的农户都用上了电。1967年到1976年农民家庭收入增长约8倍，在20世纪70年代中期农民人均收入超过城市居民。新村运动取得巨大成效，在新村运动实施的这段时间里，韩国经济增幅保持在世界第二名，新村运动是成功改善经济发展中结构失衡的典型案例。

五、财政转移支付与社会保障体系

公平的土地分配和教育制度对于促进经济增长和改善收入分配至关重要，政府财政转移支付对于维护社会公平也是必不可少的。对于在经济生活处于弱势的群体（如老弱病残），政府需要通过直接转移支付保障其基本生活需求，以改善收入分配，维护社会稳定，促进经济增长。财政转移支付的另一种重要形式是就业保障计划。与直接补贴不同，就业保障计划通过就业实现转移支付，收入比较低的个体可以选择为政府或社区工作，获得一个比较低的固定工资水平。在这种自我选择机制下，只有收入水平低于固定工资水平的低收入群体才会选择进入就业保障计划，才有机会获得这种补贴。Ravallion（1991）研究了印度的就业保障计划，发现这种机制不但能很好地识别低收入群体，同时也可以有效地提升当地的基础设施建设水平。

新加坡是使用财政转移支付来实现更加公平的居民居住保障的典范。长期以来，新加坡住房问题面临严峻挑战。英国殖民地政府住房委员会报告显示，1947年，新加坡住房水平下降到18.2人/套；其贫民区是世界上最糟糕之列，大约30万人住在没有任何水和任何基本卫生设施的临时棚屋中。新加坡独立后，解决民生住房问题成了迫切需求。李光耀在《李光耀回忆录》中写道："如何建立每个公民跟国家以及国家前途之间的利害关系，我要建设一个居者有其屋的社会……如果每个家庭都有自己的住房，国家将会更加稳定。"没有得到社会保障的人民通常会在大选中投反对票，为了稳定社会秩序，得到人民支持，李光耀先生选择重视居民房屋保障问题。1960年2月1日，新加坡建屋发展局成立，主要职责就是为中低收入群体提供大批廉价公共住房，即组屋，组屋又称组合式房屋，要求申请人住家庭月收入不得高于 12 000 新元。且随着经济发展，月收入条件也在逐年提高。组屋由政府征用土地建设，政府有权规定土地和组屋价格。根据中低收入群体承受能力等因素考虑，组屋定价为市场价的一半，且严格规定任何人不得抬价，不得把组屋转为商用，只允许在组屋市场中交易。

如今，居住在新加坡的人民可以申购新组屋、二手组屋和执行共管公寓三种类型的房产，只要年满 21 岁，其中一方为新加坡公民或双方都为三年以上永久居民，国内外都没有房产，且月薪不高于 6000 新元。同时，不同月薪在选择房屋类型时也有限制。例如，如果满足至少 35 岁，首次购房，家庭月收入不超过 7000 新币，可以申购 2 房式组屋；不满足就只能买转售组屋、公寓。自组屋制度建立以来的 50 多年间，新加坡组屋从最初保障人民"居者有其屋"，人人都有房子住逐渐发展为"居者有华屋"，政府定期翻新组屋内外设施，使得组屋长年使用却不显旧。至 2019 年，新加坡已建设 110 万套组屋，有 82% 的本国居民住在政府建设的组屋内，是全世界住房问题解决得最好的国家之一（胡建文，2019）。

总结本章研究，不平等是世界各国历史和当下所共同面临的重大问题，长期来看不平等会严重阻碍经济增长与社会稳定，也非常不利于我国当前的中等收入群体培育与产业升级。从世界各国经验来看，增长并不必然意味着不平等程度提升，未来充分发挥政府有为之手缓解不平等问题，实现公平与效率兼得的经济增长，不断扩大中等收入群体，是中国迈向高收入国家的关键所在。

第三章

不平等与中国中等收入群体

扩大中等收入群体的一大挑战是不平等问题,不平等程度提升会严重阻碍我国中等收入群体培育与消费潜力的充分释放。本章将基于历史数据,对过去中国的国民收入分配状况、居民收入分配状况以及财富不平等状况做出系统梳理,讨论中国是否会陷入不平等陷阱。第一节,我们将基于国家统计局资金流量表数据对我国的国民收入分配状况做出详细描述,并利用联合国统计数据库进行国民收入分配的国际比较。第二节,我们将使用中国家庭收入项目调查(Chinese Household Income Project Survey, CHIPS)、CFPS、UHS 以及固定观察点(national fixed point, NFP)四个微观数据库进一步刻画国内居民收入分配状况。第三节,我们将基于历史数据,来解答中国居民的财富水平如何、居民财富分布的不平等达到了什么程度这两个问题,并利用 WID 数据库进行财富不平等的国际比较。第四节主要讨论了中国是否会陷入不平等陷阱的问题。

第一节 国民收入分配:典型事实和国际比较

对于任何一个经济体,其生产的产品和劳务都需要通过某种方式在居民、企业、政府部门之间进行分配,这种分配格局称为国民收入分配。具体而言,国民收入分配是指一个国家在一定时期按照国民收入核算体系统计出来的总产出在各经济主体之间的分配,包括初次分配和再分配两个流程。国民收入分配格局是指国民收入在居民、企业和政府三个部门之间的分配比例。国民收入分配是衔接生产和分配的核心环节,对经济效率和社会公平都有重要影响。

本节将分别从国民收入的初次分配和再分配两个流程入手,系统阐述我国国民收入分配的流程及状况。国家统计局在历年统计年鉴中公布的资金流量表数据是研究我国国民收入分配的基础数据,资金流量表记录了国内居民部门、政府部门、非金融企业部门、金融机构和国外部门五大部门间的收支情况,记录了各部门以增加值为起点,经过初次分配形成初次分配总收入,之后经过再分配形成各部门可支配收入的过程,资金流量表还详细记录了国民收入初次分配各种要素收入,以及再分配阶段各种转移支付项目在各部门间的分配情况,是分析国民收入分配格局的重要数据来源。

在进行国民收入分配跨国比较时，使用的基础数据来自联合国统计发布的国家账户数据库。该数据库体量庞大，提供了 200 多个国家和地区长时间的国民经济核算年度数据。使用该数据库在于可以在统一的框架下对涉及不同国家和不同年度内的宏观国民经济核算变量进行比较，具有较好的可比性。这些数据均取自各国的官方统计，记录与追溯了不同编制标准下的数据，以本国货币表示，既包含了总体经济数据，又提供了详细的部门和产业数据。

一、国民收入初次分配

（一）国民收入初次分配过程及地位

生产过程结束之后，国民收入首先要在生产领域进行初次分配，根据产品生产过程中各要素的贡献进行分配。居民、企业和政府部门的初次分配收入主要由劳动报酬、生产税净额、财产性收入和经营性留存中的几项构成，其中后两项为资本收入。劳动报酬是劳动者通过自身劳动应该从生产过程中获得的劳动收入。财产性收入指家庭拥有的动产（如银行存款、有价证券等）和不动产（如房屋）所获得的收入，包括出让财产使用权所获得的利息、租金、专利收入，财产营运所获得的红利收入等。生产税净额则是指政府对生产单位所征收的各种税费减去给予其的生产补贴后的余额。经营性留存是部门增加值减去劳动报酬和生产税净额之后的余额。

对于居民、企业和政府各个部门而言，初次分配主要包括两个方面，一方面，各个部门都会向其他部门提供生产要素，因此有权取得劳动报酬、财产性收入以及依法应得的生产性补贴；另一方面，各个部门需要支付其他部门为其自身提供的要素成本并依法缴纳生产税。表 3-1 展示了各部门初次分配过程中的收入来源及计算方法。

表 3-1　各部门初次分配过程中的收入来源及计算方法

收入来源	居民部门	企业部门	政府部门
劳动报酬	所有部门增加值中劳动报酬总额	无	无
生产税净额	无	无	所有部门增加值中生产税净额
财产性收入	居民存款和持有非股票证券取得的利息、住户持有 A 股取得的上市公司分红	企业存款和持有的非股票证券取得的利息、企业持有 A 股取得的上市公司分红	政府部门存款取得的利息、政府持有 A 股非流通股取得的分红
经营性留存	＝本部门生产增加值 －向本部门支付的劳动报酬 －向政府部门缴纳的生产税净额 －贷款产生的利息	＝本部门增加值 －向住户部门支付的劳动报酬净额 －向政府部门缴纳的生产税净额 －贷款和企业债券产生的利息 －上市公司对股东分红	＝本部门增加值 －向住户部门支付的劳动报酬 －向本部门缴纳的生产税净额 －贷款和国债的利息

初次分配是国民收入分配的首要环节，是之后其他一切经济活动进行的必要前提。初次分配注重公平，劳动者的社会地位、工作态度及劳动成果将受到尊重，有利于调动劳动者工作的积极性，进而大大提高生产效率，增加社会财富。同时，初次分配是再分配的前提，如果在初次分配中就产生了较大的收入差距，那么后续想要通过政府主导的再分配进行调节就会举步维艰，不一定能够达到想要的效果。

（二）国民收入中各要素收入分配格局

在市场经济活动中，按照对产品生产所做的贡献大小，不同的生产要素获取相应的报酬收入是市场配置资源的有效手段。国民收入根据生产要素对产品生产所做的贡献大小来进行分配，主导者是市场，体现效率原则。

表 3-2 是根据资金流量表的数据测算得出的国民收入在各要素之间的分配结果，可以看出 1992~2017 年，我国国民收入初次分配中劳动报酬份额变化可以大致划分为三个阶段，第一个阶段是 1992~2001 年，劳动报酬份额围绕 53%上下波动；第二个阶段是 2002~2011 年，劳动报酬份额呈现明显的下降趋势，从 2002 年的占比 53.67%下降到 2011 年的 47.04%，十年的时间里下降了 6.63 个百分点；第三个阶段是 2012~2017 年，劳动报酬份额在 2011 年触底之后开始反弹，呈现明显上升趋势，2013 年劳动报酬份额恢复到 50%以上，2015 年之后基本稳定在 52%左右。

表 3-2　1992~2017 年国民收入分配各类要素收入分配

年份	国民收入/亿元	劳动报酬/亿元	劳动报酬份额	资本收入/亿元	资本收入份额	生产税净额/亿元	生产税净额份额
1992	26 923.50	14 696.70	54.59%	8 319.70	30.90%	3 907.10	14.51%
1993	35 333.90	18 173.40	51.43%	11 641.50	32.95%	5 519.00	15.62%
1994	48 197.90	25 206.00	52.30%	15 498.10	32.16%	7 493.80	15.55%
1995	60 793.70	32 087.40	52.78%	20 205.00	33.24%	8 501.30	13.98%
1996	71 176.60	37 085.80	52.10%	23 393.20	32.87%	10 697.60	15.03%
1997	78 973.00	41 856.60	53.00%	24 808.30	31.41%	12 308.10	15.59%
1998	84 402.30	44 329.20	52.52%	26 224.80	31.07%	13 848.30	16.41%
1999	89 677.10	47 165.80	52.60%	27 911.60	31.12%	14 599.70	16.28%
2000	99 214.60	52 299.11	52.71%	34 940.18	35.22%	11 975.31	12.07%
2001	109 655.20	57 600.32	52.53%	39 086.71	35.65%	12 968.17	11.83%
2002	120 332.70	64 580.17	53.67%	40 990.77	34.06%	14 761.76	12.27%
2003	135 822.80	71 828.46	52.88%	46 478.17	34.22%	17 516.17	12.90%
2004	159 878.30	81 065.14	50.70%	58 204.33	36.41%	20 608.83	12.89%
2005	184 937.40	93 296.87	50.45%	67 954.85	36.74%	23 685.68	12.81%

续表

年份	国民收入/亿元	劳动报酬/亿元	劳动报酬份额	资本收入/亿元	资本收入份额	生产税净额/亿元	生产税净额份额
2006	216 314.40	106 554.70	49.26%	82 103.01	37.96%	27 656.69	12.79%
2007	265 810.30	128 108.50	48.20%	102 396.94	38.52%	35 304.86	13.28%
2008	314 045.40	150 701.70	47.99%	123 787.36	39.42%	39 556.34	12.60%
2009	340 902.80	167 098.10	49.02%	131 841.94	38.67%	41 962.76	12.31%
2010	401 512.80	190 968.00	47.56%	157 872.21	39.32%	52 672.59	13.12%
2011	473 104.10	222 528.40	47.04%	188 304.89	39.80%	62 270.81	13.16%
2012	519 470.10	256 676.80	49.41%	193 927.27	37.33%	68 866.03	13.26%
2013	588 018.80	299 072.30	50.86%	215 410.09	36.63%	73 536.41	12.51%
2014	643 974.05	328 602.80	51.03%	236 728.14	36.76%	78 643.11	12.21%
2015	689 052.10	357 432.00	51.87%	251 951.39	36.56%	79 668.71	11.56%
2016	743 585.50	386 976.20	52.04%	270 063.89	36.32%	86 545.41	11.64%
2017	820 754.30	424 735.60	51.75%	302 174.42	36.82%	93 844.28	11.43%

资料来源:《中国统计年鉴》,其中2000~2009年数据来自2012年《中国统计年鉴》修改后的数据; 1992~1999年的数据来自《中国资金流量表历史资料: 1992—2004》

注: 资本收入份额指国民收入初次分配要素收入中财产性收入和经营性留存之和占国民总收入的比例

对于2002~2011年劳动报酬份额的下降现象已经有大量研究,部分学者认为可能与统计口径调整有关,如白重恩和钱震杰(2009a)研究发现统计核算方法的调整使得1995年到2004年间劳动报酬份额的下降幅度被高估,在剔除了统计核算方法的影响后,劳动报酬份额实际上少下降49%。虽然统计的口径问题给劳动报酬份额变动问题的研究带来一定程度的干扰,但经过统计口径调整后,劳动报酬份额的长期下降趋势是学者公认的事实。李稻葵等(2009)利用省份收入法计算发现我国的劳动报酬份额从1990年的53%下降到了2006年的40%。肖红叶和郝枫(2009)的研究表明我国劳动报酬份额均值由1978~2003年的57.3%,下降到2004~2007年的47.7%,不但明显低于发达国家平均水平,也低于发展中国家平均水平。

1992~2017年,资本收入份额呈现上升趋势,20世纪90年代为30%出头,2008年后已经接近40%,尤其是1999~2008年,资本收入份额上升速度较快。从绝对值的角度看,劳动报酬从1992年的14 696.70亿元上涨到2017年的424 735.60亿元,上涨了近28倍,资本收入从1992年的8319.70亿元上涨到2017年的302 174.42亿元,提高超过35倍,资本收入上升速度快于劳动报酬上升速度,这可以在一定程度上反映出增加值向资本倾斜的事实。

劳动报酬份额的下降会给经济社会的发展带来一系列问题,其中最直接的后果就是会使社会中劳资双方贫富差距不断拉大,并且这种贫富差距难以通过之后的再分配进行调节，可能会导致贫富对立和社会冲突的产生。一般来说，低收入家庭相比于高收入家庭来说具有更高的消费倾向，但是劳动所得是低收入家庭收入的主要来源，劳动报酬份额的下降意味着低收入家庭收入减少，总体消费能力下降。另外，高资本收入比重鼓励投资，容易造成产能过剩、资本回报率下降、经济发展动力不足。从宏观经济的角度看，劳动报酬份额的降低会抑制消费、刺激投资，导致产能过剩和宏观经济失衡。因此，我们需要高度重视我国国民收入分配中劳动报酬份额下降的现象。

（三）分部门国民收入初次分配结构

国民收入分配结构指的是国民收入在居民、企业和政府三个部门之间的分配比例关系，国家统计局资金流量表实物部分详细记录了国民收入在这三个部门之间的初次分配。各个部门初次分配收入主要包括两部分内容，其一，各部门会向其他部门提供要素从而取得要素收入，或者按规定纳入生产税净额；其二，各部门增加值剔除向其他部门支付的要素成本和需要缴纳生产税净额后的余额。如表3-1所示，各部门初次分配收入是由劳动报酬、生产税净额、财产性收入和经营性留存中的几项构成。

表3-3是根据资金流量表数据计算得出的国民收入初次分配的结构，可以看出，1992~2017年，在国民收入的初次分配环节，居民部门一直是国民收入的主要拥有者，占比仅在2007年和2008年两年稍低于60%，绝大多数年份居民部门收入占比都超过60%。由于2004年统计口径的变化，2003年和2004年数据没有可比性，2003年之前居民部门收入占比围绕65%上下波动，2004年之后，居民部门收入占比下降，围绕60%上下波动。

表 3-3 国民收入初次分配后结构

年份	居民部门收入/亿元	居民部门收入占比	企业部门收入/亿元	企业部门收入占比	政府部门收入/亿元	政府部门收入占比	初次分配总收入国内合计
1992	17 795.40	66.06%	4 679.60	17.37%	4 462.20	16.57%	26 937.20
1993	22 075.30	62.61%	7 086.80	20.10%	6 097.90	17.29%	35 260.00
1994	31 341.10	65.15%	7 005.00	14.56%	8 926.60	18.56%	48 108.60
1995	39 024.80	65.25%	9 722.50	16.26%	9 916.10	16.58%	59 810.50
1996	46 628.80	66.48%	9 624.90	13.72%	12 570.30	17.92%	70 142.60
1997	51 537.60	66.02%	13 188.80	16.90%	13 334.40	17.08%	78 060.80
1998	54 850.00	66.06%	13 445.40	16.19%	14 729.00	17.74%	83 024.50
1999	57 553.40	65.05%	15 773.10	17.83%	15 170.70	17.15%	88 479.20
2000	65 811.00	67.15%	19 324.32	19.72%	12 865.20	13.13%	98 000.52

续表

年份	居民部门收入/亿元	居民部门收入占比	企业部门收入/亿元	企业部门收入占比	政府部门收入/亿元	政府部门收入占比	初次分配总收入国内合计
2001	71 248.72	65.93%	23 122.22	21.40%	13 697.28	12.67%	108 068.22
2002	76 801.57	64.49%	25 694.19	21.57%	16 599.95	13.94%	119 095.71
2003	86 512.46	64.09%	30 077.03	22.28%	18 387.52	13.62%	134 977.01
2004	97 489.67	61.14%	40 051.24	25.12%	21 912.66	13.74%	159 453.57
2005	112 517.10	61.28%	45 026.42	24.52%	26 073.94	14.20%	183 617.46
2006	131 114.90	60.73%	53 416.44	24.74%	31 372.99	14.53%	215 904.33
2007	158 805.30	59.61%	68 349.86	25.65%	39 266.86	14.74%	266 422.02
2008	185 395.40	58.66%	84 085.75	26.61%	46 549.14	14.73%	316 030.29
2009	206 544.00	60.69%	84 169.58	24.73%	49 606.34	14.58%	340 319.92
2010	241 864.50	60.50%	97 968.30	24.51%	59 926.74	14.99%	399 759.54
2011	284 282.90	60.67%	112 212.51	23.95%	72 066.93	15.38%	468 562.34
2012	319 462.40	61.65%	117 776.49	22.73%	80 975.88	15.63%	518 214.77
2013	353 759.90	60.66%	140 691.78	24.12%	88 745.04	15.22%	583 196.72
2014	387 473.10	60.09%	159 051.55	24.67%	98 266.40	15.24%	644 791.05
2015	417 992.00	60.89%	165 839.95	24.16%	102 617.80	14.95%	686 449.75
2016	453 842.00	61.28%	179 631.87	24.25%	107 124.80	14.46%	740 598.67
2017	496 672.40	60.56%	208 355.56	25.41%	115 071.60	14.03%	820 099.56

资料来源：《中国统计年鉴》，其中 2000~2009 年数据来自 2012 年《中国统计年鉴》修改后的数据；1992~1999 年的数据来自《中国资金流量表历史资料：1992—2004》

以上我们整理了国民收入初次分配中基于生产要素和国民部门的格局，这两种分配方式之间存在一定的联系与差异。我们以劳动报酬占比和居民部门收入占比为例，居民部门收入中除了工资性收入，还包括财产性收入与经营性留存，其中财产性收入包括居民存款和持有非股票证券取得的利息以及住户持有 A 股取得的上市公司分红，经营性留存是指居民部门的生产增加值中扣除向本部门支付的劳动报酬、向政府部门缴纳的生产税净额以及贷款产生的利息之后留下的部分。劳动报酬占比与居民部门收入占比之间的差异就是由财产性收入与经营性留存所导致的。图 3-1 展示了我国 1992 年至 2017 年劳动报酬、居民部门收入和居民部门财产性收入与经营性留存占国民收入比例情况，从图中我们可以看出，抛开由 2004 年统计口径变化导致的断点式变动，即 2003 年居民部门收入占比 64.09%，2004 年居民部门收入占比骤降到 61.14%，实际上 2004 年以后居民部门收入占比的整体变化很小。然而，在 2004 年之后劳动报酬占比出现了一个明显的先下降再上升的过程，即劳动报酬占比自 2004 年整体呈现出下降趋势，2011 年之后呈现出上升趋势。财产性收入与经营性留存能够解释劳动报酬与居民部门收入变动不一致的情况。当劳动报酬下降时，从生产要素回报的角度看，资本报酬在上升，那么居民存款和持有非股票证券取得的利息以及住户持有 A 股取得的上市公司分红会增加，即居民部门的财产性收入会上升；另外，劳动报酬下降会使得居民部门向政府部门缴纳的生产税净额下降和居民贷款下降，即经营性留存中扣除部分的向本部门支付的劳动报酬、向政府部门缴纳的生产税净额以及贷款产生的利息均下降，导致居民部门的经营性留存上升；反之则相反。以上可以解释我国劳动报酬占比与居民部门收入占比变化趋势的差异。

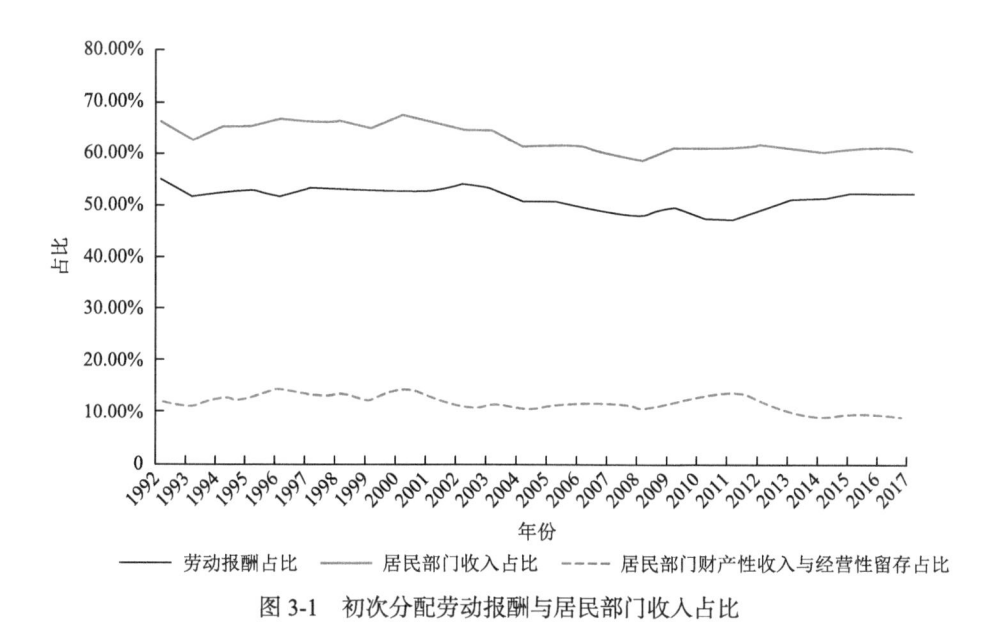

图 3-1 初次分配劳动报酬与居民部门收入占比

同样地，从表 3-2 和表 3-3 中的数据我们可以看出资本收入占比和企业部门收入占比的变动方向也不尽相同，图 3-2 展示了资本收入、企业部门收入和企业财产性收入与经营性留存占国民收入比例的情况。资本收入是指国民收入初次分配要素收入中财产性收入和经营性留存之和，可以理解为国民收入中扣除劳动报酬和生产税净额后的部分，也可以理解为三大部门的财产性收入和经营性留存的总和。然而，企业部门收入仅包含企业部门的财产性收入和经营性留存，所以资本收入一般高于企业部门收入。从图 3-2 中我们可以看出，企业部门收入占比与资本收入占比的变化趋势不尽相同，这主要是居民部门和政府部门的财产性收入和经营性留存导致的。在 1992 年到 1996 年期间，资本收入占比变化较小，而企业部门收入占比有明显的下降，居民部门和政府部门的财产性收入和经营性留存占比提高，这主要是由于资本收入在三大部门间的分配变化导致的，例如，整个经济系统中利息和上市公司分红更多地向居民部门和政府部门流入，就会导致上述情况。

图 3-2 初次分配资本收入与企业部门收入

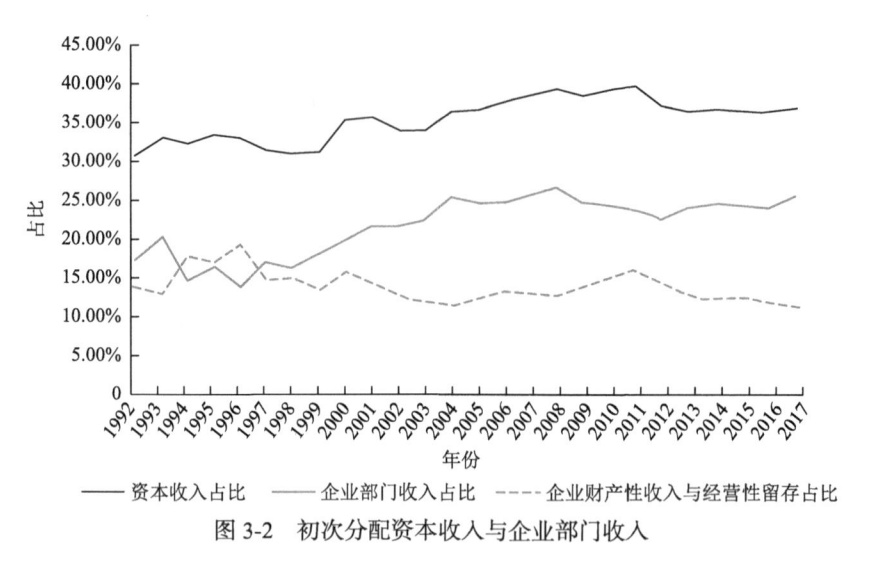

二、国民收入再分配

（一）国民收入再分配过程及地位

国民收入初次分配主要通过市场机制得以实现，经过初次分配之后进入再分配流程，国民收入再分配是由政府主导的，各级政府通过经常转移（形式包括所得税、社会保险缴款、社会保险福利、社会补助和其他经常转移[①]）方式对国民收入进行再分配，形成各部门的可支配收入。再分配是初次分配的补充，在国民收入分配中也发挥着重要作用。

在任何经济体中，政府都需要对国民收入进行再分配。首先，社会中的部门可以按照是否生产物质划分为物质生产部门和非物质生产部门，在初次分配的过程中，仅有物质生产部门的劳动者获得了收入，而非物质生产部门（如法治系统、国防安全等）由于并不直接创造国民收入并没有获得收入，但是这些部门对于经济社会的发展同样具有重要意义，此时就需要政府进行再分配，把物质生产部门所创造的一部分原始收入转给这些部门。其次，国民经济的各部门、各地区、各企业的发展通常来说都是不平衡的，它们从国民收入初次分配中得到的收入份额可能同其对社会的贡献并不一致，为了保证国民经济按比例协调发展，政府必须从全局发展出发，进行宏观调控，将国家的收入通过再分配在不同部门、地区和企业之间调节使用。再次，保障全社会成员基本生存和生活需要，尤其是保障公民在年老、疾病、失业等特殊状况时的需要是国家政府重要的职责所在，通过建立社会保障基金来建立健全社会保障体系是政府义不容辞的责任。最后，为了应

---

① 其他经常转移是指国内部门（居民部门、企业部门和政府部门）与国外部门之间的经常转移，本章讨论中不考虑这部分，仅考虑国内部门间的经常转移。

对各种各样的突发事故和自然灾害，国家还需要建立社会后备基金，而建立社会保障基金和社会后备基金的资金均只有通过国民收入的再分配才能够获取到。

（二）分部门国民收入再分配结构

自20世纪90年代以来，在我国国民收入再分配过程中，企业的经常转移和所得税为净支出，居民的所得税为净支出，其他经常性转移支付整体为净收入；2000年以来二者之和为净支出，政府的所得税和经常性转移支付为净收入。通俗地讲，通过国民收入再分配，实现了收入从企业部门、居民部门向政府部门转移。

所得税是居民和企业部门对政府部门进行收入转移的主要渠道。从各部门所得税角度来看，1992~2017年，随着个人所得税制度的不断完善和居民收入水平上升，居民部门缴纳的所得税从4.7亿元飞速增长到12 011.37亿元[①]；企业部门缴纳的企业所得税从1016.7亿元增长到32 117.3亿元，增长了近31倍。所得税是居民和企业部门向政府缴纳的所得税，随着居民和企业缴纳所得税规模的不断扩大，政府部门所得税从1992年的1021.4亿元上涨到2017年的44 128.67亿元，提高了42倍多。

初次分配收入加经常转移收入减经常转移支出后的余额形成各部门的可支配收入，反映各部门收入经过两次分配之后可作为最终使用的收入总额。1992~2017年，居民、企业和政府三个部门的可支配收入都实现了快速增长，三者的年均增速分别为14.1%、17.4%和14.1%，全国可支配收入年均增速14.6%，企业部门收入的增速最快，高于居民和政府部门。

表3-4展示了1992~2017年国民收入再分配过程中各部门分配的基本情况。表3-5展示了1992~2017年国民收入再分配后各部门收入占比情况。总体来看，1992~2017年，居民部门收入占比下降，从68.34%下降到60.85%，下降了7.49个百分点；企业部门收入占比上升，从11.7%上升到21.19%，上升了9.49个百分点；政府部门收入占比先下降，于2000年（占比14.53%）触底后开始上升，2011年后占比基本和20世纪90年代初占比基本相同。这种变化是国民收入初次分配和再分配双重作用的结果，劳动报酬是居民收入的主要来源，资产收入是企业部门的主要收入来源，初次分配时，劳动报酬占比下降，资产收入占比上升；再分配时，居民部门由于收入水平的上升缴纳的所得税负担上升，导致经济发展成果以税收的形式流向政府部门，而政府的税收却在逐渐以经常转移的方式流向企业部门，这就使国民收入分配格局呈现居民部门收入份额下降、企业部门收入份额上升、政府部门收入份额几乎不变的状态。

[①] 1992~1999年的数据来自《中国资金流量表历史资料：1992—2004》，其中实物交易部分中收入税项目即为国家统计局《中国统计年鉴》资金流量表实物交易部分所得税项目。

表 3-4 国民收入再分配过程中各部门分配基本情况   单位：亿元

年份	居民部门 所得税	居民部门 社会保险缴款	居民部门 社会保险福利	居民部门 社会补助	居民部门 总计	企业部门 所得税	企业部门 社会补助	企业部门 总计	政府部门 所得税	政府部门 社会保险缴款	政府部门 社会保险福利	政府部门 社会补助	政府部门 总计
1992	−5	−44	—	450	401	−1 017	−56	−1 073	1 021	44	—	−394	671
1993	−27	−35	—	444	382	−869	−67	−936	896	35	—	−376	556
1994	−75	−51	—	504	378	−767	−87	−854	842	51	—	−417	476
1995	−132	−112	—	640	396	−739	−131	−870	871	112	—	−509	474
1996	−193	−152	—	672	327	−1 013	−79	−1 092	1 206	152	—	−592	766
1997	−260	−142	—	793	391	−1 032	−87	−1 119	1 292	142	—	−706	728
1998	−339	12	—	974	647	−1 039	−91	−1 130	1 377	−12	—	−883	482
1999	−428	−64	—	258	−234	−1 534	−61	−1 595	1 962	64	—	−197	1 829
2000	−672	−145	—	309	−508	−2 024	−80	−2 104	2 695	145	—	−229	2 611
2001	−996	−3 088	2 738	778	−568	−2 126	−70	−2 196	3 122	3 088	−2 738	−708	2 764
2002	−1 211	−4 049	3 471	1 087	−702	−2 589	−69	−2 658	3 800	4 049	−3 471	−1 018	3 360
2003	−1 417	−4 883	4 016	548	−1 736	−3 048	−48	−3 096	4 465	4 883	−4 016	−500	4 832
2004	−1 736	−5 780	4 627	618	−2 271	−3 142	−54	−3 196	4 879	5 780	−4 627	−564	5 468
2005	−2 094	−6 975	5 401	779	−2 889	−4 364	−63	−4 427	6 458	6 975	−5 401	−716	7 316
2006	−2 454	−8 643	6 477	980	−3 640	−7 040	−72	−7 112	9 493	8 643	−6 477	−908	10 751
2007	−3 186	−10 812	7 888	1 127	−4 983	−8 770	−83	−8 853	11 955	10 812	−7 888	−1 044	13 835
2008	−3 722	−13 696	9 925	2 147	−5 346	−11 176	−95	−11 271	14 898	13 696	−9 925	−2 052	16 617
2009	−3 949	−14 421	12 303	6 246	179	−11 537	−109	−11 646	15 486	14 421	−12 303	−6 137	11 467
2010	−4 837	−17 340	16 207	6 138	168	−12 844	−126	−12 970	17 681	17 340	−16 207	−6 012	12 802
2011	−6 054	−21 801	20 364	7 589	98	−16 770	−145	−16 915	22 824	21 801	−20 364	−7 444	16 817
2012	−6 164	−25 062	23 931	8 708	1 413	−19 655	−166	−19 821	25 818	25 062	−23 931	−8 542	18 407
2013	−6 603	−28 568	28 744	10 091	3 664	−22 427	−191	−22 618	29 030	28 568	−28 744	−9 900	18 954
2014	−7 721	−31 992	33 681	10 672	4 640	−24 642	−253	−24 895	32 363	31 992	−33 681	−1 041	29 633
2015	−8 891	−36 110	39 118	11 688	5 805	−27 134	−291	−27 425	36 025	36 110	−39 118	−11 397	21 620
2016	−10 153	−39 024	43 605	12 565	6 993	−28 851	−335	−29 186	39 005	39 024	−43 605	−12 230	22 194
2017	−12 011	−46 086	48 653	13 491	4 047	−32 117	−385	−32 502	44 129	46 086	−48 653	−13 106	28 456

资料来源：《中国统计年鉴》

表 3-5 1992～2017 年国民收入再分配后各部门收入占比

年份	居民部门收入/亿元	居民部门收入占比	企业部门收入/亿元	企业部门收入占比	政府部门收入/亿元	政府部门收入占比	可支配总收入国内合计
1992	18 452.80	68.34%	3 159.30	11.70%	5 388.90	19.96%	27 001.00
1993	22 827.10	64.62%	5 557.20	15.73%	6 943.30	19.65%	35 327.60
1994	32 292.20	66.96%	7 005.00	14.53%	8 926.60	18.51%	48 223.80

续表

年份	居民部门收入/亿元	居民部门收入占比	企业部门收入/亿元	企业部门收入占比	政府部门收入/亿元	政府部门收入占比	可支配总收入国内合计
1995	40 291.60	67.23%	9 722.50	16.22%	9 916.10	16.55%	59 930.20
1996	48 125.10	68.44%	9 624.90	13.69%	12 570.30	17.88%	70 320.30
1997	53 842.20	68.60%	10 281.80	13.10%	14 363.10	18.30%	78 487.10
1998	57 043.50	68.41%	11 216.00	13.45%	15 119.50	18.13%	83 379.00
1999	59 733.10	67.20%	13 066.60	14.70%	16 088.80	18.10%	88 888.50
2000	66 538.67	67.54%	17 670.27	17.94%	14 314.06	14.53%	98 523.00
2001	71 865.34	66.07%	20 581.61	18.92%	16 324.18	15.01%	108 771.13
2002	77 423.32	64.43%	23 241.15	19.34%	19 505.94	16.23%	120 170.41
2003	87 268.45	63.97%	27 205.98	19.94%	21 946.82	16.09%	136 421.25
2004	98 508.92	61.05%	36 322.29	22.51%	26 517.58	16.43%	161 348.79
2005	112 910.20	60.84%	40 088.52	21.60%	32 573.69	17.55%	185 572.41
2006	131 426.40	60.25%	46 990.55	21.54%	39 724.85	18.21%	218 141.80
2007	158 558.60	58.89%	59 492.49	22.10%	51 192.09	19.01%	269 243.18
2008	185 926.30	58.28%	72 557.12	22.74%	60 544.07	18.98%	319 027.49
2009	207 302.40	60.53%	72 576.78	21.19%	62 603.34	18.28%	342 482.52
2010	243 121.70	60.40%	85 275.72	21.19%	74 116.25	18.41%	402 513.67
2011	285 772.60	60.78%	94 169.65	20.03%	90 203.21	19.19%	470 145.46
2012	321 399.20	61.99%	95 731.28	18.47%	101 301.10	19.54%	518 431.58
2013	357 113.40	61.29%	115 167.60	19.77%	110 376.00	18.94%	582 657.00
2014	391 110.00	60.65%	132 195.11	20.50%	121 574.20	18.85%	644 879.31
2015	422 629.20	61.64%	135 840.49	19.81%	127 186.10	18.55%	685 655.79
2016	459 534.70	62.10%	148 058.60	20.01%	132 368.50	17.89%	739 961.80
2017	498 528.10	60.85%	173 636.63	21.19%	147 131.20	17.96%	819 295.93

资料来源：《中国统计年鉴》，其中 2000～2009 年数据来自 2012 年《中国统计年鉴》修改后的数据；1992～1999 年的数据来自《中国资金流量表历史资料：1992—2004》

如表 3-5 所示，2000～2008 年，再分配之后居民部门收入占比有一个明显下降，这与初次分配后居民收入占比变化不完全一致，主要是由居民缴纳所得税和社会保险缴款速度上升所致。2000～2008 年，居民部门缴纳所得税和社会保险缴款分别上升 5.64 倍和 5.23 倍，与此同时居民获得社会保险福利和社会补助以及经常转移上升速度较慢，分别上升 4.16 倍、5.26 倍和 3.81 倍。

三、国民收入分配跨国比较

为了能够更加深入而全面地认识国内收入分配格局，在全球视野下理解中国和其他国家的国民收入分配格局非常有必要。本部分我们将中国的国民收入分配状况与一些主要的发达国家和发展中国家进行比较，为了实现国民收入分配数据跨国的可比性，我们主要基于联合国数据库数据①。其中，由于国民收入分配中劳动报酬一项国际标准不一致，跨国不具备可比较性，因为有两种不同口径的劳动报酬，它们的主要区别在于是否把自雇劳动者的劳动收入包括进来。于是我们参考了2014年Karabarbounis和Neiman发表在《经济学季刊》上的论文数据，他们完成了在同一标准下核算各国劳动报酬的工作（Karabarbounis and Neiman，2014）。

图3-3展示了1975年至2012年主要发达国家和发展中国家国民收入初次分配中劳动报酬占比的变化，整体来看，德国的劳动报酬占比一直处于较高的水平，美国、英国和日本的劳动报酬占比处于相对稳定的状态，巴西的劳动报酬占比相对较低，而中国劳动报酬占比基本在50%~60%，呈现明显的下降趋势。中国初次分配中劳动报酬占比一直远高于巴西，巴西劳动报酬占比仅在40%左右。中国的劳动报酬占比1992年到1997年处于较高水平，高于同期美国、日本和英国的情况，而后劳动报酬占比明显下降，到2009年为49.0%，低于同期美国（54.1%）、日本（51.6%）和英国（55.5%）。在此期间，中国劳动报酬占比下降幅度达到10.3个百分点，同期美国、英国、日本和德国的劳动报酬变化仅为–2.1个百分点、0.1个百分点、–1.4个百分点和–4.1个百分点，处于相对稳定的状态。

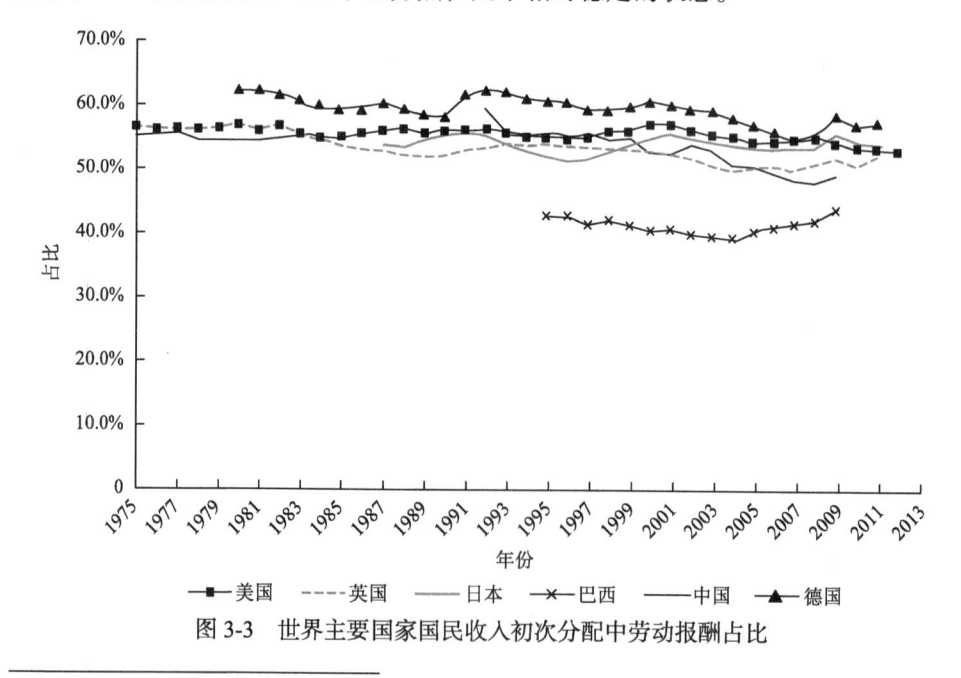

图3-3 世界主要国家国民收入初次分配中劳动报酬占比

---

① 资料来源网址：http://unstats.un.org/unsd/nationalaccount/madt.asp，由于各国编制资金流量表的标准不一，我们以中国当年使用的标准为参考，调整其他国家可追溯的同一标准下的数据，图3-3中所示为调整后的数据，缺失值是缺乏同一标准下的数据导致。

在初次分配中，居民收入的来源有劳动报酬、财产性收入和经营性留存。为观察不同收入来源对家庭收入和国民收入分配结构的影响，图 3-4 给出了世界主要国家居民部门初次分配财产性收入占国民总收入的比重，反映居民部门存款和持有非股票证券取得的利息以及住户持有股票取得的上市公司分红在整个国民经济中的重要程度。从图 3-4 可以看出，中国居民财产性收入占比远低于世界水平，从 2016 年数据来看，中国家庭财产性收入占比仅为 2.33%，同期美国为 9.29%，英国为 10.33%，日本为 4.29%，巴西为 8.58%，远高于中国水平，这反映了中国家庭从金融市场获得的收益很低的事实。

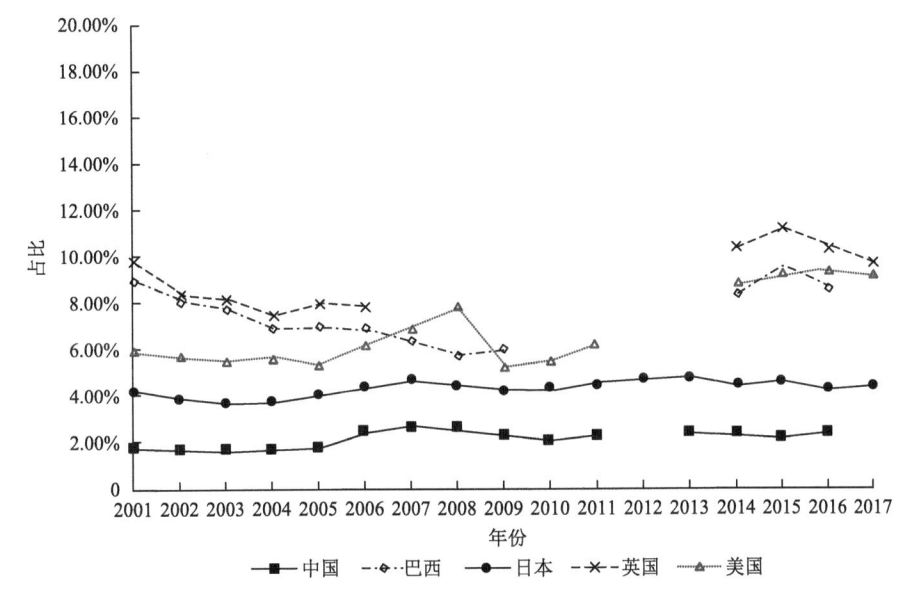

图 3-4 世界主要国家居民部门初次分配财产性收入占国民总收入比重

如图 3-5 所示，初次分配后，中国居民部门的收入占比相较于其他主要国家处于较低水平，2004 年及之后年份在 60% 水平上下浮动，而美国居民部门收入占比稳定在 80% 左右，高出我国 20 个百分点左右；日本居民部门收入占比稳定在 65% 水平左右，高出我国 5 个百分点左右。同期，英国和巴西居民部门收入占比一直高于我国，中国居民部门在国民收入初次分配所占比例明显偏低。

图 3-6 展示了世界主要国家居民部门再分配可支配收入占国民可支配总收入的比重。经过再分配后，中国居民部门可支配收入占比虽然从 2008 年之后有了缓慢的上升，2014 年起占比超过日本，但是依然低于其他主要国家，说明我国政府的再分配政策并没有显著改变中国家庭收入占比偏低的现实。参考图 3-7，政府再分配政策主要涉及来自个人所得税等直接税的收入，以及养老金等转移支付的支

出。由于个人所得税是美国、英国等西方发达国家的主要税种，再分配政策导致这些国家家庭部门收入占比下降。相反，中国主要税种是增值税，个人所得税占比相对较低，因此再分配政策对国内居民部门收入的影响很小。

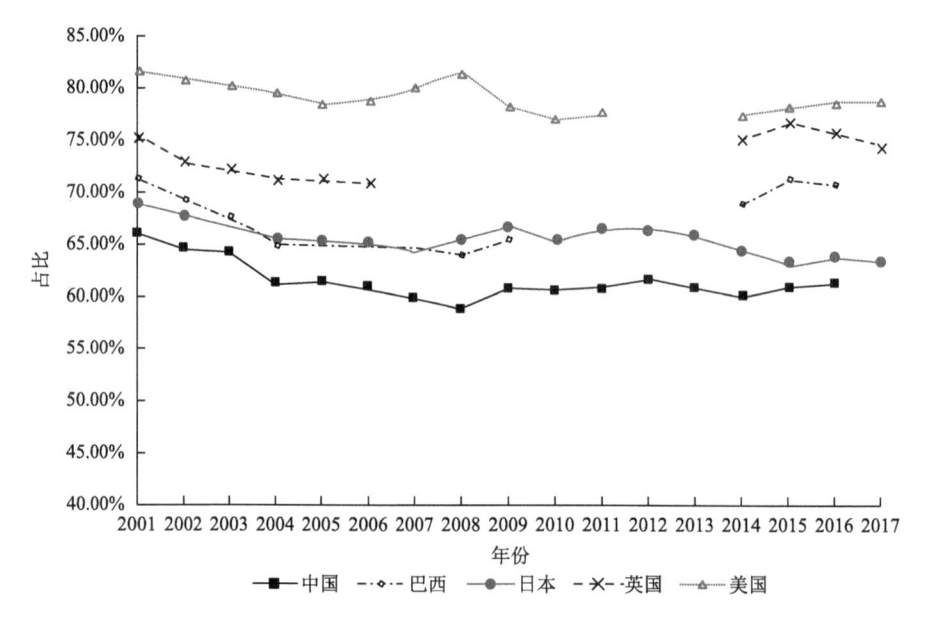

图 3-5　世界主要国家居民部门初次分配收入占国民总收入比重

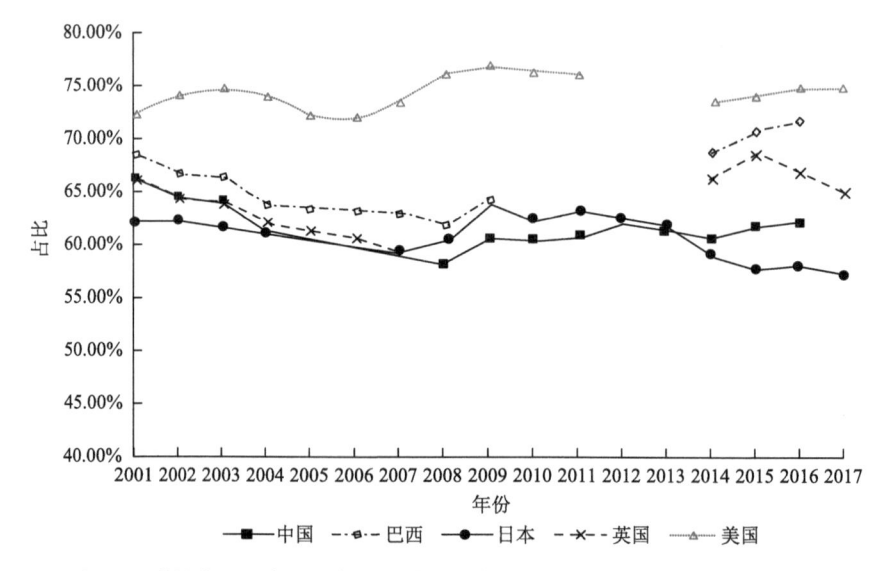

图 3-6　世界主要国家居民部门再分配可支配收入占国民可支配总收入比重

图 3-7　中国初次分配与再分配中政府部门的税额税收占比

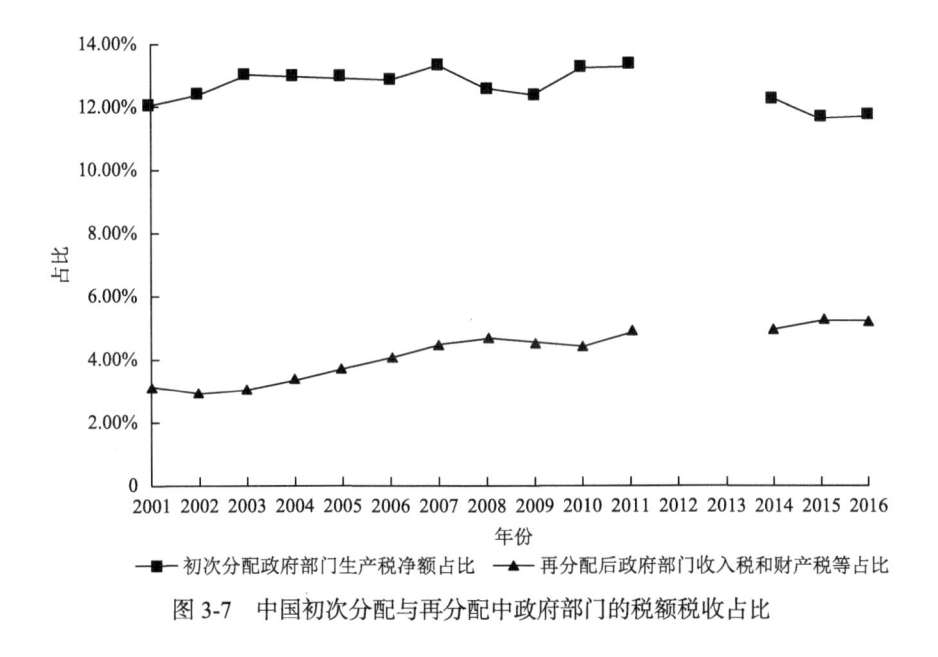

第二节　中国居民收入分配

本章第一节对 1992 年至 2017 年的国民收入在居民、企业以及政府三个部门之间的分配变化进行了详细分析，本节将利用一些历史数据进一步分析我国居民部门内部收入分配的状况，主要从城乡、城镇、农村、区域以及行业之间的居民收入分配来进行考察。

CFPS 由北京大学中国社会科学调查中心负责实施，样本覆盖 25 个省区市，目标样本规模为 16 000 户，2008 年、2009 年分别进行了两次测试调查，之后从 2010 年开始正式调查，形式为追踪调查。CHIPS 数据库是中国社会科学院经济研究所收入分配课题组调查的具有全国代表性的界面数据，该数据库包含个人收入支出、家庭资产消费等丰富的信息，目前共有 1988 年、1995 年、2002 年、2007 年和 2013 年五轮调查。UHS 数据库是国家统计局对中国城镇住户展开调查的数据，涵盖北京、广东、浙江、辽宁、陕西以及四川六个省市，每年有 3500～4000 户的数据，是现有最全的全国范围微观变量数据。NFP 数据库是农业农村部农村经济研究中心农村固定观察点数据，目前有调查农户 23 000 户，调查村 360 个建制村，样本分布在全国 31 个省区市，数据库通过观察点对农村社会经济进行长期的连续调查，掌握生产力、生产关系和上层建筑领域的变化，了解不同村庄和农户的动态、要求，从而取得系统周密的资料。以上微观数据库均含有丰富的居民收入分配数据，是研究国内居民收入分配问题的重要数据来源，因此本部分分析的基础数据均利用 CHIPS、CFPS、UHS 以及 NFP 四个数据库资料。

改革开放以来，我国经济飞速增长，实际 GDP 从 1978 年的 0.37 万亿美元增加到 2018 年的 13.6 万亿美元（均以 1978 年为基期），年均增长率高达 9.4%[①]，超过了世界上绝大多数国家和地区，2010 年赶超日本成为仅次于美国的世界第二大经济体[②]。四十年的时间里中国创造了发展奇迹，经济总量这块蛋糕越做越大[③]，然而与此同时，中国收入分配问题越来越严重，收入分配的不平等问题已经成为制约我国经济长期稳定增长的重要因素。

基尼系数是国际上通用的用来判断一个国家或地区居民收入分配平等程度的常用指标，该指标是 20 世纪初由意大利经济学家基尼创建的，基尼系数最大为 1，最小为 0，该指标越接近于 0 表明收入分配越趋向于平等。联合国开发计划署等组织规定：当一个国家或地区的基尼系数小于 0.2 时，收入绝对平等；当处于 0.2～0.3 时，收入比较平均；当处于 0.3～0.4 时，收入相对合理；当处于 0.4～0.5 时，收入差距较大；当基尼系数达到 0.5 以上时，这个国家或地区的收入差距就比较悬殊。0.4 通常被视作收入分配差距的警戒线，0.2～0.4 是基尼系数应该保持的合理区间，过低时意味着出现平均主义分配或者收入均等，社会发展会缺乏动力，而过高时，则会引发一系列的社会问题，如出现社会两极分化现象，威胁社会的稳定。

全国居民收入分配差距主要由五个部分组成：城镇内部收入差距、农村内部收入差距、城乡之间收入差距、地区之间收入差距以及行业收入差距，下面将一一介绍这五个方面的情况。

一、全国居民收入分配变化

改革开放初期，无论是城镇还是农村内部，平均主义在我国的分配体制中均占据主导地位。这个时期农村和城镇各自的基尼系数都较低，城镇居民收入的基尼系数更低一些，约为 0.16，农村约为 0.22[④]，然而由于城乡收入之间存在较大差距，全国收入的基尼系数不是很低，约为 0.3[⑤]。这个时期劳动贡献和收入分配严

[①] 数据来源：国家统计局。

[②] 中国社会科学院 2010 年 12 月 26 日发布的 2011 年《世界经济黄皮书》指出，中国超越英国、法国、德国成为 IMF 第三大股东，2010 年中国 GDP 超过日本，成为世界第二大经济体。

[③] 1978 年改革开放之初，中国 GDP 总值为 1495 亿美元，居世界第 12 位。同年，美国作为世界上最大的经济体，其经济规模高达 2.36 万亿美元，中国的 GDP 仅相当于美国的 6.3%。2018 年中国的 GDP 已经达到了 13.6 万亿美元，约为同期美国 20.494 万亿美元的 66.4%。从 6.3%到 66.4%，我们花了 40 年的时间。英国经济与商业研究中心（Centre for Economics and Business Research）曾经在 2018 年时预测，中国经济总量（GDP）可能将在 2032 年超越美国。

[④] 1978 年国家统计局估计的城镇基尼系数为 0.16,农村的基尼系数为 0.212,Adelman 和 Sunding（1987）估计的城镇基尼系数为 0.165、农村基尼系数为 0.222,世界银行估计 1980 年城镇的基尼系数仍为 0.16。

[⑤] 1979 年世界银行估计全国的基尼系数为 0.33。

重脱节，更由于表面的平均分配主义之下隐藏着种种不平等的分配方式，大多数学者对这个时期城镇内部较低的收入分配不平等状况并不十分认可。

20世纪90年代以来，按照图3-8中世界银行公布的主要国家收入分配的基尼系数来看，中国收入分配的基尼系数从1990年开始呈现明显的上升趋势，2008年，中国基尼系数接近0.5，超过了美国、英国等西方发达国家，也大大高于日本、韩国等亚洲发达国家。由此可见，这段时间中国的收入分配问题已经比较严重。但是之后全国居民收入分配的不平等状况有所改善，2010年开始，国内居民收入分配的基尼系数开始下降，2015年基尼系数为0.462。

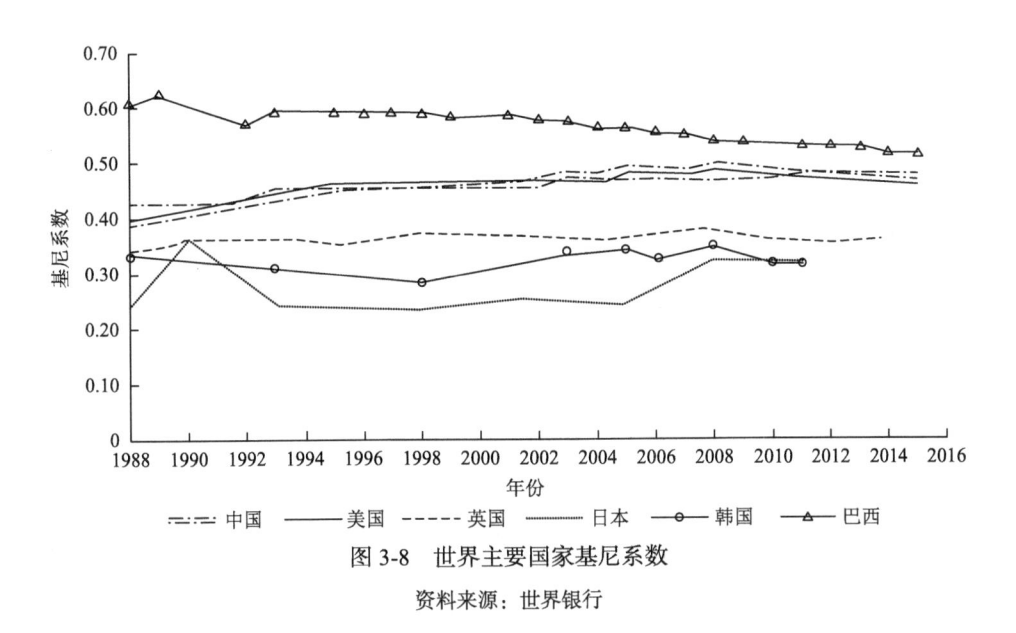

图 3-8 世界主要国家基尼系数

资料来源：世界银行

本节还利用CHIPS和CFPS两个数据库进行整理，利用微观层面数据计算出全国居民收入分配的基尼系数，但由于这两个数据库的数据并非每年都进行调查，因此只能得出部分年份的基尼系数，我们将国家统计局、世界银行All the Ginis数据库公布的基尼系数也收录其中，如表3-6所示。

表 3-6 全国居民收入分配基尼系数

数据来源	1988年	1995年	2002年	2003年	2004年	2005年	2006年	2007年	2008年	2009年
国家统计局				0.479	0.473	0.485	0.487	0.484	0.491	0.490
All the Ginis	0.337	0.382		0.470	0.469	0.398		0.478		
CHIPS	0.395	0.456	0.464					0.486		
CFPS										

续表

数据来源	2010年	2011年	2012年	2013年	2014年	2015年	2016年	2017年	2018年
国家统计局	0.481	0.477	0.474	0.473	0.469	0.462	0.465	0.467	0.468
All the Ginis									
CHIPS				0.433					
CFPS	0.530		0.502		0.495		0.524		0.537

资料来源：CHIPS 全国居民收入分配基尼系数来自中国居民收入分配研究系列丛书，其中 1988 年、1995 年数据来自《中国居民收入分配研究Ⅲ》；2002 年数据来自《中国收入差距变动分析：中国居民收入分配研究Ⅳ》；2007 年、2013 年数据来自文献"Overview: incomes and inequality in China, 2007-2013"。CFPS 数据库数据为笔者计算得出。All the Ginis 数据来源：http://www.worldbank.org/en/research/brief/all-the-ginis

尽管这四种来源的全国居民收入分配基尼系数大小存在差异，但是其所反映出来的全国居民收入不平等程度的变动趋势基本相似。1988 年至 2008 年，全国居民收入分配基尼系数呈现明显的上升趋势，CHIPS 数据库显示全国居民收入的基尼系数从 1988 年的 0.395 上升到 2007 年的 0.486；国家统计局公布的全国居民收入分配基尼系数的变动幅度虽然较小，但是也可以看出小幅增加的趋势，从 2003 年的 0.479 上升到 2008 年的 0.491；All the Ginis 数据库公布的基尼系数虽然在 2005 年有明显下降，但是上升趋势是明显的，从 1988 年的 0.337 增长至 2007 年 0.478。

2009 年至 2014 年，三种来源的全国居民收入分配基尼系数都呈现下降趋势，CFPS 数据库显示全国居民收入分配基尼系数从 2010 年的 0.530 下降到了 2014 年的 0.495；CHIPS 数据库则显示从 2007 年的 0.486 下降到 2013 年 0.433，国家统计局公布的全国居民收入分配的基尼系数的下降幅度仍然最小，从 2009 年的 0.490 下降到了 2014 年的 0.469。这种收入差距的缩小一方面得益于城镇化和城乡二元经济与社会政策的弱化。改革开放以来，我国的城镇化率不断提高，每年约以 1 个百分点的速度提高，2015 年的城镇化率已经达到了 56%，之后仍以较快速度增加，越来越多的农民开始到城镇就业，获得的收入更高。这也意味着，在其他条件不变的情况下，农村人均拥有了更多的土地等资源，农民收入增加。改革的深入使加剧城乡居民收入差距的二元经济和社会因素逐渐弱化并消失，城乡居民所享有的公共资源将进一步均衡化，城乡居民之间的收入差距将会持续缩小。另一方面，我国实施了诸如"一带一路"建设、西部大开发战略等一系列区域经济政策，扶植中西部地区和落后地区经济，目前这些地区经济已经呈现快速发展的趋势，这也为城乡居民收入差距缩小奠定了一定的基础。

2015 年至 2018 年，全国居民收入分配的不平等程度又开始出现上升态势，国家统计局公布数据显示，全国居民收入分配的基尼系数从 2015 年的 0.462 起连年微幅上升，2018 年上升到了 0.468。与此同时，CFPS 数据库反映出来这一时期全国居民收入分配的不平等程度上升更为迅速，5 年的时间里基尼系数就从 2014 年的 0.495 上升到了 2018 年的 0.537。

二、城镇居民可支配收入分配变化

按照国家统计局的定义，城镇居民可支配收入指住户家庭所有成员在全年获得的可自由支配于消费和投资的家庭总收入，它是家庭总收入扣除缴纳的所得税、个人缴纳的社会保障支出[①]以及调查户的记账补贴[②]后的收入，包括：①工资性收入；②经营性收入；③财产性收入；④转移性收入。

（1）工资性收入指就业人员通过各种途径得到的全部劳动报酬，包括所从事主要职业的工资以及从事第二职业、其他兼职和零星劳动得到的其他劳动收入。

（2）经营性收入指个体或私营业主在一个记账周期（一个月）内所取得的全部营业收入或销售收入以及经营房屋出租业务的租金收入。

（3）财产性收入指家庭拥有的动产（如银行存款、有价证券）、不动产（如车辆、土地、收藏品等）所获得的收入。其包括出让财产使用权所获得的利息、租金、专利收入、财产营运所获得的红利收入、财产增值收益等。

（4）转移性收入指国家、单位、社会团体对居民家庭的各种转移支付和居民家庭间的收入转移。其包括政府对个人收入转移的离退休金、失业救济金、赔偿等；单位对个人收入转移的辞退金、保险索赔、住房公积金等；家庭、亲友间的赠送和赡养等。

本部分利用 UHS、CHIPS 和 CFPS 三个数据库，在表 3-7 中汇总计算了城镇居民收入的基尼系数，用以研究历年来中国城镇居民收入分配的不平等程度演变。

表 3-7 城镇居民收入基尼系数

数据库	1986 年	1987 年	1988 年	1989 年	1990 年	1991 年	1992 年	1993 年	1994 年	1995 年	1996 年
UHS	0.219	0.209	0.265	0.273	0.259	0.267	0.344	0.376	0.392	0.375	0.378
CHIPS			0.244							0.339	
CFPS											

数据库	1997 年	1998 年	1999 年	2000 年	2001 年	2002 年	2003 年	2004 年	2005 年	2006 年	2007 年
UHS	0.388	0.407	0.406	0.434	0.435	0.323	0.335	0.348	0.353	0.350	0.354
CHIPS						0.327					0.339
CFPS											

---

① 社会保障支出指调查户家庭成员参加国家法律、法规规定的社会保障项目中由个人缴纳的保障支出，不包括职工所在单位缴纳的那部分社会保障金。具体包括个人缴纳的住房公积金、个人缴纳的医疗基金、个人缴纳的失业基金、个人缴纳的养老基金和个人缴纳的其他社会保障支出。

② 记账补贴指调查户因承担记账工作从统计部门、工作单位和其他途径所得到的现金，不包括实物部分。

续表

数据库	2008年	2009年	2010年	2011年	2012年	2013年	2014年	2016年	2018年
UHS	0.350	0.344							
CHIPS						0.356			
CFPS			0.501		0.497		0.484	0.483	0.505

注：由于UHS数据库统计口径问题，2002～2006年人均可支配收入未将经营性支出去除，因此计算出来的2001年之前的基尼系数和2002年及之后的基尼系数没有可比性

改革开放前期城镇内部居民收入的不平等程度非常低，国内外研究机构和学者估计城镇居民收入的基尼系数约为0.16。但是随着时间的推移，城镇内部居民收入的不平等程度逐渐扩大，根据UHS数据库数据，1986年至2001年城镇居民收入的基尼系数从0.219快速上升到0.435，15年的时间里上升了0.216，几乎上升了一倍，尤其是1991年至1994年，城镇居民收入的不平等程度上升非常迅速。尽管由于统计口径问题，根据UHS数据库计算出来的2001年之前的基尼系数和2002年及之后的基尼系数没有可比性，但是仍然可以看出来2002年之后，UHS得出的城镇居民基尼系数仍然呈上升趋势，但是涨势趋缓。CHIPS数据库展示出来的城镇居民收入的不平等程度变化趋势和UHS数据库相似，1988～2013年，城镇居民收入差距扩大。CFPS数据库计算出来的城镇居民收入不平等程度在三个数据库中最高，2010～2018年基尼系数在0.5左右，而且2016～2018年，城镇内部居民收入的不平等程度又开始出现上升的苗头。

一些学者认为，城镇内部基尼系数的估计存在严重的低估。其中主要原因之一在于各数据库调查样本存在偏差，高收入人群的收入增长速度通常比较高，但是有部分高收入人群不愿意参与抽样调查，这就导致根据调查数据计算得出的基尼系数在一定程度上会被低估。无论是否存在低估情况，中国城镇居民收入的不平等程度整体加剧是一个不争的事实。

图3-9展示了1997～2018年城镇居民收入构成。从收入的构成来看，城镇居民收入的主要来源是工资性收入，最高的时候，城镇居民工资性收入占其可支配收入的比重高达77%，而且尽管1997年至2018年[①]，城镇居民工资性收入占总收入的比重呈下降趋势，但是其在总收入中仍占据主体地位，2018年约占总收入的60%。因此工资性收入的不平等程度对于总收入的不平等仍有着重要影响。

表3-8是作者计算得出的UHS、CHIPS和CFPS数据库城镇居民工资性收入的基尼系数，三个数据库的城镇居民工资性收入基尼系数和表3-7中城镇居民收入的基尼系数有着非常相似的变动趋势，根据UHS和CHIPS数据，1986～2013年，

---

① 2013年工资性收入在可支配收入中占比出现断点式下降，主要是由统计口径变化导致。

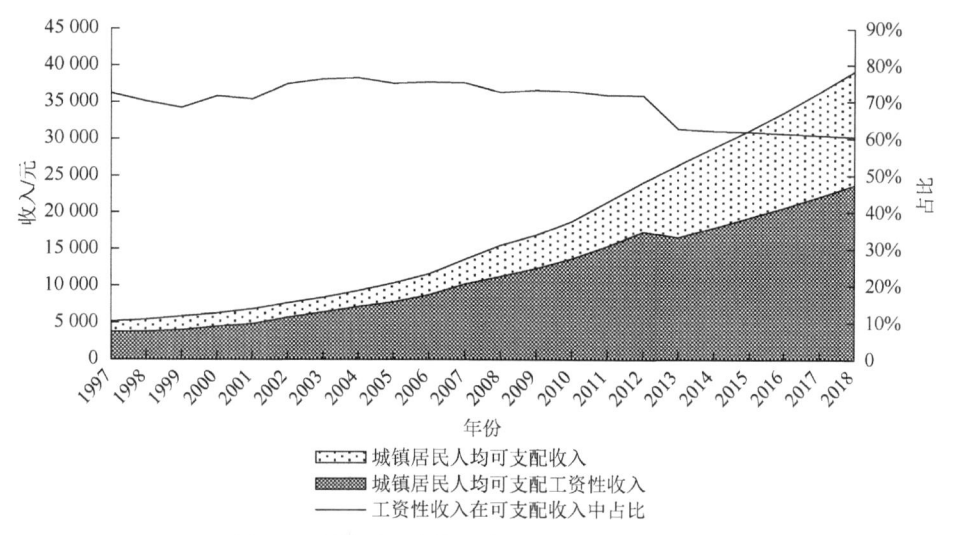

图 3-9　城镇居民人均可支配收入和工资性收入

城镇居民工资性收入的不平等程度呈上升趋势，CFPS 数据显示 2012 年以来基本趋于稳定，基尼系数约为 0.48。李实等（2019）指出城镇居民工资性收入差距的不断扩大主要是受教育水平的差异导致的，教育回报率持续上升，且教育扩招（尤其是大学扩招）并没有导致教育回报率下降。

表 3-8　城镇居民工资性收入基尼系数

数据库	1986 年	1987 年	1988 年	1989 年	1990 年	1991 年	1992 年	1993 年	1994 年	1995 年	1996 年
UHS	0.226	0.224	0.251	0.264	0.260	0.262	0.324	0.355	0.387	0.374	0.380
CHIPS			0.216							0.319	
CFPS											

数据库	1997 年	1998 年	1999 年	2000 年	2001 年	2002 年	2003 年	2004 年	2005 年	2006 年	2007 年
UHS	0.394	0.396	0.396	0.429	0.433	0.392	0.403	0.410	0.419	0.413	0.409
CHIPS						0.325					0.404
CFPS											

数据库	2008 年	2009 年	2010 年	2011 年	2012 年	2013 年	2014 年	2016 年	2018 年		
UHS	0.419	0.411									
CHIPS						0.453					
CFPS			0.496		0.483		0.485	0.477	0.481		

三、农村居民家庭纯收入分配变化

农村居民家庭纯收入指农村居民家庭全年总收入中，扣除从事生产和非生产经营费用支出、缴纳税款和上缴承包集体任务金额以后剩余的，可直接用于进行生产性、非生产性建设投资、生活消费和积蓄的那一部分收入。农村居民家庭纯收入包括从事生产性和非生产性的经营性收入，取自在外人口寄回、带回收入和国家财政救济、各种补贴等非经营性收入；既包括货币收入，又包括自产自用的实物收入，但不包括向银行、信用社和亲友的借款等属于借贷性的收入。

图 3-10 展示了 1983~2018 年的农村居民人均纯收入、可支配工资性收入与工资性收入占比[①]。图 3-10 显示，农村居民家庭纯收入整体持续上升，工资性收入在可支配收入中占比整体上升，2018 年已突破 40%。图 3-11 列举了 2000~2019 年全国层面农村居民分来源收入绝对值与占比走势。其中，图 3-11（a）为各分项收入绝对值走势，从图中绝对收入来看，2000~2019 年农村居民整体可支配收入及各分项收入均有一定上升，但不同种类收入增长速度呈现出较大差异。2000~2019 年全国平均农村居民可支配收入从 2253.42 元/人增长至 16 020.7 元/人，工资性收入从 702.3 元/人上升至 6583.5 元/人，经营性收入从 1427.27 元/人上升至 5762.2 元/人，财产性收入从 45.04 元/人上升至 377.3 元/人，转移性收入从 78.81 元/人上升至 3297.8 元/人。自 2014 年开始农村居民工资性收入超过经营性收入，成为农村居民可支配收入的主要来源。图 3-11（b）为 2000~2019 年农村居民各分项收入占比趋势，图中显示 2000~2019 年农村居民经营性收入基本持续下降，从 2000 年的超过 60% 下降至 2019 年的 40% 以下，工资性收入增长了约 15 个百分点，转移性收入在 2014~

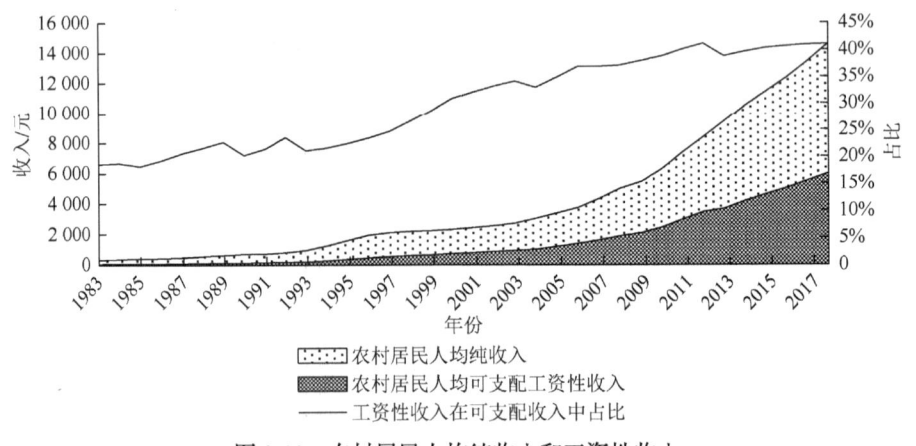

图 3-10 农村居民人均纯收入和工资性收入

---

① 2013 年后数据为农村居民人均可支配收入。人均纯收入是居民家庭总收入扣除相应的各项费用性支付后的人均实际所得。人均可支配收入则是个人获得的收入经过初次分配与再分配后形成的人均可自由支配部分，它反映居民可用于最终消费、投资、非义务性支付及储蓄的收入水平。2012 年第四季度，国家统计局实施了城乡一体化住户调查改革，统一了城乡居民收入名称、分类和统计标准，在全国统一抽选了 16 万户城乡居民家庭，直接开展调查。在此基础上，计算了城乡可比的新口径全国居民人均可支配收入。

2019年有一定程度的增长（2013年跳跃是由前后统计口径变化所带来的）。农村居民财产性收入占比仍然非常低，工资性收入已经成为农村居民收入的主要来源。从收入构成来看，收入越高的家庭工资性收入的占比越高，转移性收入的占比越低（黄季焜，2008）。

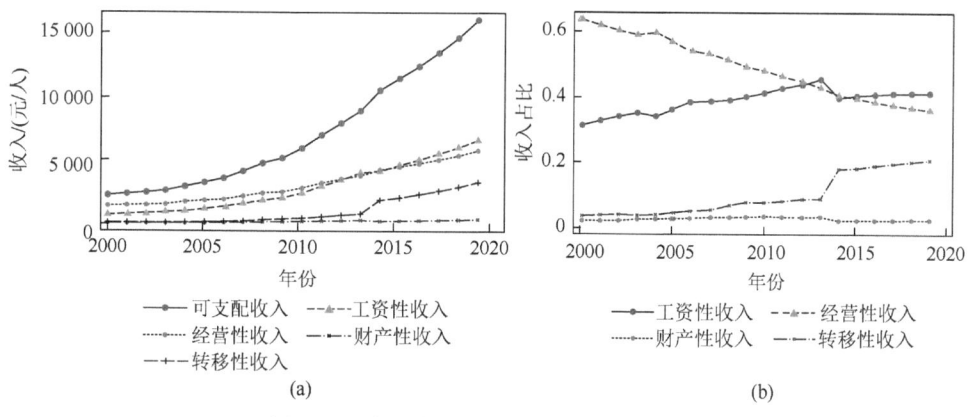

图 3-11 全国农村居民分来源收入与占比

资料来源：《中国统计年鉴》

表 3-9 汇总了根据 NFP、CHIPS 和 CFPS 数据库数据计算出来的农村居民收入基尼系数，可以明显看出，1986~2018 年农村内部居民收入的基尼系数也呈现出增大趋势，但是收入分配的不平等程度增速减缓，并且 CHIPS 数据显示农村居民收入不平等程度高于城镇。根据 NFP 数据库数据计算出的农村基尼系数显示，1986 年农村基尼系数为 0.248，高于当年城市基尼系数，此后直到 1995 年，农村基尼系数一直围绕 0.24 上下波动，从 1996 年开始农村居民收入基尼系数在波动中上升，一路上升到 2003 年的 0.270，2004 年下降明显，相较 2003 年下降 0.019，此后基本维持在 0.25 左右。CHIPS 数据库中的农村居民收入的基尼系数基本维持在 0.3~0.4，从 1988 年的 0.325 上升到了 2013 年的 0.405，刚刚超过 0.4。仅 2002 年出现了小幅下降，其余年份的收入差距均比上个调查年份大。CFPS 数据显示，2012 年后农村内部居民收入的不平等程度仍然在继续恶化，2016 年起农村居民收入的基尼系数已经超过 0.5。

表 3-9 农村居民收入基尼系数

数据库	1986 年	1987 年	1988 年	1989 年	1990 年	1991 年	1993 年	1995 年	1996 年	1997 年
NFP	0.248	0.236	0.249	0.242	0.235	0.245	0.245	0.239	0.247	0.251
CHIPS			0.325					0.364		
CFPS										

续表

数据库	1998年	1999年	2000年	2001年	2002年	2003年	2004年	2005年	2006年	2007年
NFP	0.248	0.263	0.261	0.261	0.265	0.270	0.251	0.250	0.255	0.252
CHIPS					0.354					0.374
CFPS										

数据库	2008年	2009年	2010年	2011年	2012年	2013年	2014年	2015年	2016年	2018年
NFP	0.257	0.259	0.256	0.258	0.246	0.245	0.251	0.250	0.252	0.254
CHIPS						0.405				
CFPS			0.477		0.469		0.470		0.508	0.506

资料来源：国家统计局

新中国成立后，当时中国社会的种种因素限制了农村劳动力的转移就业，农民的工资性收入很少甚至几乎没有，家庭经营性收入在个人纯收入中占比较高，达到了70%。改革开放之后，这种局面逐渐被打破，伴随城镇化进程，越来越多的农民进入城市，工资性收入在农民纯收入中的占比逐渐提升，成为农民收入增长的主要力量。如图3-10所示，1983年工资性收入在农民纯收入中所占比重仅为19%，此后部分年份虽有反复，这一比重整体仍呈现增长态势，2014年开始与家庭经营性收入在个人纯收入中占比几乎持平，约占40%，2015~2018年甚至略微超过家庭经营性收入在个人纯收入中的占比，成为农村个人纯收入的最大组成部分，2018年占比41%。

20世纪八九十年代，工资性收入在农村居民纯收入中所占比重较低，基本在20%~30%。但是这个时期，农村居民工资性收入的不平等程度极高。如表3-10所示，根据CHIPS数据库，1988年农村居民工资性收入的基尼系数超过了0.7，同时期，农村居民纯收入的基尼系数为0.325，工资性收入对农村居民纯收入的不平等程度具有拉大的作用。进入21世纪，工资性收入在纯收入中占比开始超过30%，逐渐成为个人收入中第一大组成部分，而此时的工资性收入的不平等程度有所下降，基尼系数从2002年的0.567一路下降到2013年的0.405，下降幅度接近29%，在一定程度上缓解了工资性收入对农村居民纯收入不平等程度的影响。CFPS数据显示2012年后，农村居民工资性收入的不平等程度呈现上升趋势，再考虑到工资性收入在农民收入中占比的上升，其会拉大农村居民收入的差距。

表3-10 农村居民工资性收入基尼系数

数据库	1988年	1995年	2002年	2007年	2010年	2012年	2013年	2014年	2016年	2018年
CHIPS	0.743	0.685	0.567	0.429			0.405			
CFPS					0.487	0.406		0.450	0.488	0.473

图 3-12（a）为 1986~2017 年家户整体收入中家庭经营性收入占比趋势图，图中圆点实线部分为全部家户（包含经营性收入为 0 的家户），三角形虚线部分只包含经营性收入大于 0 的这部分家户。图 3-12（a）中显示，三十余年间全部样本家户与经营性收入大于 0 的家户家庭经营性收入占全部收入的比重均整体呈现出下降的趋势，其中全部样本家户经营性收入占比下降相对更快，自 2001 年起全部样本家户与经营性收入大于 0 的家户家庭经营性收入占整体收入比重之间的差距呈现出不断扩大的趋势。由于农村家户家庭经营性收入的主要来源为农、林、牧、副、渔业收入，非零样本与全部样本经营性收入占比的不断扩大也体现出农村家户农业生产中的专业化分工趋势，部分农村家户退出农业生产，非农收入成为家庭的全部收入来源；仍然停留在农业生产中的家户能够通过扩大土地经营规模等提高农业收入。经营性收入大于 0 的这部分样本的家庭经营性收入占整体比重依然呈下降趋势，说明农村家户家庭经营性收入对农户收入的影响幅度整体下降。

图 3-12（b）中种植业收入占家庭全部收入的比重呈现出波动下降的特征，其中 2000 年后全部家户与种植业收入大于 0 家户差距扩大，初步体现出种植业经营分工明显的特征，农村家户对于种植业收入的依赖程度也在不断下降。2000 年以来，随着《中华人民共和国农村土地承包法》等一系列土地改革法案的出台，以及工业化与城市化的迅速推进与中国加入 WTO 等外生拉力冲击，农村家户离土离乡形式的外出务工增多，土地流转市场活跃，使得家庭整体收入不断提升的同时对种植业等家庭经营活动的依赖性下降。图 3-12 中微观家户收入占比的趋势也充分说明了人地关系正在发生深刻变革，农村土地的保障作用越来越小。农村居民更多地依赖非农收入，土地所带来的收入占比逐渐下降，这也意味着未来农村土地的蓄水池与稳定器作用可能会逐渐消失，稳定且高质量的非农就业机会是农村家户增收的关键所在。

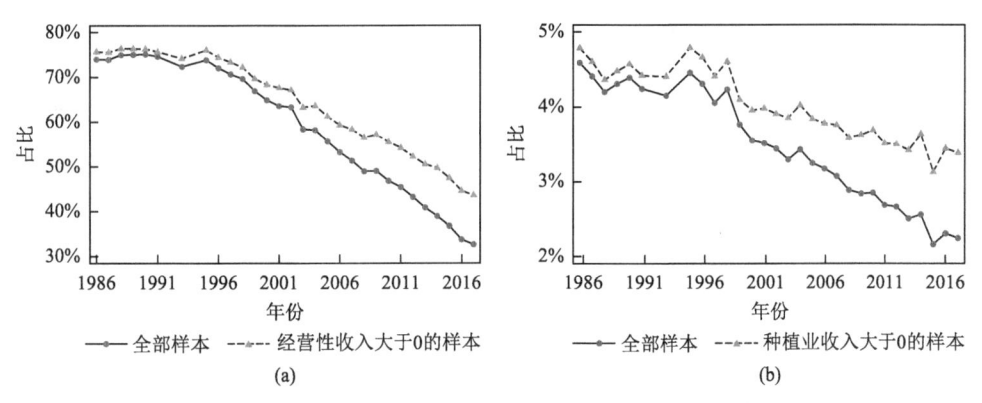

图 3-12　1986~2017 年家庭经营性收入与种植业收入占比

资料来源：NFP 数据（1986~2017 年）

四、分省区市农村收入与构成

我们对2019年各省区市农村居民可支配收入（取对数）与各类收入占比关系进行了研究，并画出了散点图与拟合线。研究结果显示，不同省区市之间农村居民收入差距相对较大，其中，北京、上海、浙江、江苏、天津、广东等发达省市农村居民收入显著高于其他省区市与全国平均水平。2019年农村居民可支配收入排名全国第一的为上海，农村居民可支配收入为33 195.2元/人，是全国平均水平16 020.7元/人的2.07倍，农村居民可支配收入排名最后的甘肃为9628.9元/人，不同省区市农村劳动力收入水平之间仍然存在着比较大的差异。

此外，一个省区市工资性收入占比与农村居民整体可支配收入呈现出非常明显的正相关的关系，农村居民相对收入水平较高的省区市，其工资性收入占比越高，如北京、浙江、上海、天津等地区。财产性收入占比与农村居民整体人均可支配收入也呈现出一定的正相关关系，但拟合线斜率相对工资性收入较小；经营性收入占比和转移性收入占比和一个省区市农村居民平均可支配收入均呈现出负相关关系，但经营性收入占比的负相关关系更为明显。全部省区市农村家户财产性收入占比仍然相对较低，一般不超过5%，各省区市之间的差距也相对比较小，未来农村居民财产性收入仍有非常大的提升空间。现有一些研究也认为，区域收入差异在很大程度上取决于就业和收入结构的差异，农村居民收入的高低与非农就业特别是工资性收入的高低密切相关，工资性收入占比越高，收入水平就越高（黄季焜，2008）。因此未来应充分重视提升农村居民非农就业质量，增加工资性收入占比，对缩小地区间收入差距具有重要意义。

五、城乡之间收入分配变化

如图3-13所示，改革开放之后，全国收入差距整体呈扩大趋势。尤其是20世纪90年代起，城乡收入差距绝对值整体加速上升，2002~2009年，国内城乡收入差距扩大到2倍以上，这种核算未考虑住房补贴、公费医疗、子女教育等各种福利措施，如果将这些考虑在内，城乡收入差距将会更大。根据国际经验，发达国家的城乡收入差距一般在0.5倍左右，发展中国家稍高一些，为1倍左右，这时城乡收入差距基本平衡。而我国的城乡收入差距为2倍以上，收入差距过大，已经处于结构失衡状态。

在这种扩大的态势中，中国城乡收入差距有两次短暂缩小。1978年城乡收入比为2.57，在农村开始改革后，这一比例开始下降，第一次下降出现在1979~1983年，城乡收入比下降了28%，低至1.82。其下降的原因主要有以下两个方面：一方面，这个时期农村开始实行家庭联产承包责任制，极大地提高了农民的生产积极性，

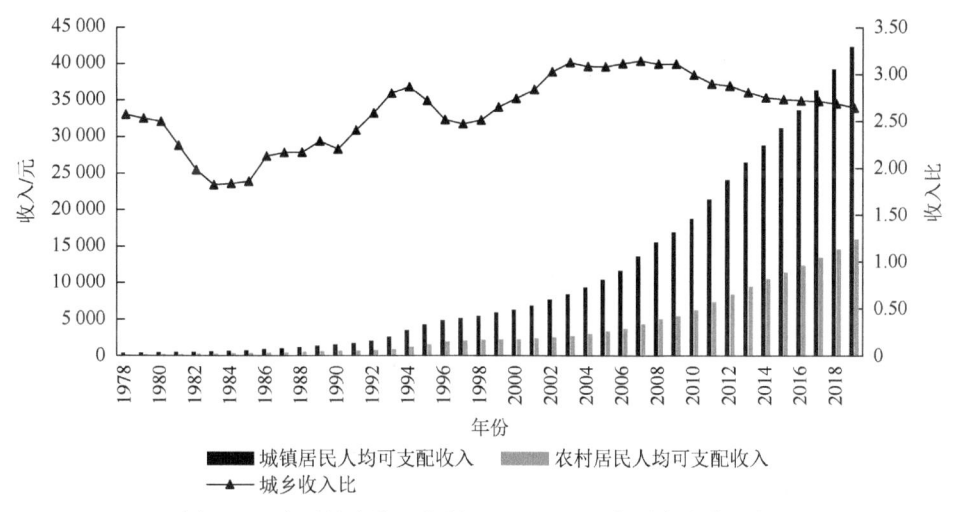

图 3-13 中国城乡收入差距：1978~2019 年（名义收入）

2013 年国家统计局开展了城乡一体化住户收支与生活状况调查，2013 年及以后数据来源于此项调查。与 2013 年前的分城镇和农村住户调查的调查范围、调查方法、指标口径有所不同

农民收入大幅提升；另一方面，1983 年农副产品的收购价格相比于 1978 年提高了近 50 个百分点，提高了农民的收入。第二次城乡收入差距缩小出现在 1995~1997 年，这主要是由于 1997 年相比于 1993 年农副产品收购价格相比农村消费价格指数上升。这两次城乡收入差距的缩小都是短期暂时性的。2008~2019 年，城乡收入差距整体缩小，城乡收入比自 2010 年开始降低到 3 以下，但仍高于 2.5。这主要得益于中央政府出台了一系列惠农政策，如取消农业税，以及农副产品价格上涨等。

泰尔指数是另外一个频繁被用来衡量收入分配差异的重要指标，其优点在于可以衡量各个子收入群体的组内差距和组间差距对总差距的贡献。表 3-11 汇总了 CHIPS 和 CFPS 两个数据库各调查年份城市和农村组内与组间差距对全国居民收入不平等程度的贡献。CHIPS 数据库明显表明，1988~2007 年，城乡之间的收入差距对于全国收入差距的贡献逐渐增高，1988 年城乡各自内部的收入差距解释了全国收入差距的 63%，城乡之间的差距只解释了 37%，而到 2007 年城乡之间的收入差距已经可以解释全国收入差距的 48%。但这并不是说这段时间城乡内部的收入差距在缩小，只能表明城乡之间的收入差距相比于城乡内部的收入差距扩大的幅度更大。下文的分析也可以证实这一点，同时期城市和农村内部的收入差距都在扩大。2007~2013 年六年间，城乡收入差距对总收入差距的贡献又有所回落。

表 3-11　全国泰尔指数城乡组内和组间贡献率

	CHIPS			CFPS	
年份	组内	组间	年份	组内	组间
1988	63%	37%	2010	81%	15%
1995	59%	41%	2012	92%	8%
2002	53%	47%	2014	92%	8%
2007	52%	48%	2016	90%	10%
2013	74%	26%	2018	88%	12%

CFPS 数据显示，2010~2012 年城乡内部居民收入差距对全国居民收入不平等的贡献上升了 11 个百分点，此后这一贡献呈小幅下降趋势，2018 年为 88%，表明城乡间收入差距的扩大幅度大于城乡内部的收入差距变动。但无论是 CHIPS 数据还是 CFPS 数据均表明城乡居民内部的收入差距是全国居民收入差距的主要来源，CHIPS 数据库显示，1988~2013 年城乡内部的收入差距对全国居民收入差距的解释力度均超过 50%，CFPS 数据表明城乡内部的收入差距对全国居民收入差距的解释力度更强，2010~2018 年城乡内部收入差距的贡献率在 80% 以上。如果将两个数据库合并起来看，城乡内部收入差距的贡献率变动可以划分为三个阶段：1988~2008 年，城乡内部收入差距贡献呈下降趋势；2009~2013 年，这一贡献开始回弹；2014~2018 年，这一贡献又开始下降。

图 3-14 为 2013~2019 年城镇与农村居民人均可支配收入构成，表 3-12 为城镇与农村居民人均可支配收入各分项收入比值。可以看出，城乡人均可支配工资性收入差距持续下降，城乡人均可支配工资性收入比值从 2013 年的 4.55 下降至 2019 年的 3.88，工资性收入差距的缩小是该时期城乡居民收入差距下降的主要原因。因此，提高农村劳动力非农就业稳定性与质量，对于缩小城乡收入差距具有重要意义。城乡居民人均可支配财产性收入之间仍然存在着较大的差距，2019 年城镇居民与农村居民财产性收入比值为 11.65。农村居民财产性收入从 2013 年的 195 元/人上升至 2019 年的 377 元/人，城镇居民财产性收入从 2013 年的 2552 元/人上升至 2019 年的 4391 元/人。农村居民人均财产性收入与城镇居民人均财产性收入之间存在着较大差距。整体来看，农村居民财产性收入的增长潜力巨大，是提升农民收入的最大增长空间。

表 3-13 为按全国居民劳均纯收入划分的五分位家户特征比较。其中一分位家户与五分位家户收入差距在 9 倍以上。相比于高分位收入农村家户，低分位农村家户家庭经营性收入占比与种植业收入占比相对更高，家庭劳动力规模相对较大，且农业劳动力数量显著更高。低收入农村家户更加依赖种植业收入，一分位家户

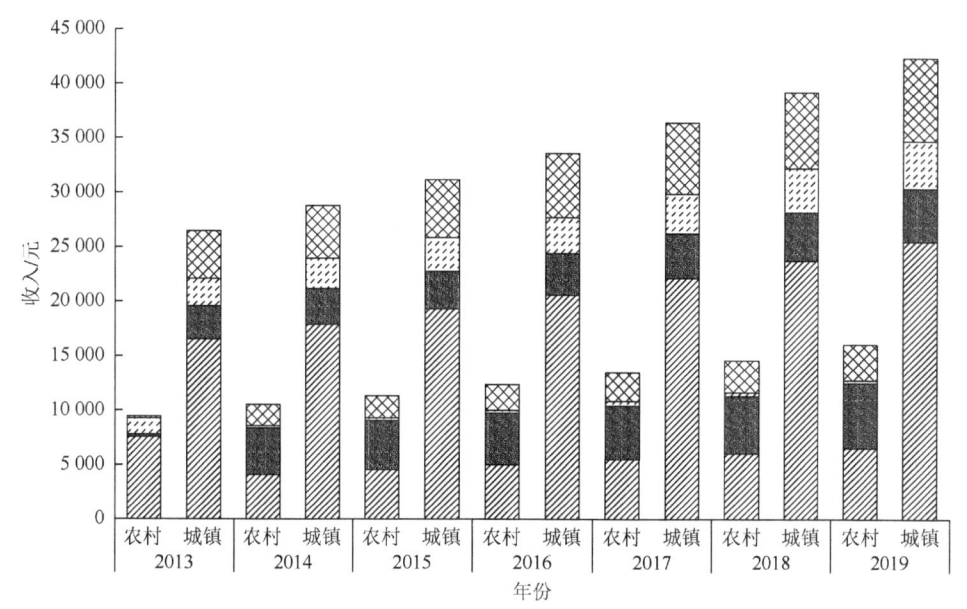

图 3-14 2013~2019 年城镇与农村居民人均可支配收入构成

资料来源:《中国统计年鉴》

表 3-12 城镇与农村居民人均可支配收入各分项收入比值

比值	2013 年	2014 年	2015 年	2016 年	2017 年	2018 年	2019 年
总收入比值	2.81	2.75	2.73	2.72	2.71	2.69	2.64
工资性收入比值	4.55	4.32	4.20	4.11	4.04	3.97	3.88
经营性收入比值	0.76	0.77	0.77	0.80	0.81	0.83	0.84
财产性收入比值	13.09	12.67	12.07	12.03	11.90	11.78	11.65
转移性收入比值	2.62	2.57	2.58	2.54	2.51	2.39	2.29

资料来源:《中国统计年鉴》

种植业收入占比为 47%,家庭经营性收入占比为 72%,农业仍然是低收入农村家户主要的收入来源。表 3-14 中为按村内劳均纯收入划分的五分位家户,可以看出,村内各分位家户收入差距小于全国相对各分位收入差距。村内一分位到五分位家户种植业收入占比仍然体现出较大差距,其中一分位家户种植业收入占家庭收入比重为 43%,五分位家户比重仅为 19%。低收入家户更多地依赖农业收入,拥有更多的农业劳动力,这一结论从村内来看也是成立的。

表 3-13　农村居民全国收入分位

分位	劳均纯收入	经营性收入占比	种植业收入占比	家庭劳动力总数	农业劳动力	经营土地面积
一	2 488.15	0.72	0.47	2.93	2.18	7.87
二	4 513.25	0.67	0.40	2.78	1.85	7.57
三	8 509.10	0.61	0.32	2.59	1.39	7.14
四	12 396.03	0.57	0.26	2.45	1.09	6.26
五	25 754.13	0.54	0.16	2.29	0.80	4.77

资料来源：NFP 数据（1986~2017 年）

表 3-14　农村居民村内收入分位

分位	劳均纯收入	经营性收入占比	种植业收入占比	家庭劳动力总数	农业劳动力	经营土地面积
一	3 492.87	0.68	0.43	2.99	1.99	6.57
二	5 086.44	0.68	0.40	2.78	1.83	8.30
三	9 874.08	0.59	0.29	2.55	1.32	6.27
四	13 940.87	0.56	0.24	2.36	1.11	5.75
五	24 171.73	0.55	0.19	2.09	0.92	5.19

资料来源：NFP 数据（1986~2017 年）

六、区域之间收入分配变化

中国国土面积约 960 万平方千米，地域面积广阔，受地理环境及相关政策影响，生产要素缺乏流动性，地区之间的收入差距成为不可避免的问题。本章分析地区之间收入差距时，采用国家统计局"东、中、西、东北"四大区域的划分方法[①]。

表 3-15 展示了全国各地区人均可支配收入状况，从中可以明显看出 2013~2018 年这六年中，尽管四大地区的人均可支配收入变异系数有下降趋势，但是整体变化幅度不大，维持在 29.5% 左右。东部地区的人均可支配收入一直最高，东北地区次之，中部地区第三，西部地区最低。收入最高的东部地区人均可支配收入超过收入最低的西部地区的 1.8 倍。

---

① 东部包括北京、天津、河北、上海、江苏、浙江、福建、山东、广东和海南；中部包括山西、安徽、江西、河南、湖北和湖南；西部包括内蒙古、广西、重庆、四川、贵州、云南、西藏、陕西、甘肃、青海、宁夏和新疆；东北包括辽宁、吉林和黑龙江。

表 3-15 全国各地区人均可支配收入

地区	2013 年	2014 年	2015 年	2016 年	2017 年	2018 年
东部地区	25 848	28 312	30 776	33 448	36 433	39 567
中部地区	15 342	16 945	18 520	20 084	21 891	23 845
西部地区	13 681	15 102	16 611	18 128	19 860	21 670
东北地区	17 573	19 248	20 617	21 948	23 470	25 075
四大地区均值	18 111	19 902	21 631	23 402	25 413	27 539
各省区市均值	18 282	20 098	21 912	23 794	25 923	28 166
四大地区变异系数	29.81%	29.43%	29.18%	29.38%	29.49%	29.56%
各省区市变异系数	42.01%	41.44%	41.02%	40.95%	40.77%	40.71%
东部/西部	1.89	1.87	1.85	1.85	1.83	1.83
人均可支配收入最高省区市/最低省区市	4.33	4.28	4.07	3.98	3.82	3.71

资料来源：国家统计局

从省级层面来看，东部地区的上海人均可支配收入最高，西部地区的西藏人均可支配收入最低，两者的差距约为 3 倍。但无论是从变异系数来看，还是从人均可支配收入最高省区市与最低省区市之比来看，各省区市人均可支配收入之间的差距在缩小。

各省区市人均可支配收入 2012 年及之前的数据存在缺失，人均 GDP 在一定程度上也可以反映地区之间的人均收入不平等状况。根据国家统计局数据计算得出 2000~2018 年各省区市人均 GDP 变异系数和最高值与最低值之比，如图 3-15 所示。从图 3-15 中可以明显地看出，2000 年之后，无论是各省区市人均 GDP 的变异系数值还是最高值与最低值的比值都呈现下降趋势，这说明地区之间的不平等程度进入 21 世纪之后呈现缩小趋势。

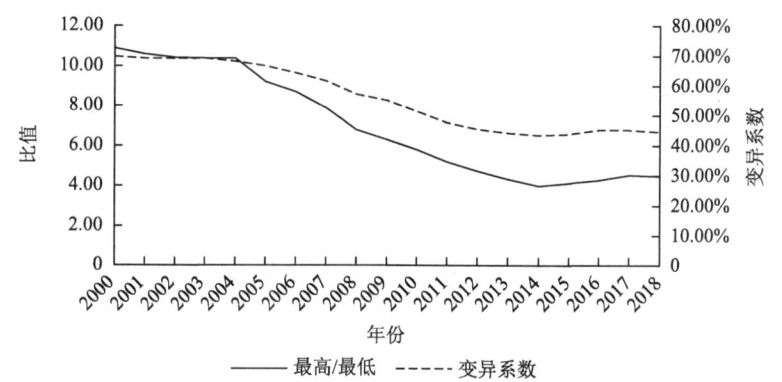

图 3-15 各省区市人均 GDP 变异系数和最高值与最低值的比值

资料来源：国家统计局

全国各省区市的城镇人均可支配收入之间也存在显著差异。表3-16显示，2002年至2018年城镇人均可支配收入最高的省区市高度集中，一直为东南沿海的上海。城镇可支配收入最低的省区市相对分散，但从地理位置上看，绝大部分位于西部地区，只有2017年和2018年为东北地区的黑龙江。人均可支配收入最高的省区市和最低的省区市的比值围绕2.3上下波动，如图3-16所示。2002~2018年各省区市城镇人均可支配收入的变异系数呈现下降趋势，尤其是2006~2012年的下降速度非常迅猛，从28.99%下降到了25.17%，下降了近4个百分点，但2015年又开始出现攀升。从上述曲线走势来看，各省区市城镇人均可支配收入差异有所减小，但是各地之间的差异仍然显著。

表3-16　2002~2018年城镇人均可支配收入最高省区市和最低省区市

	省区市	年份
最高	上海	2002/2003/2004/2005/2006/2007/2008/2009/2010/2011/2012/2013/2014/2015/2016/2017/2018
最低	甘肃	2007/2008/2009/2010/2011/2012/2013/2014/2015/2016
	宁夏	2003/2004
	新疆	2005/2006
	黑龙江	2017/2018

资料来源：国家统计局

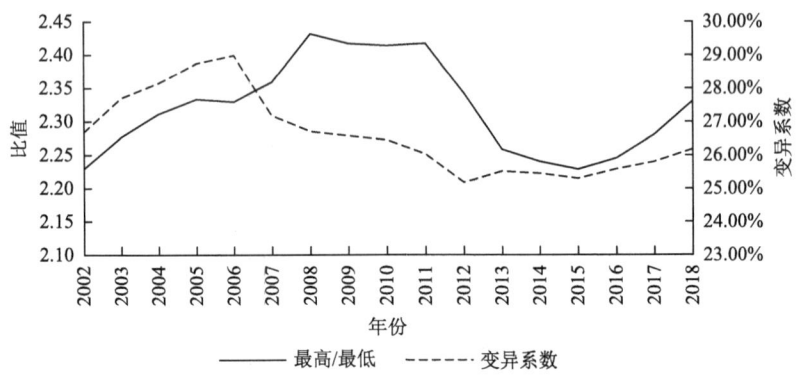

图3-16　各省区市城镇人均可支配收入变异系数及最高值与最低值的比值
资料来源：国家统计局

农村人均可支配收入最高和最低的省区市与城镇类似，上海的农村人均可支配收入最高，农村人均可支配收入最低的省区市均位于西部。如图3-17所示，农村人均可支配收入最高和最低省区市的比值比城镇高，2002~2018年中多数年份超过了4，相应的变异系数也较高，大部分年份超过了40%。2006年之后，各省区市农村人均可支配收入的变异系数和城镇人均可支配收入的变异系数变化同步，同样出现了下降趋势，2013～2018年基本稳定在34%，最高和最低省区市的比值也波动下降，基本稳定在3.4。由此可以看出，各省区市农村人均可支配收入差异呈缩小趋势，但是各地之间的差异仍然十分明显。

图3-17　各省区市农村人均可支配收入变异系数及最高值与最低值的比值

资料来源：国家统计局

七、行业收入分配变化

2003～2018年，中国各行业城镇单位就业人员平均工资排名虽有变化，但变动不大。如表3-17所示，信息传输、计算机服务和软件业，金融业，科学研究、技术服务和地质勘查业人均工资水平一直处于前三位。2008年及之前，信息传输、计算机服务和软件业人均工资水平最高，2009年开始被金融业反超，2016～2018年前者又再次成为人均工资水平最高的行业。城镇就业人员平均工资最低的三个行业分别为农、林、牧、渔业，住宿和餐饮业，水利、环境和公共设施管理业。教育、批发和零售业人均工资水平排名都有所上升；房地产业人均工资水平2003年排名第5，2018年下降到第13名；采矿业工资水平排名整体经历了先上升后下降的过程，其中2015年降至历史最低，排名第13位。

2003～2005年，城镇就业人员平均工资最高和最低的行业工资收入比从4.49小幅上升到4.73，之后十年间，呈现明显的下降趋势，2015年最低为3.59，此后又出现上升的迹象，连续三年上涨，2018年两者的比值再次突破了4倍以上。图3-18将收入排名较高的金融业与排名较低的住宿和餐饮业收入进行了对比，可以看出2003～2018年两者的绝对收入差距在不断扩大。从两者的比值来看，2003年至2010年，这八年间两者的相对收入差距在不断扩大，2010年相对收入差距达到最

表 3-17 各行业城镇单位就业人员平均工资排名

分类	2003年	2004年	2005年	2006年	2007年	2008年	2009年	2010年	2011年	2012年	2013年	2014年	2015年	2016年	2017年	2018年
城镇单位就业人员工资水平	0.45	0.48	0.47	0.48	0.52	0.53	0.55	0.57	0.59	0.58	0.57	0.56	0.55	0.55	0.56	0.56
农、林、牧、渔	0.22	0.22	0.21	0.21	0.23	0.23	0.25	0.26	0.27	0.28	0.28	0.28	0.29	0.27	0.27	0.25
采矿业	0.44	0.50	0.53	0.56	0.59	0.62	0.65	0.69	0.74	0.71	0.66	0.61	0.53	0.49	0.52	0.55
制造业	0.41	0.43	0.41	0.42	0.44	0.44	0.46	0.48	0.52	0.52	0.51	0.51	0.49	0.49	0.48	0.49
电力、燃气及水的生产和供应业	0.60	0.64	0.64	0.65	0.70	0.70	0.72	0.73	0.74	0.72	0.74	0.73	0.70	0.68	0.68	0.68
建筑业	0.37	0.38	0.36	0.37	0.39	0.39	0.42	0.43	0.45	0.45	0.46	0.45	0.44	0.43	0.42	0.41
交通运输、仓储和邮政业	0.51	0.54	0.54	0.56	0.58	0.58	0.61	0.63	0.66	0.66	0.64	0.63	0.61	0.60	0.60	0.60
信息传输、计算机服务和软件业	1.00	1.00	1.00	1.00	1.00	1.00	1.00	1.00	1.00	1.00	1.00	1.00	1.00	1.00	1.00	1.00
批发和零售业	0.35	0.39	0.39	0.41	0.44	0.47	0.50	0.52	0.57	0.58	0.55	0.55	0.54	0.53	0.53	0.55
住宿和餐饮业	0.36	0.38	0.36	0.35	0.36	0.35	0.36	0.36	0.39	0.39	0.37	0.37	0.36	0.35	0.34	0.33
金融业	0.67	0.73	0.75	0.82	0.92	0.98	1.04	1.09	1.14	1.11	1.10	1.07	1.02	0.96	0.92	0.88
房地产业	0.55	0.55	0.52	0.51	0.55	0.55	0.55	0.56	0.60	0.58	0.56	0.55	0.54	0.53	0.52	0.51
租赁和商务服务	0.55	0.56	0.55	0.56	0.58	0.60	0.61	0.61	0.66	0.66	0.69	0.67	0.65	0.63	0.61	0.58
科学研究、技术服务和地质勘查	0.66	0.70	0.70	0.73	0.81	0.83	0.86	0.87	0.91	0.86	0.84	0.82	0.80	0.79	0.81	0.84
水利、环境和公共设施管理业	0.38	0.39	0.37	0.36	0.39	0.38	0.40	0.40	0.41	0.40	0.40	0.39	0.39	0.39	0.39	0.38
居民服务和其他服务业	0.41	0.41	0.41	0.42	0.43	0.42	0.43	0.44	0.47	0.44	0.42	0.42	0.40	0.39	0.38	0.37
教育	0.46	0.48	0.47	0.48	0.54	0.54	0.59	0.60	0.61	0.59	0.57	0.56	0.59	0.61	0.63	0.63
卫生、社会保障和社会福利业	0.52	0.55	0.54	0.54	0.58	0.59	0.61	0.62	0.65	0.65	0.64	0.63	0.64	0.65	0.67	0.66
文化体育和娱乐	0.55	0.61	0.58	0.60	0.64	0.62	0.65	0.64	0.68	0.67	0.65	0.64	0.65	0.65	0.66	0.67
公共管理和社会组织	0.50	0.52	0.52	0.52	0.58	0.59	0.61	0.59	0.59	0.57	0.54	0.53	0.56	0.58	0.60	0.60

资料来源：国家统计局

注：为了对比行业间的相对收入差异，我们选取信息传输、计算机服务和软件业为基准，当年该行业的平均工资水平记为1.00，其他行业平均工资排名用该行业工资水平除以基准工资水平表示

大，金融业的人均工资水平是住宿和餐饮业的 3 倍。之后两者的相对收入差距缓慢下降，但下降并不明显，金融业的人均工资水平仍然是住宿和餐饮业的 2.5 倍以上。由此可以看出，我国行业收入差距呈现缩小趋势，但是值得注意的是这一变化从 2017 年开始出现反向变动。

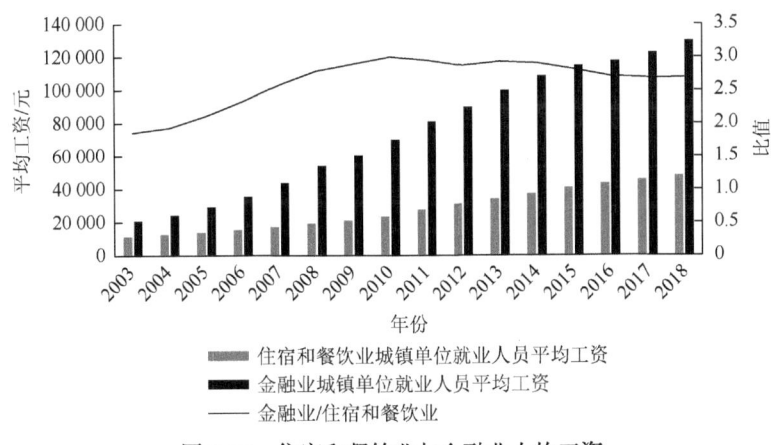

图 3-18　住宿和餐饮业与金融业人均工资

第三节　居民财富不平等

财富不平等是经济不平等的一个重要方面，也是社会分层和社会流动的重要维度。在经济市场化进程中，国内居民财富持有量迅速增加，所拥有财富的形式越来越多样，财富分布格局发生了深刻的变化，仅关心居民财富的增长是远远不够的，从社会公平的角度，我们更应进一步关注居民财富的分配问题。本节将利用历史数据，来解答中国居民的财富水平如何、居民财富分布的不平等达到了什么程度这两个问题。

对于财富的定义，本节使用了净财富的概念，用总资产减去总负债后的余额来衡量，之所以这样定义，主要是由于居民借债已经越来越普遍，相对来说净财富更能够反映住户的财产实际占有和分布状况。

一、全国居民财富不平等状况

2019 年《福布斯》杂志发布了中国富豪排行榜，阿里巴巴马云以 2701.1 亿元人民币财富排名第一，腾讯马化腾以 2545.5 亿元人民币财富排名第二，恒大集团许家印以 1958.6 亿元人民币财富排名第三[①]。如表 3-18 所示，根据 CFPS 数据库

---

① 资料来源：http://www.forbeschina.com/lists/1728。

2016年数据计算，中国最富有的1%家庭拥有21%的净财富，最富有的10%家庭拥有60%的净财富，而后50%的家庭仅拥有6%的净财富。全国人均净财富拥有量的基尼系数为0.695，其中城乡内部的贡献率为85.4%（表3-19）。农村的人均净财富分配比城市较为公平，基尼系数仍高达0.596。根据CHFS数据库2017年的数据，中国最富有的1%家庭拥有15%的净财富，最富有的10%家庭拥有57%的净财富，而后50%的家庭仅拥有5%的净财富。全国人均净财富拥有量的基尼系数为0.744，其中城乡内部的贡献率为85.5%。农村的人均净财富分配比城市较为公平，基尼系数仍高达0.686。

表3-18 全国人均财富的基尼系数

数据库	变量名	2010年	2012年	2014年	2016年
CFPS	人均基尼系数	0.708	0.663	0.659	0.695
	家庭财富中位数/元	110 976	157 225	190 560	209 375
	家庭财富均值/元	295 981	351 099	421 882	549 652
	前1%家庭财富占比	19%	16%	15%	21%
	前10%家庭财富占比	58%	53%	53%	60%
	后50%家庭财富占比	8%	9%	9%	6%
	住房财富基尼系数	0.703	0.669	0.669	0.708
	住房财富均值/元	243 083	257 631	330 725	416 908
	金融资产基尼系数	0.723	0.800	0.669	0.739
	金融资产均值/元	12 739	32 835	38 144	54 495
数据库	变量名	2011年	2013年	2015年	2017年
CHFS	人均基尼系数	0.700	0.702	0.699	0.744
	家庭财富中位数/元	205 000	298 600	335 000	350 089
	家庭财富均值/元	534 482	747 976	863 513	1 068 437
	前1%家庭财富占比	14%	15%	16%	15%
	前10%家庭财富占比	55%	55%	54%	57%
	后50%家庭财富占比	7%	6%	7%	5%
	住房财富基尼系数	0.683	0.665	0.646	0.707
	住房财富均值/元	403 850	412 877	324 991	778 420
	金融资产基尼系数	0.823	0.813	0.818	0.798
	金融资产均值/元	61 724	66 643	108 021	114 808

表 3-19　城乡居民财富分配不平等组内贡献率

贡献率	2010 年	2011 年	2012 年	2013 年	2014 年	2015 年	2016 年	2017 年
CFPS 组内贡献率	82.9%		83.4%		84.0%		85.4%	
CHFS 组内贡献率		86.6%		84.1%		84.5%		85.5%

如表 3-18 所示，住房财富和金融资产是构成家庭财富的重要组成部分。首先，家庭会将大部分资产配置在住房上，住房财富占家庭财富的比例超过 70%，从住房财富的均值来看，全国范围的家庭财富值平均水平在持续上升，这主要是由城市化和房价波动所导致的。但是居民住房财富的基尼系数奇高，达到 0.7 左右，住房财富的不平等程度较高。另外，金融资产是家庭财富的重要组成，占家庭总财富的 10% 左右。金融资产逐年也在攀升，反映平均而言家庭参与金融市场的程度在提高，但是金融资产基尼系数非常高，反映在不同财富群体通过金融市场获利能力存在差异，金融资产的不平等程度较高。

无论是 CFPS 还是 CHFS 数据均显示，城镇的财产存量远远高于农村，而且城镇居民财富分配的不平等程度一直高于农村居民。表 3-19 中计算了城乡居民财富不平等的组内贡献率，显示全国居民财富分配的不平等主要是由城镇和农村内部居民财富分配的不平等导致的，城乡内部财富分配的不平等对全国居民财富分配不平等的贡献率超过 80%。

省级差异巨大是我国财产分布的重要特征，在 CFPS 独立抽样的五个"大省"[①]中，上海家庭的净财富平均值水平遥遥领先，2016 年上海家庭平均净财富水平达到了 280.3 万元，是家庭平均净财富水平最低省份甘肃的近 10 倍。省级差异对财富不平等的贡献超过 30%，这表明结构性的因素在我国家庭财富分布中始终发挥着重要作用。

面对如此巨大的财富不平等，我们要提高警惕。财富是一个存量，在很大程度上，居民的财富是长期收入分配累积的结果。财富不平等和收入不平等两者之间会存在互相加强的趋势。一方面，财富不平等会加剧收入不平等，使社会流动性降低；另一方面，由于边际消费倾向随着人们收入的提高而降低，收入不平等会导致更高的财富不平等。居民财富拥有量及其分配对其消费、投资决策以及整个经济的稳定发展有着深远影响，社会的贫富差距不断拉大，不仅会成为经济增长的阻力，也会有害于社会稳定发展，因此我们要对财富不平等问题给予高度关注。

[①] CFPS 数据中上海、辽宁、河南、甘肃、广东为五个独立子样本框（称为"大省"），其他 20 个省区市共同构成一个独立子样本框（称为"小省"）。五个"大省"的子样本具有地区代表性，可以进行省级推断以及地区间比较。五个"大省"样本框在二次抽样后，与"小省"样本框共同构成具全国代表性的总样本框。

二、城镇居民财富不平等状况

21世纪初,赵人伟(2007)利用CHIPS 2002年的数据研究表明,城镇居民人均净财富的基尼系数为0.475,人均净财富最多的20%的城镇居民所拥有的净财富份额为51.07%,而人均净财富最少的20%的人口所拥有的净财富份额仅为2.75%,前者超过后者18倍。在各种类型的财产中,房产的分布是最为平等的,其次是生产性固定资产、金融资产等。

根据中国人民银行发布的城镇家庭资产负债情况调查汇总结果[①],2019年城镇家庭的总资产平均为317.9万元,大幅高于中位数163.0万元,而2011年城镇家庭净财富均值为289.0万元,也大幅高于中位数141.0万元,表明城镇家庭财富分布较为不平等。如果按照家庭净财富从低到高排序,净财富最高1%、10%、20%家庭分别占有17.1%、49.0%、64.5%的财富,而净财富最低的20%家庭仅占有2.3%的财富。和美国相比,中国城镇家庭财富的分布相对均衡,2016年,美国全国净财富最高1%、10%的家庭分别占有38.6%、77.2%的财富,其余90%的家庭仅占有22.8%的财富。从资产类型来看,房产在城镇家庭总资产中占据主要地位,约占六成,而金融资产配置整体偏低,仅占约两成。

从财富存量的角度来看,CFPS数据显示,城镇家庭平均净财富从2010年的456 358元增加到2016年的814 186元,年均复合增长率为10.1%,2016年中国最富有1%的城镇家庭拥有18%的净财富,最富有10%的城镇家庭拥有57%的净财富,而后50%的家庭仅拥有7%的净财富(表3-20)。CHFS数据显示,城镇家庭平均净财富从2011年的710 774元增加到2017年的1 410 862元,年均复合增长率为12.1%,2017年中国最富有1%的城镇家庭拥有13%的净财富,最富有10%的城镇家庭拥有52%的净财富,而后50%的家庭仅拥有7%的净财富。

表3-20 城镇居民人均净财富基尼系数

数据库	变量名	2010年	2012年	2014年	2016年
CFPS	人均基尼系数	0.678	0.641	0.644	0.679
	家庭财富均值/元	456 358	528 672	618 187	814 186
	前1%家庭财富占比	15%	14%	13%	18%
	前10%家庭财富占比	53%	50%	51%	57%
	后50%家庭财富占比	8%	10%	9%	7%
	住房财富基尼系数	0.633	0.611	0.623	0.672

---

① 中国人民银行调查统计司城镇居民家庭资产负债调查课题组于2019年10月中下旬在全国30个省区市对30 000余户城镇居民家庭开展了资产负债情况调查。这是国内关于城镇居民资产负债情况最为完整、翔实的调查之一。

续表

数据库	变量名	2010年	2012年	2014年	2016年
CFPS	住房财富均值/元	392 274	419 960	506 728	647 587
	金融资产基尼系数	0.715	0.776	0.664	0.724
	金融资产均值/元	21 849	52 418	59 958	84 780

数据库	变量名	2011年	2013年	2015年	2017年
CHFS	人均基尼系数	0.651	0.658	0.653	0.709
	家庭财富均值/元	710 774	971 497	1 117 623	1 410 862
	前1%家庭财富占比	12%	14%	14%	13%
	前10%家庭财富占比	50%	50%	50%	52%
	后50%家庭财富占比	9%	8%	9%	7%
	住房财富基尼系数	0.611	0.596	0.606	0.651
	住房财富均值/元	557 441	553 575	436 905	1 048 675
	金融资产基尼系数	0.787	0.783	0.788	0.765
	金融资产均值/元	85 185	89 560	145 305	153 746

从财产分布的角度来看，表3-20汇总了CFPS和CHFS数据库计算出来的城镇居民人均净财富基尼系数，可以看出，2010~2016年城镇居民财富分布的不平等程度一直高于收入的不平等程度，而且赵人伟（2007）的研究表明，19世纪末20世纪初，城镇居民财富分配的不平等程度也同样高于收入分配，2014年后，无论是CFPS还是CHFS数据均显示城镇居民人均净财富的基尼系数开始上升，说明城镇居民财富分布的不平等程度开始扩大。

从住房财富来看，城镇居民的住房财富净值远高于全国平均水平，住房财富增长率保持稳定，并且住房财富占家庭财富的比例也高于全国平均水平，这主要是由城市房价水平导致的。同时，城镇居民的住房财富基尼系数低于全国平均水平，反映了城镇住房市场价值差异低于全国水平，但是仍然达到了0.6左右的水平，不平等程度较高。从金融资产来看，城镇家庭的金融资产绝对数量高于全国水平，城镇居民相较于农村居民有更多的金融市场参与。对比而言，城镇居民的金融资产基尼系数较全国水平更低，说明城镇居民参与金融市场的机会相对均等，但是从基尼系数的绝对值看还是处于较高水平。

三、农村居民财富不平等状况

20世纪80年代末到21世纪初，农村居民净财富分布的差距有明显的扩大，赵人伟（2007）利用 CHIPS 数据研究表明，人均净财富最多的 20%的农村居民拥有的净财富和人均净财富最少的 20%的农村居民所拥有的净财富比率从 1988 年的 5.18：1 扩大到 1995 年的 5.33：1，再扩大到 2002 年的 8.10：1，农村居民财富分配的基尼系数也从 1988 年的 0.311 扩大到 1995 年的 0.351，进一步扩大到 2002 年的 0.399，而导致财富分布差距明显扩大的原因主要是农村居民房产和金融资产分配差距拉大，土地的分配差距较小，而且变化也不大。

关于近年来农村居民财富状况，从财富存量的角度来看，CFPS 数据显示，农村家庭平均净财富从 2010 年的 148 792 元增加到 2016 年的 270 014 元，年均复合增长率为 10.4%，2016 年中国最富有 1%的农村家庭拥有 19%的净财富，最富有 10%的农村家庭拥有 51%的净财富，而后 50%的农村家庭仅拥有 6%的净财富（表 3-21）。CHFS 数据库 2017 年数据显示，农村家庭平均净财富从 2011 年的 252 219 元增加到 2017 年的 334 772 元，年均复合增长率为 4.8%，中国最富有 1%的农村家庭拥有 20%的净财富，最富有 10%的农村家庭拥有 56%的净财富，而后 50%的农村家庭仅拥有 4%的净财富。

表 3-21 农村居民人均财富基尼系数

数据库	变量名	2010 年	2012 年	2014 年	2016 年
CFPS	人均基尼系数	0.606	0.569	0.562	0.562
	家庭财富均值/元	148 792	194 166	234 194	270 014
	前 1%家庭财富占比	19%	15%	13%	19%
	前 10%家庭财富占比	49%	45%	44%	51%
	后 50%家庭财富占比	12%	13%	12%	6%
	住房财富基尼系数	0.659	0.605	0.610	0.640
	住房财富均值/元	105 489	119 937	162 009	181 760
	金融资产基尼系数	0.647	0.774	0.604	0.685
	金融资产均值/元	4 324	16 209	17 114	23 608

数据库	变量名	2011 年	2013 年	2015 年	2017 年
CHFS	人均基尼系数	0.678	0.678	0.642	0.686
	家庭财富均值/元	252 219	747 976	304 555	334 772
	前 1%家庭财富占比	20%	17%	19%	20%
	前 10%家庭财富占比	56%	50%	52%	56%
	后 50%家庭财富占比	8%	9%	8%	4%
	住房财富基尼系数	0.700	0.654	0.616	0.682
	住房财富均值/元	157 934	110 294	78 816	199 387
	金融资产基尼系数	0.853	0.817	0.814	0.801
	金融资产均值/元	24 159	17 359	26 008	31 380

从财富分布角度来看，表 3-21 汇总了 CFPS 和 CHFS 数据库计算出来的农村居民人均净财富基尼系数，可以看出，和城镇相同，农村居民财富分布的不平等程度也高于收入的不平等程度，然而农村居民财富分布的不平等程度并非一直高于收入分配，赵人伟（2007）指出我国农村财富分布不平等程度超过收入分配不平等程度是在世纪之交的年代发生的。2013 年后，农村居民财富分布的不平等程度开始上升。

从住房财富来看，农村居民的住房财富净值低于全国平均水平，主要是由于农村住房价格较低，并且农村家庭的住房财富占比也相对较低，住房财富的基尼系数也相对较低，农村家庭住房不平等情况相对较轻。从金融资产来看，农村家庭的金融资产净值仅为全国平均水平的 40%左右，反映出农村家庭参与金融市场程度较低。但是在农村居民内部金融资产的基尼系数高于全国平均水平，说明金融资产在不同农村家庭中的差异较大，不平等程度较高。

四、财富不平等的跨国比较

本节前面的部分对国内的财富不平等状况进行了详细介绍，为了能够更深入地了解国内财富不平等状况，本部分将国内和一些世界上主要国家的财富不平等状况进行了比较，为了保持统计口径的统一，所采用的数据来源是 WID，该数据库是一个致力于提供开放的国家内和国家间收入与财富分布历史变化数据的大型数据库[1]。

世界上各个国家的资源禀赋和社会经济发展水平迥异，导致了各个国家内部财富不平等状况存在差异。根据 WID 数据，1978 年至 2017 年，中国和美国、俄罗斯等世界主要国家的财富不平等状况呈现扩大趋势，其中金砖国家南非的财富不平等程度最高。如图 3-19 所示，南非全国最富有 1%人口所拥有的财富份额远远领先中国、美国、英国等主要国家，即使最低的时候也高达 47%，远高于世界主要国家，在 2010～2012 年甚至逼近 60%。如图 3-20 所示，南非全国最富有 10%人口所拥有的财富份额同样也在世界主要国家中遥遥领先，1993 年以来这一份额始终高于 80%，2008 年和 2010 年甚至超过了 90%，因此可以看出南非财富不平等程度非常高。

美国和俄罗斯的财富不平等程度也高于中国，美国全国最富有 1%人口所拥有的财富份额自 1978 年开始在不断的波动中呈现明显的上升趋势，从 1978 年的 21%上升到了 2016 年的 37%，近 40 年的时间里上升了 16 个百分点。如图 3-20 所示，美国最富有 10%人口所拥有的财富份额超过 60%，1986 年以来呈现明显的上升趋势，

---

[1] 资料来源网址：https://wid.world/data/。

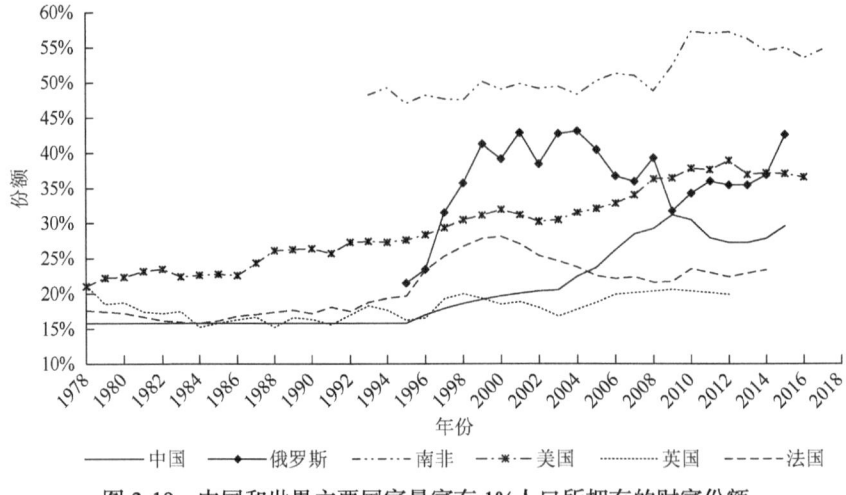

图 3-19　中国和世界主要国家最富有 1%人口所拥有的财富份额

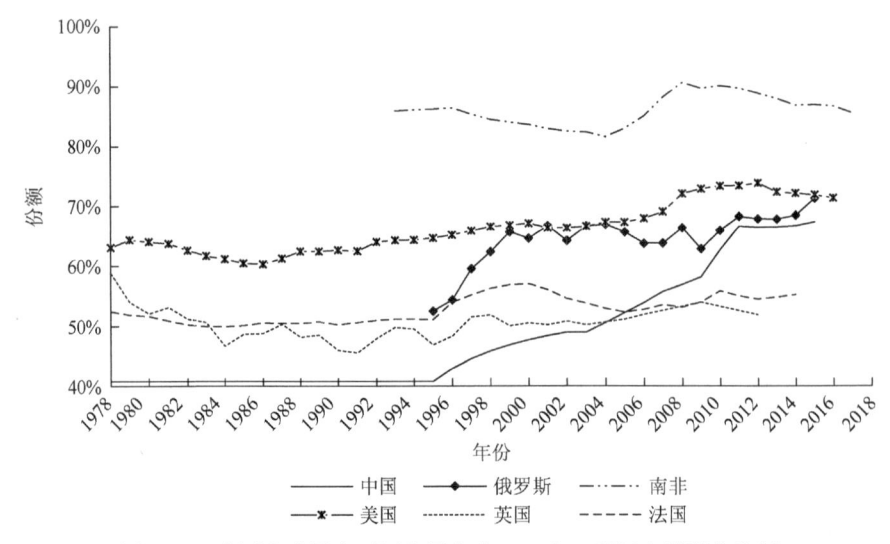

图 3-20　中国和世界主要国家最富有 10%人口所拥有的财富份额

2008 年以来超过 70%，2012 年之后出现小幅下降，但仍高于 70%。俄罗斯全国最富有 1%人口所拥有的财富份额在 1995~1999 年快速上升，从 22%急剧上升到 41%，四年的时间里上升了近 20 个百分点，21 世纪初基本维持在 40%左右，2004~2009 年呈现下降趋势，2009 年最低为 32%，此后又开始波动上升，2015 年再次超过 40%，为 43%。俄罗斯全国最富有 10%人口所拥有的财富份额同样也在 1995~1999 年这个时间段内急剧上升，从 53%上升到 66%，四年里上升超过 10 个百分点，1999~2012 年，该份额占比较为稳定，约为 65%，2013 年开始又呈现上升趋势，2015 年超过了 70%。

欧洲地区的财富不平等状况虽然也有所上升，但是在相比于其他几个世界主要国家而言表现较好，英国和法国全国最富有1%人口所拥有的财富份额历年来均未超过30%，其中英国更低，大部分年份未超过20%；英国和法国全国最富有10%人口所拥有的财富份额历年来也均未超过60%，比美国1978年以来的最低值还要低。

图 3-20 比较了中国和世界主要国家最富有10%人口所拥有的财富份额。1995年以前，中国社会的财富不平等状况较为稳定，并且无论是从全国最富有1%人口所拥有的财富份额还是全国最富有10%人口所拥有的财富份额来看，相对于美国、英国等发达国家和俄罗斯、南非这两个金砖国家而言，中国社会的财富不平等状况最好，1995年之前中国全国最富有1%人口所拥有的财富份额为16%，最富有10%人口所拥有的财富份额为41%。但是从1996年开始，中国的财富不平等差距开始快速扩大，2009年国内最富有1%人口所拥有的财富份额达到历史最高值31%，此后这一份额稍有下降后又开始上升，2015年又接近30%；全国最富有10%人口所拥有的财富份额在1996年后一直呈现上升态势，2015年高达67%。2003~2016年中国财富不平等状况的恶化速度在世界主要国家之中较快，已经相继超越了英国和法国，因此虽然中国财富不平等状况的绝对水平不是很高，但是我们应该对其过快的增速给予足够的关注。

图 3-21 显示了世界主要国家最穷50%人口所拥有的财富份额，可以看出1978年以后，包括中国在内的世界主要国家最穷50%人口所拥有的财富份额呈现下降趋势，这从另外一方面反映出了世界主要国家财富不平等状况恶化的事实，尤其是20世纪80年代末至2010年，这种下降趋势更为明显，2010年以后世界主要国家最穷50%人口所拥有的财富份额部分国家有上升态势，部分国家基本维持稳定。

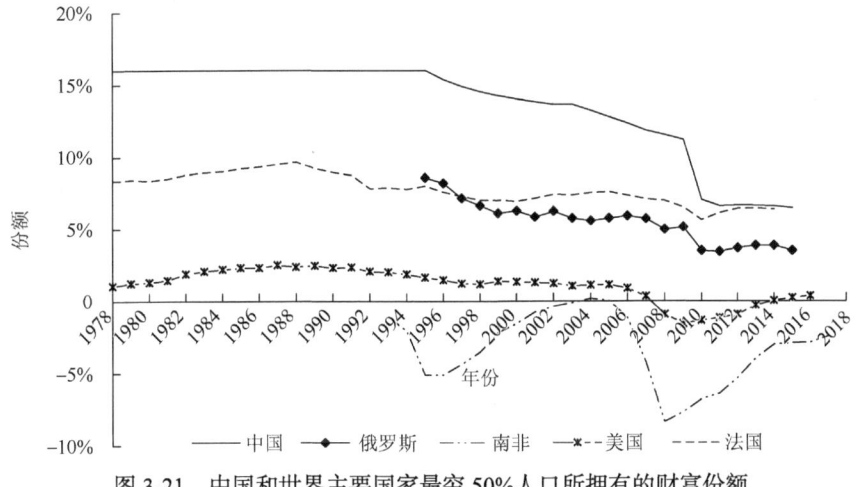

图 3-21 中国和世界主要国家最穷50%人口所拥有的财富份额

第四节 中国是否会陷入不平等陷阱?

经济不平等可能是人类社会的一种常态,美国斯坦福大学古典学与历史专业教授沃尔特·沙伊德尔曾指出,人类累积能力的差异造成了社会经济的不平等,而且从古至今,全球范围内的经济不平等从未以和平方式减弱,只有大规模暴力和灾难事件才是显著降低不平等程度的"大调平器"。但是当今社会发生大规模暴力和灾难事件的概率很低,"第三次世界大战"发生概率很低,也没有迹象显示会出现彻底的革命,大多数国家不会轻易解体,传染病的防治措施也越来越先进,这些所有的变化有力地说明了发生强力削减经济不平等的难度非常高,也就是说当前社会想要逆转不平等是非常困难的,挑战艰巨。

虽然挑战非常艰巨,但是有关数据已经表明中国的不平等状况已经开始出现改善,根据国家统计局公布的数据,2008 年经济危机以后,全国居民收入分配的基尼系数开始出现下降趋势。近年来城乡之间的收入分配差距、各区域居民收入之间的差距和各行业从业人员的收入差距也在逐渐缩小。这些来之不易的成果背后中国究竟做了什么呢?

2003 年是中国公共政策和民生政策发生重大变化的一年,2003 年起,中国政府更加关注民生问题,对农村发展给予了更多的关注,出台了一系列惠农政策,如中央政府对农村地区的粮食直补、农资综合补贴、良种补贴、农机购置补贴等,解决"三农"问题,统筹城乡发展,缩小城乡差距成了"科学发展观"的主旋律,2004~2013 年十年间中央财政对"三农"的投入,不论是绝对量上,还是相对比例上,超过了历史同期水平。与此同时,中国的扶贫战略发生了根本性改变,从 2007 年之前的开发式扶贫战略转变为救济式扶贫,在农村实现了最低生活保障制度。这些政策的积极效应在 2008 年后逐渐释放出来,对缩小城乡之间的收入差距起到了一定的作用。

关于地区间的不平等,世界银行高级顾问弗朗西斯科·弗雷拉表示,中国传统的沿海制造地区薪资水平大幅上涨,导致了制造业活动开始转移到内地较为落后地区,这提高了收入较低地区的薪资水平。除此之外,政府的政策也在改善地区间不平等中发挥了作用,众所周知,我国东部地区与西部地区的发展差距是一个长期困扰我国经济和社会发展的问题,为了加快中、西部地区的发展,党中央提出了西部大开发战略。另外,我国的户籍制度限制着人口和劳动力的流动,也就阻碍着地区间收入差距的缩小,然而,随着人口少于 50 万的城市现在完全向农民工开放、人口不高于 500 万的城市不得不接受已缴纳 5 年社保者的居住申请,以及政府制定到 2020 年让 1 亿农业转移人口落户城镇的目标,这种障碍开始被消除,这种种的努力都有助于地区间不平等状况的改善。

行业收入差距的成因既包括垄断等客观因素，也包括人力资本差异等主观因素。受教育程度和人力资本的差异密切相关，关于近年来行业收入差距的缩小，教育可能在其中扮演了重要角色。以往有学者的研究表明，受教育水平与收入差距之间存在倒"U"形关系，在初期受教育程度会扩大行业劳动者之间的收入差距，但是随着高技能劳动力占比的增加，教育投入会缩小行业收入差距。中国政府一直非常重视教育投入，教育经费投入总量呈现快速增长，从1991年的731.5亿元，上涨到2018年的46 143亿元，年均增长率16.59%，国家财政性教育经费占GDP比例自2012年首次超过4%以后，连续九年保持在4%以上[①]。

然而，在面对不平等方面中国政府所做出的西部大开发政策、户籍制度改革、针对农村和较落后地区补贴项目、对教育和医疗的大规模投资等诸多举措，在未来对国内经济不平等的改善效果可能会下降，未来要降低不平等程度，还有很长的路要走，需要不断探索更多的方法。

中国经济发展到现在的体量，如何扩大中等收入群体，实现"以人民为中心"的发展理念，实现高质量发展，成为政府非常重视的问题。最近十多年，中国政府一直非常重视收入分配相关问题，出台了一系列的政策，致力于消灭贫困、调节收入分配、实现共同富裕等目标，也取得了很大的成绩。但是，正如本书所探讨的，随着技术进步和规模经济在经济发展过程中的作用越来越重要，收入分配问题就成为越来越棘手的问题。要实现理想的社会发展形态，实现全民共享经济增长的成果，实现共同富裕，我们还有很长的路要走。

---

① 资料来源：国家统计局。

第四章

偏向性技术进步与劳动收入占比

要素的收入分配是国民收入分配问题的重点,而技术进步的偏向性对一国要素间收入分配的影响起决定性作用。因此,测算技术进步的要素偏向并从偏向性技术进步的视角讨论劳动收入占比变动问题,对于研究我国的收入分配、失业等均具有重大意义。首先,本章利用中国的省级数据和中国工业企业数据库数据结合供给面标准化系统法,分别测算了我国 1979 年至 2012 年间的省际技术进步偏向和 1999 年至 2007 年间的行业技术进步偏向。其次,本章对偏向性技术进步估计结果进行了系统讨论。最后,本章从偏向性技术进步的视角研究了中国劳动收入占比变化的原因。研究结果表明,我国的技术进步偏向资本,且资本偏向性技术进步是导致我国劳动收入占比下降的原因之一。本章的研究对于厘清近年间中国偏向性技术进步典型事实,从偏向性技术进步理解劳动收入占比变动原因具有一定意义。

第一节 引 言

技术进步是经济增长的源泉,但技术进步的要素偏向却长期被学者忽视。要素偏向性技术进步最早由 Hicks(1932)给出定义。然而,20 世纪六七十年代,Solow 等经济学家大多将技术增长设定为希克斯中性的,卡尔多事实中的"要素收入份额大致稳定"也被广泛接受。由于希克斯中性的技术进步实际上排除了技术进步的要素偏向效应,因此对技术进步偏向性的讨论几乎绝迹。20 世纪 90 年代以来,内生经济增长理论兴起,以 Romer 为代表的经济学家建立了内生技术进步的微观基础,经济计量方法也不断进步,使研究重点从技术进步的速度推进到技术进步的方向,要素偏向性技术进步的研究逐渐受到重视。特别是以 Acemoglu(2002a,2002b,2003,2007)为代表的一系列论文提出了要素偏向性技术进步的理论基础。Acemoglu 认为生产不同要素的技术存在边际收益的差别,这使得技术进步往往不是中性的,导致技术进步偏向某种要素的力量有两种,一是价格效应,当要素密集型产品的价格上升时,技术进步会偏向该要素,从而提高其边际产量;

二是市场规模效应，技术进步会更多地发生在供给充裕的要素上，而这种要素的价格往往是相对低的。因此技术进步的要素偏向方向是由两种相反的力量共同决定的，这也意味着只有通过数据测算才能得到技术进步偏向的准确情况。

测算技术进步的要素偏向对于研究我国的收入分配、失业等问题均具有重大意义。首先，要素的收入分配（功能型收入分配）是国民收入分配问题的重点，而技术进步的偏向性对一国要素间收入分配的影响起决定性作用。在很长一段时间里，人们认为要素收入所占的份额是稳定的，并将这一结论广泛应用于经济模型。但之后的经验研究则表明，要素收入份额并不是一成不变的。Harrison（2002）的研究发现，从20世纪70年代末开始，许多发达国家的劳动收入占比出现了明显的下降趋势，发展中国家在20世纪90年代开始也陆续表现出类似的变化，中国也不例外。1978～2012年中国的省级数据显示，劳动收入占比在此时段内整体呈下降趋势，尤其在20世纪90年代后，劳动收入份额一度从61%下降到46%左右。要素偏向性技术进步使劳动与资本的边际生产力增长不平衡，由于生产要素按边际产品获得报酬，有偏的技术进步将影响要素收入分配、改变初次分配中劳资报酬的份额。根据Acemoglu对要素偏向性技术进步的定义，当技术进步偏向资本时，资本的边际生产力相对上升，劳动收入份额会下降。当技术进步偏向劳动时，劳动的边际生产力相对上升，劳动的收入份额上升。因此，分析收入分配离不开对技术进步偏向的研究。其次，技术进步的方向直接决定了市场对各类要素的需求，如果技术进步相对于经济发展阶段而言过多、过早地偏向于资本，很可能导致失业问题的加剧，进而也会影响收入分配、贫困等问题。

本章节首先采用供给面标准化系统法，利用中国省级层面的数据测算中国1979～2012年省级层面的技术进步偏向，同时还利用中国工业企业数据库结合Brandt等（2012）提出的企业固定资产处理方法测算1999～2007年我国工业行业层面的技术进步偏向，从省级层面和行业层面等多个维度考察和分析我国技术进步的偏向，估计结果显示，我国的技术进步方向是偏向资本的，同时技术偏向资本的程度越大，劳动收入占比越低；在典型事实分析的基础上，本章从偏向性技术进步的视角研究中国劳动收入占比变化的原因。实证研究结果显示，我国的技术进步偏向资本，且资本偏向性技术进步是导致我国劳动收入占比下降的原因之一，且在国有企业比重较高的地区，资本偏向性技术进步对劳动收入占比的负向影响有所减弱。

第二节 文 献 综 述

一、偏向性技术进步

根据偏向性技术进步的定义，测量要素偏向性技术进步的方法可以分为两种：

一种是基于固定替代弹性（constant elasticity of substitution，CES）生产函数一阶条件估计方法，这种方法又分为单方程法（Yuhn，1991；Antras，2004）和联立方程组法（Berthold et al.，2002）；第二种方法是建立在供给面上的 CES 函数系统方法（Mcadam and Willman，2004；Klump et al.，2007）。Yuhn（1991）采用单方程估计的方法，测得美国的要素替代弹性明显小于 1，而韩国的要素替代弹性接近于 1，美国的技术进步是偏向劳动的。Antras（2004）运用单方程法估计得出，在要素增强型技术进步的假设下，1948 年至 1998 年间美国的要素替代弹性为 0.8，并且技术进步节约了劳动的使用。Berthold 等（2002）使用联立方程组法，运用德国和法国的数据做了一个似不相关回归，测得德国和法国的要素替代弹性均大于 1。早期的供给面系统法未将 CES 生产函数进行标准化处理，Mcadam 和 Willman（2004）采用这一方法测算了德国的技术进步方向，但是估计结果不够稳定，并得到了德国的技术进步是中性的结论。Klump 等（2007）使用了经过标准化的供给面系统方法，利用美国 1953~1998 年的数据，测得美国这一时期的要素替代弹性显著小于 1，技术进步偏向资本。León-Ledesma 等（2010）比较了各种现行的测量方法，利用蒙特卡罗实验证明了供给面标准化系统法是估计要素替代弹性最为稳健的方法。其原因在于，首先，标准化过程运用基期数据分离出了要素替代弹性和要素密度，避免了估计时出现的常数项扰动；其次，基于 CES 生产函数一阶条件的估计方法，不论是单方程估计还是联立方程估计，均不能同时测算出生产函数中的所有参数，且计算结果会极大地受到测量误差的影响。

国内学者对中国的要素偏向性技术进步也进行过一些测算。全国层面上，雷钦礼（2013）采用一阶条件方程组法测算了全国技术进步偏向，结果显示技术进步偏向资本。戴天仕和徐现祥（2010）、雷钦礼和徐家春（2015）、姚毓春等（2014）、刘慧慧和雷钦礼（2016）利用标准化供给面方法测算了我国整体技术进步偏向，研究结果均显示技术进步偏向资本。朱琳等（2016）、陆雪琴和章上峰（2013）则利用 CES 函数 Kmenta 近似估算方法对中国技术进步偏向进行测算，前者发现中国技术进步偏向资本，而后者则认为没有明显偏向。董直庆等（2013）运用有偏性三种不同函数形式检验了我国技术进步方向，也发现技术进步偏向资本。

省级层面上，陈晓玲和连玉君（2013）在检验德拉格兰德维尔假说的研究中用他们计算得到的要素替代弹性和要素增强型技术进步速率，定性地给出了我国省际技术进步的偏向情况，但由于他们忽视了要素本身的增长，无法准确回答我国各省的具体技术进步偏向情况。王光栋（2014）使用一阶条件方程组法测算了 1990 年至 2012 年间的中国省际技术进步偏向情况，得到了各省技术进步均偏向资本的测算结果。邓明（2014）、王林辉等（2015）、潘文卿等（2017）都利用供给面标准化系统法测算了中国省际技术进步偏向情况。王光栋和芦欢欢（2015）、董直庆和蔡啸（2016）、钟世川和毛艳华（2017）在已有的 CES 函数框架的基础上细化了要素投入划分。

行业层面上，钟世川（2014）利用一阶条件方程组法测算了 1978~2011 年中国工业行业技术进步偏向情况，发现 1987 年后我国工业及大多数行业技术进步明显偏向资本。白雪洁和李爽（2017）利用 CES 函数 Kmenta 近似估算方法发现中国工业技术进步偏向资本。陈欢和王燕（2015）、陈晓玲等（2015）、孔宪丽等（2015）均利用标准化供给面系统方法测度了技术进步方向，前两者发现大多数制造业行业技术进步偏向资本，后者则指出各行业之间的技术偏向有较大差异。

此外，还有研究在非 CES 函数测算框架下也讨论了中国技术进步的偏向。一些学者采用超越对数生产函数测算框架。钟世川（2015）运用超越对数生产函数计算了全国层面的技术进步偏向。何小钢和王自力（2015）基于超越对数生产函数测算了中国 33 个行业的能源偏向性技术进步。郑猛等（2015）基于包含技术进步来源的超越对数成本函数模型，分析了中国制造业 R&D（research and development，研究与开发）和 FDI（foreign direct investment，外国直接投资）的技术进步偏向。王静（2016）运用超越对数生产函数模型估算了我国第三产业的技术进步偏向。王班班和齐绍洲（2014）设定了一个包括资本、劳动力、能源、中间品四种投入要素的超越对数成本函数，测算了中国 36 个行业 1990 年至 2010 年的技术进步偏向情况。杨振兵（2016）利用超越对数生产函数作为测算方法发现工业行业的技术进步偏向资本。一些学者采用可变替代弹性生产函数对我国的技术进步偏向进行估算，例如，郑猛和杨先明（2015，2017）。还有一些学者采用随机前沿方法。陈乐一等（2017）和杨振兵等（2015）利用随机前沿超越对数生产函数模型分别测算了我国省级层面和工业行业层面的技术进步偏向情况，结果显示都是技术进步偏向资本的。

总体而言，国内学者利用各种方法测算过全国、地区和行业层面的技术进步偏向指标，所采用的方法不同，得到的结论也不尽相同。如前文所述，León-Ledesma 等（2010）证明了供给面标准化系统法是估计要素替代弹性最为稳健的方法。然而采用这类方法估计中国各个层面技术进步偏向的文献并不多，本章与这些文献也有一些差异。陈欢和王燕（2015）、陈晓玲等（2015）、孔宪丽等（2015）在利用供给面标准化系统法测算行业层面技术进步偏向时采用的是《中国工业经济统计年鉴》中的分行业数据，本章则是将中国工业企业数据库中的微观数据整理到行业层面。在资本的处理上我们采用 Brandt 等（2012）提供的方法进行估算，而《中国工业经济统计年鉴》中提供的行业层面固定资产、累计折旧和本年折旧等指标由各个企业报告加总得到，与未经处理的中国工业企业数据库中的微观数据一样，这些数据均为账面价值，如果不对资本进行处理，将导致企业与企业之间、同一企业年与年之间不可比。因此，利用中国工业企业数据库中处理后的资本数据更加可靠。另外，陈欢和王燕（2015）、孔宪丽等（2015）在处理资本收入时，是采用工业增加值减去劳动收入所得，但是中国工业企业数据库中提供了企业生产税、营业盈余等指标，可以更加精确地估计出资本所得。陈晓玲等（2015）则近似地利用利率与资本存量相乘加上本年折旧得到资本收入指标，这一方法度量的误差较大。因此，利用中国工业企业数据库得到的资本收入数据也更加准确。邓明（2014）在利用省级数据估计资本的收益率时采用公司债券的利率水平作为代理指标，这一方法与大多数文献处理资本所得的方法有较大差异。更重要的是，上文中的大部分文献只是将技术进步偏向的估计作为研究中需要使用的一个指标来介绍，并没有详细描述其测度方法和技术细节，也没有深入分析我国技术进步偏向的趋势和形成原因。

二、劳动收入占比变动

要素的收入分配（功能型收入分配）是国民收入分配问题的重点，而劳动收入占比的高低直接体现了由劳动者获得的收益部分。国内外学者主要从以下几个方面研究了影响劳动收入占比的因素：①产业结构。Serres等（2001）、Morel（2005）的研究发现，产业结构转型是导致要素分配份额变化的重要因素。罗长远和张军（2009b）从产业角度出发，将产业层面对劳动收入占比的影响分为产业间效应和产业内效应，认为产业结构变化和产业内劳动收入占比的变化会造成整个经济劳动收入占比波动。②贸易开放。Harrison（2002）对100多个国家1960～1997年的数据进行研究后发现，全球化会导致劳动收入占比下降，导致这一结果的可能原因是，在全球化背景下，资本的谈判力量被强化，而劳动者处于弱势地位。Diwan（2000，2001）则表示全球化对劳动收入占比的影响因国家的贫富程度而异。李坤望和冯冰（2012）基于中国省级工业面板数据发现，进出口贸易对劳动收入占比的作用均为负。张莉等（2012）构建了要素收入份额的决定方程，利用跨国经济数据探讨国际贸易、偏向性技术进步对发展中国家要素收入分配的影响机制，其结论是国际贸易促使技术进步偏向资本，从而导致资本相对收入份额提高。③劳动者地位与垄断利润。Bentolila和Saint-Paul（2003）指出资本产出比、资本偏向性技术进步以及工会等因素会影响劳动者谈判力，劳资相对地位的变化可以解释要素收入份额的变动。白重恩等（2008）通过构建工业部门要素收入份额模型，利用中国工业数据，得出工业部门要素收入份额变化主要是由于市场垄断能力的增加以及国有部门改制引起了劳动力市场环境的改变。

三、技术进步与劳动收入占比

学者也从技术进步的角度探讨了要素偏向性技术进步对劳动收入份额的影

响。Acemoglu（2002b，2003）、Caselli 和 Feyrer（2007）从偏向性技术进步的角度解释劳动收入占比下降的现象。他们的研究显示，偏向性技术进步是影响要素收入份额的重要因素。Young（2004）开创性地将偏向性技术进步引入 RBC 模型中，在一个动态随机一般均衡模型框架下，解释美国劳动收入份额的季节波动。国内一些学者也研究过偏向性技术进步对劳动收入占比的影响。黄先海和徐圣（2009）利用 1989~2006 年的数据研究了制造业劳动报酬份额变化的影响因素，他们估算出资本密集型和劳动密集型产业的劳动边际产出弹性，然后将劳动收入比重变化率进行分解，他们的研究结果显示，劳动节约型技术进步是导致劳动收入占比下降的最重要的因素。但事实上他们在文章中并没有测算偏向性技术进步的大小，所定义的"劳动节约型"技术指标是一个分解方程的残差项，与 Acemoglu（2003）提出的要素偏向性技术进步的概念有较大的差异。白重恩等（2008）估计了中国工业部门要素分配份额的方程，研究结果显示要素投入的变化和技术进步对要素收入分配没有影响。但他们在文章中也没有估计技术进步的偏向，而是利用资本占收入的份额对资本产出比等多个变量进行回归，结果显示资本产出比的系数不显著，从而推断出工业部门的要素替代弹性在 1 附近，即技术没有要素的偏向性，进而不会对要素收入占比造成影响。罗长远和张军（2009a）利用中国省际面板数据研究了多种因素对劳动收入份额的影响，包括本章关注的国有企业比重和技术进步的问题。他们的研究结果显示，FDI 和民营经济比重都对劳动收入占比有显著为负的影响，经济发展水平对劳动收入占比的影响是"U"形的。虽然他们的研究也考察了技术进步对劳动收入占比的作用，但是使用的指标是资本产出比、单位从业人员的产出水平，与偏向性技术进步的定义有一定的差异。

综上，国内学者虽然对劳动收入占比的变化做了很多有意义的探讨，但是有关偏向性技术进步与劳动收入占比之间的研究则并不多见，特别是均没有通过直接测算偏向性技术进步指标来进行实证上的分析。为此，本章利用中国的省际数据测算各省技术进步的偏向指数，并检验技术进步偏向对劳动收入占比的影响，以研究中国的技术进步偏向在劳动收入占比下降过程中所起到的作用。

第三节 偏向性技术进步估算方法

如前文所述，León-Ledesma 等（2010）证明了建立在供给面上的 CES 生产函数标准化系统方法最为稳健，因此本章将采用该方法进行省级层面和行业层面的要素偏向性技术进步的测算。假设一个含有劳动要素、资本要素、劳动增强型技术和资本增强型技术的生产函数 $Y = F(A_t, K_t, B_t, N_t)$，其中，$A_t$、$B_t$ 分别为劳动增强型技术和资本增强型技术，表示技术进步带来的劳动和资本生产效率的增加，K_t、N_t

分别代表资本和劳动两种生产要素。在该生产函数中，技术进步偏向可表示为 $\dfrac{\partial(F_K/F_N)}{\partial(A/B)}$，代表技术进步如何影响劳动与资本边际报酬之比。

文献一般采用 CES 生产函数来研究技术偏向问题。相比 Cobb-Douglas（柯布-道格拉斯）生产函数，CES 生产函数放松了对要素替代弹性 σ 的假定，$\sigma\in[0,+\infty)$。生产函数和技术进步偏向的表达式为

$$Y_t = C\left[(1-\alpha)(A_t N_t)^{\frac{\sigma-1}{\sigma}} + \alpha(B_t K_t)^{\frac{\sigma-1}{\sigma}}\right]^{\frac{\sigma}{\sigma-1}} \qquad (4\text{-}1)$$

$$\frac{\partial(F_K/F_N)}{\partial(B_t/A_t)} = \frac{\alpha}{1-\alpha}\left(\frac{K}{N}\right)^{-\frac{1}{\sigma}}\frac{\sigma-1}{\sigma}\left(\frac{B_t}{A_t}\right)^{-\frac{1}{\sigma}} \qquad (4\text{-}2)$$

因此，给定 K 和 N，只有当资本和劳动的替代弹性 σ 大于 1 时式（4-2）大于 0，B_t/A_t 上升意味着技术进步是偏向资本的，当 σ 小于 1 时，B_t/A_t 上升意味着技术进步是偏向劳动的。当资本和劳动的替代弹性 σ 等于 1 时，技术进步是中性的。式（4-2）也说明了，度量技术进步的偏向，首要的是算出要素份额 α 和要素替代弹性 σ。

一、计算要素替代弹性

对式（4-1）求一阶条件，得到对数线性化的一阶条件为

$$\text{K\_FOC:}\quad \log\frac{Y_t}{K_t} = a_1 + \sigma\log(r_t) + \theta_K(1-\sigma)t \qquad (4\text{-}3)$$

$$\text{N\_FOC:}\quad \log\frac{Y_t}{N_t} = a_2 + \sigma\log(w_t) + \theta_N(1-\sigma)t \qquad (4\text{-}4)$$

其中，θ_N 为劳动效率增长率，$\theta_N = d\ln A_t = \dfrac{dA_t}{A_t}$；$\theta_K$ 为资本效率增长率，$\theta_K = d\ln B_t = \dfrac{dB_t}{B_t}$；$w$ 和 r 分别为真实工资率和真实利率。

我们并不直接对方程组式（4-3）和式（4-4）进行估计，而是采用标准化供给面系统法。标准化供给面系统法的核心思想是将 CES 生产函数与上面两个一阶条件联立形成一个供给面系统，即联立式（4-1）、式（4-3）、式（4-4）三个方程。式（4-1）是 CES 生产函数本身，式（4-3）、式（4-4）分别是最优化的资本使用水平和最优化的劳动使用水平。然后再对此供给面系统进行标准化。在现有研究中，首先是 de La Grandville（1989）、Klump 和 de La Grandville（2000）指出了 CES 生产函数标准化的重要性。随后，Klump 等（2007）改进了对 CES 生产函数

进行标准化的方法，并使用供给面系统测算了美国的要素替代弹性。最后，León-Ledesma 等（2010）比较了各种现行的测量方法，利用蒙特卡罗实验证明了供给面标准化系统法是估计要素替代弹性最为稳健的方法。Klump 等（2007）指出，采用供给面标准化系统法的原因主要有两个：第一，替代弹性不同的 CES 生产函数不可比，而通过标准化变换之后，不同弹性的 CES 生产函数在某一点恒成立，使得标准化后的 CES 生产函数变为同族函数（functions of a family），可以进行比较。第二，在 CES 生产函数中，要素份额 α 与要素替代弹性 σ 是无关的，但是未经标准化时可以解得 α 是 σ 的函数，这与 CES 的函数特征是矛盾的，经过标准化之后，该问题可以得到解决。遵从 Klump 等（2007）的做法，我们将 Y、K 和 N 对基准值 Y_0、K_0 和 N_0 做除法，不失一般性地，可将两种要素增强型技术 A_t 和 B_t 的基准水平设为 1，则可将式（4-1）标准化为式（4-5）：

$$Y_t = Y_0 \left[\alpha_0 \left(\frac{B_t K_t}{K_0} \right)^{\frac{\sigma-1}{\sigma}} + (1-\alpha_0) \left(\frac{A_t N_t}{N_0} \right)^{\frac{\sigma-1}{\sigma}} \right]^{\frac{\sigma}{\sigma-1}} \quad (4\text{-}5)$$

在标准化的过程中，基期如何选择是个重要的问题，Klump 等（2007）在文章中提出了解决这一问题的很好的方法，即引入调整系数 ξ，使 $\xi \bar{Y} = Y_0$，$\bar{N} = N_0$，$\bar{K} = K_0$，$\bar{t} = t_0$。调整系数使生产函数左右两边相等，则系统被标准化为

$$\log\left(\frac{Y_t}{\bar{Y}}\right) = \log(\xi) + \frac{\sigma}{\sigma-1} \left[\begin{array}{l} \log(1-\alpha)\left[\frac{N_t}{\bar{N}}\exp\left[\left(\bar{t}\frac{\gamma_N}{\lambda_N}\right)\left[\left(\frac{t}{\bar{t}}\right)^{\lambda_N}-1\right]\right]\right]^{\frac{\sigma-1}{\sigma}} \\ + \log\alpha\left[\frac{K_t}{\bar{K}}\exp\left[\left(\bar{t}\frac{\gamma_K}{\lambda_K}\right)\left[\left(\frac{t}{\bar{t}}\right)^{\lambda_K}-1\right]\right]\right]^{\frac{\sigma-1}{\sigma}} \end{array} \right] \quad (4\text{-}6)$$

$$\log(w_t) = \log(1-\alpha) + \log\left(\frac{\bar{Y}}{\bar{N}}\right) + \frac{\sigma-1}{\sigma}\log(\xi) - \frac{\sigma-1}{\sigma}\log\left(\frac{Y_t/\bar{Y}}{N_t/\bar{N}}\right)$$
$$+ \frac{\sigma-1}{\sigma}\left[\left(\bar{t}\frac{\gamma_N}{\lambda_N}\right)\left[\left(\frac{t}{\bar{t}}\right)^{\lambda_N}-1\right]\right] \quad (4\text{-}7)$$

$$\log(r_t) = \log\alpha + \log\left(\frac{\bar{Y}}{\bar{K}}\right) + \frac{\sigma-1}{\sigma}\log(\xi) - \frac{\sigma-1}{\sigma}\log\left(\frac{Y_t/\bar{Y}}{K_t/\bar{K}}\right)$$
$$+ \frac{\sigma-1}{\sigma}\left[\left(\bar{t}\frac{\gamma_K}{\lambda_K}\right)\left[\left(\frac{t}{\bar{t}}\right)^{\lambda_K}-1\right]\right] \quad (4\text{-}8)$$

上式的要素效率增长率被设定为 Box-Cox 型的增长率。Klump 等（2007）、McAdam 和 Willman（2004）、León-Ledesma 等（2010）的文献中使用 Box-Cox 型变换的原因有两个：第一，在这种设定下，要素效率的增长率可以随时间变化

而变化，比通常设定的常数增长率更为一般化；第二，Box-Cox变换可用于连续的响应变量不满足正态分布的情况，变换之后可以在一定程度上减小不可观测的误差和预测变量的相关性，能够提高模型估计要素替代弹性的准确性，以更精确地测算偏向性技术进步。Box-Cox变换形式为

$$\theta_i(\gamma_i, \lambda_i, t, \bar{t}) = \frac{\gamma_i}{\lambda_i} \bar{t} \left[\left(\frac{t}{\bar{t}} \right)^{\lambda_i} - 1 \right], \quad i = K, N \tag{4-9}$$

其中，γ为要素效率的增长参数；λ为要素效率的曲率。式（4-6）～式（4-8）即为完整的标准化供给面系统法。估计这个系统可得到σ、γ、λ、ξ和α的取值。

二、定义技术进步偏向指数

我们沿用了Acemoglu（2002a）、戴天仕和徐现祥（2010）的定义计算技术进步偏向指数。ε_t为资本和劳动的边际产出比，其表达式为

$$\varepsilon_t = \frac{\partial Y / \partial K}{\partial Y / \partial N} = \frac{\alpha}{1-\alpha} \left(\frac{B_t}{A_t} \right)^{\frac{\sigma-1}{\sigma}} \left(\frac{N_t}{K_t} \right)^{\frac{1}{\sigma}} \tag{4-10}$$

根据要素偏向性技术进步的定义，如果要素增强型技术的相对进步会引起资本劳动边际产出比上升（或下降），则技术进步就是有偏向的。根据定义，可得到技术进步偏向指数D_t，其表达式为

$$D_t \equiv \frac{1}{\varepsilon_t} \frac{\partial \varepsilon_t}{\partial (B_t / A_t)} \frac{d(B_t / A_t)}{dt} = \frac{\sigma - 1}{\sigma} \frac{A_t}{B_t} \frac{d(B_t / A_t)}{dt} \tag{4-11}$$

由式（4-10）可以看出，ε_t为资本的边际产出与劳动的边际产出的比值，$\frac{\partial \varepsilon_t}{\partial (B_t / A_t)}$表示在其他条件不变时，技术水平$\left(\frac{B_t}{A_t}\right)$的一单位变化会对资本劳动边际产出比（$\varepsilon_t$）产生多大的影响。因此，以对技术进步产生的偏效应的大小进行合理的判断。式（4-11）将技术进步偏向分解为t时期技术水平的变化和单位技术水平变化对资本劳动边际产出比增长率的影响程度，而式（4-11）中的$\frac{1}{\varepsilon_t}$是要素边际产出比的倒数，用来将计算出的要素边际产出比的变化量加以标准化，从而可以解释技术进步偏向指数的标准化特征。当D_t大于0时，意味着技术进步（$\frac{B_t}{A_t}$的变化）使得资本的边际产出比劳动的边际产出（ε_t）在上升，即资本的边际产出增长超过劳动的边际产出增长，这种情况为技术进步偏向资本。当D_t小于0时，意味着技术进步使得资本的边际产出比劳动的边际产出（ε_t）在下降，即劳动的边际产出增长超过资本的边际产出增长，这种情况为技术进步偏向劳动。

我们可以用 A_t、B_t 和替代弹性来计算这个技术进步偏向指数，然而劳动增强型技术 A_t 和资本增强型技术 B_t 是未知的。在供给面标准化系统里，我们曾有一个最优化产量的假设，沿用这个假设，劳动与资本按照边际产出获得报酬，则

$$\frac{r_t}{w_t} = \varepsilon_t = \frac{\alpha}{1-\alpha}\left(\frac{B_t}{A_t}\right)^{\frac{\sigma-1}{\sigma}}\left(\frac{N_t}{K_t}\right)^{\frac{1}{\sigma}} \tag{4-12}$$

代入 CES 生产函数中，得到劳动增强型技术和资本增强型技术的计算公式：

$$A_t = \frac{Y_t}{N_t}\left[\frac{w_t N_t}{(1-\alpha)(w_t N_t + r_t K_t)}\right]^{\frac{\sigma}{\sigma-1}} \tag{4-13}$$

$$B_t = \frac{Y_t}{K_t}\left[\frac{r_t K_t}{\alpha(w_t N_t + r_t K_t)}\right]^{\frac{\sigma}{\sigma-1}} \tag{4-14}$$

其中，$w_t N_t$ 和 $r_t K_t$ 分别为劳动报酬和资本报酬。

三、技术进步偏向指数的计算方法

根据以上的标准化系统和技术进步偏向指数的定义，技术进步偏向指数具体算法如下：第一步，利用式（4-6）～式（4-8）的标准化系统估计出资本和劳动的替代弹性（σ）和基期要素密度（α）；第二步，利用式（4-13）、式（4-14）计算 A_t 和 B_t；第三步，利用式（4-10）计算 ε_t；第四步，利用式（4-10）求出 $\frac{\partial \varepsilon_t}{\partial(B_t/A_t)}$ 的函数形式，并将数值代入求得 $\frac{\partial \varepsilon_t}{\partial(B_t/A_t)}$；第五步，由于样本中的时间是离散的，因此 $\frac{\mathrm{d}(B_t/A_t)}{\mathrm{d}t} = \frac{B_t}{A_t} - \frac{B_{t-1}}{A_{t-1}}$。

第四节 相关数据与变量说明

一、省际数据说明

（一）资本存量的计算

资本投入的数据为各省区市的资本存量，本章采用 Goldsmith（1951）提出的永续盘存法估算我国省级层面的资本存量数据。永续盘存法的公式为

$$K_{i,t} = K_{i,t-1}(1-\delta) + I_{i,t} \tag{4-15}$$

由式（4-15）可知，要计算资本存量数据，需要的数据有当年固定资本投资额、初始固定资本存量、投资品价格指数和折旧率四个指标。其中，本章采用每年的

固定资本形成额来计算资本存量。初始固定资本存量则采用 Hall 和 Jones（1999）提出的方法，1953 年的初始资本存量利用 1953 年的投资比上 1953～1963 年投资的平均增长率与折旧之和来估计。投资品价格指数采用《中国国内生产总值核算历史资料：1952—1995》《中国国内生产总值核算历史资料：1952—2004》《中国统计年鉴》中的统计数据。另外，与大多数文献类似，本章假设资本的年折旧率为 5%。

（二）劳动投入数据

使用各省区市年末就业人数作为本年度就业人数的度量指标，这与大多数学者的处理方法一致。

（三）劳动报酬和资本报酬

我国的要素收入分配份额在国民收入核算体系中被分为劳动者报酬、生产税净额、固定资产折旧和营业盈余这四类。《中国统计年鉴》从 1995 年开始提供全国 30 个省区市的收入法核算的地区生产总值数据，包括各省区市当年的劳动者报酬、生产税净额、固定资产折旧和营业盈余。《中国国内生产总值核算历史资料》提供了与之口径相同的 1978 年后的各省区市收入法核算数据。本章采用省际收入法核算 GDP 进行估算。

地区生产总值按收入法分为四项：劳动者报酬（NR）、生产税净额（NT）、固定资产折旧（DE）和营业盈余（P）四类。显然劳动者报酬应归于劳动报酬，固定资产折旧属于固定资产价值的转移，属于资本报酬。

根据 Abel 等（1989）、Gollin（2002）、白重恩等（2007）、戴天仕和徐现祥（2010）、郭熙保和罗知（2010）、樊纲和姚枝仲（2002）的研究，营业盈余被划归为资本所得。营业盈余的定义是常住单位创造的增加值扣除劳动者报酬、生产税净额和固定资产折旧之后的余额，其相当于全国的产值中剔除掉中间投入、劳动者报酬、固定资产折旧和税收，类似于企业的净利润额[①]。

关于生产税净额项目，生产税净额等于生产税减去补贴，生产税包括营业税、增值税、消费税、烟酒专卖专项收入、进口税、固定资产使用税、车船使用税、印花税、排污费、教育费附加、水电费附加等。在生产税中，营业税和增值税属于资本所得，但是消费税、车船使用税等一部分则是由消费者承担的，甚至完全由消费者承担，应该计入劳动所得。然而，在地区层面的数据中，我们无法从生产税种区分出各种税种的实际金额，导致生产税的处理是一个难点。雷钦礼（2013）将税率包含进一阶条件联立方程组模型中，一方面避免了生产税净额人为摊入产

[①] 值得注意的是，按照国家统计局的统计口径，非个体业主的收入已经计入劳动者报酬，个体业主的收入在 2004 年之前计入了劳动者报酬，2004 年之后由于与经营利润不好区分，被计入营业盈余。

生的扭曲，另一方面可以得到税收对要素替代弹性和劳动资本报酬的影响。戴天仕和徐现祥（2010）的方法是将生产税净额等比例平摊入劳动者报酬、固定资产折旧和营业盈余三项，然后得到相应的劳动报酬和资本报酬。这种等比例平摊的方法实际上是将税收看作一次性总付税，即税收不会造成经济的扭曲。郭熙保和罗知（2010）在估算中国省际资本边际报酬时，将地方和中央的各类间接税分离，然后摊入相应的劳动报酬和资本报酬中。经过这种方法处理的数据更加接近原始的劳动报酬和资本报酬数据，但由于国家统计局公开提供的数据是从1990年开始，所以这个方法无法用来处理1990年以前的数据，不适用于本章的研究。雷钦礼（2013）的方法同样不适合本章的研究，因为他采用的是一阶条件联立方程组法，可以将税收纳入计量模型，但本章采用的标准化系统法中包含CES生产函数本身，将税收纳入生产函数是没有意义的。因此，本章沿用戴天仕和徐现祥（2010）的劳动报酬和资本报酬处理方法，将生产税净额按照其他三项项目现有的比例进行等比例分配。则有

$$\begin{aligned}
&\text{劳动报酬：} wN = \text{NR} + \frac{\text{NR}}{\text{NR} + \text{DE} + P}\text{NT} \\
&\text{资本报酬：} rK = \text{DE} + P + \frac{\text{DE} + P}{\text{NR} + \text{DE} + P}\text{NT}
\end{aligned} \quad (4\text{-}16)$$

（四）数据来源

计算资本存量所用到的数据中，1952～2008年的数据来自《新中国六十年统计资料汇编》，2009～2012年的数据来自各省区市统计年鉴。劳动力投入和省际收入法核算的地区生产总值数据中，1978～1992年的数据来自《中国国内生产总值核算历史资料：1952—1995》，1993～2004年的数据来源为《中国国内生产总值核算历史资料：1952—2004》，2004年以后的数据来源为历年各省区市统计年鉴。其中，由于2008年是数据普查年份，部分省区市当年的收入法核算地区生产总值未录入统计年鉴中，因此2008年数据由相邻的2007年和2009年的数据取平均数得到。

由于历史原因，西藏和海南的收入法地区生产总值缺失严重，因此本章的研究样本中不包含西藏和海南。此外，重庆于1996年之后才从四川分离，因此将四川和重庆的数据合并，作为一个地区来进行计算。

二、行业数据说明

（一）固定资本存量

中国工业企业数据库中报告了各企业的固定资产原值、生产用固定资产原值、固定资产净值年平均额、累计折旧和本年折旧等指标。这些数据均为账面价值，如

果不对资本进行处理,将导致企业与企业之间、同一企业年与年之间不可比。但问题在于,固定资产购买来自不同年份,而数据中只有固定资产原值的数据,没有购买国家资产年份的数据,因此我们参考 Brandt 等(2012)提供的方法进行估算。

(二)劳动报酬和资本报酬

中国工业企业数据库中没有直接给出劳动报酬和资本报酬的数据,但根据樊潇彦(2004)、舒元等(2010)、CCER"中国经济观察"研究组(2007)的研究,可以通过劳动总收入和资本总收入得到要素报酬份额数据,具体公式如下所示:

劳动总收入=本年应付工资总额+本年应付福利费总额

资本总收入=利润总额+产品销售税金及附加+应交增值税−补贴收入+本年折旧

其中,2004 年之后数据库不再报告产品销售税金及附加,该科目变更为主营税金及附加。CCER"中国经济观察"研究组(2007)指出,计算资本回报的思路是,资本回报可以分解为资本所有者收益(即净利润)和社会收益(即相关政府税收)两个部分。其中,社会收益以税收形式体现,包括产品销售税金及附加、企业增值税和企业所得税,而净利润加上企业所得税为企业利润总额,所以"利润总额+企业销售税金及附加+企业增值税"是资本所有者收益加社会收益。但除此之外,还应考虑企业补贴因素的影响,如果特定企业或特定行业整体获得补贴收入,这会增加资本权益回报,因而考虑社会回报时应扣除这一转移收入。同时,还要考虑折旧问题,固定资产折旧代表固定资产在生产过程中起到的作用(将价值转移到产品上,中间投入不包括固定资产),可以看作固定资产得到的收益,因此也要计入资本的收入中。此外,利润总额完全划归为资本总收入的原因是,如果劳动者(包括生产者和经营者)参加了企业利润的分配,那么所有以现金和实物形式的分配均计入了本年应付工资总额和本年应付福利费总额之中,如果以股权激励的形式给予分配,则劳动者成为股东,这部分收入就应该计入资本所得。同时,劳动报酬包括本年应付工资总额和本年应付福利费总额之和,应付工资总额是税前工资,即劳动收入中已经包含了个人所得税,而资本所有者的收入自然计入资本所得。

劳动报酬的份额和资本报酬的份额计算公式为。

$$
劳动报酬的份额 = \frac{劳动总收入}{劳动总收入+资本总收入} \\
资本报酬的份额 = \frac{资本总收入}{劳动总收入+资本总收入}
\quad (4\text{-}17)
$$

在数据处理过程中发现,中国工业企业数据库中造纸业 2001 年的劳动报酬和资本报酬数据异常,因此本章计算的行业技术进步偏向不包含造纸业。

第五节 偏向性技术进步估计结果及分析

估计式（4-6）～式（4-8）采用的方法是可行的广义非线性最小二乘法（feasible generalized nonlinear least squares，FGNLS）。非线性回归对模型参数的初始值敏感度相当高，参考 León-Ledesma 等（2010）、戴天仕和徐现祥（2010）的做法，将替代弹性的初始值设定为 0.7，资本密集度的初始值设定为 0.4，劳动效率和资本效率的增长率初始值都设定为 1，调整系数的初始值设定为 1。使用近似不相关回归（seemingly unrelated regression，SUR）法估计这个非线性系统，可以得到要素替代弹性和要素密集度的估计值。然后使用估计值，可以计算出相应的技术进步偏向指数。

一、全样本估算升级技术进步偏向

计算得出的各省区市要素替代弹性如表 4-1 所示。

表 4-1 省际要素替代弹性估计结果

省区市	要素替代弹性	省区市	要素替代弹性	省区市	要素替代弹性
北京	0.942*** (0.009)	浙江	0.958*** (0.011)	贵州	0.896*** (0.016)
天津	0.659*** (0.015)	安徽	0.853*** (0.02)	云南	0.985*** (0.004)
河北	1.000*** (0.001)	福建	0.968*** (0.007)	陕西	0.703*** (0.012)
山西	0.963*** (0.011)	江西	0.769*** (0.02)	甘肃	0.971*** (0.006)
内蒙古	0.632*** (0.014)	山东	0.899*** (0.025)	青海	0.852*** (0.01)
辽宁	0.809*** (0.014)	河南	0.794*** (0.014)	宁夏	0.992*** (0.006)
吉林	0.667*** (0.024)	湖北	0.613*** (0.011)	新疆	0.956*** (0.021)
黑龙江	0.911*** (0.019)	湖南	0.810*** (0.018)	四川	0.735*** (0.009)
上海	0.782*** (0.008)	广东	0.964*** (0.007)		
江苏	0.974*** (0.005)	广西	0.973*** (0.012)		

注：括号内数字为回归标准误
***$p<0.01$

表 4-1 显示，省际要素替代弹性的均值为 0.858，标准差为 0.124，最小值和最大值分别为 0.613 和 1.000 338[①]，说明省际要素替代弹性还是存在一些差异。河北的要素替代弹性为 1.000 338，虽然该数值大于 1，但是资本和劳动之间的替代关系非常微弱。同时，很多省区市的替代弹性与 1 非常接近，替代弹性在 0.95～0.96 的有浙江和新疆，在 0.96～0.97 的有山西、福建、广东，在 0.97～0.98 的有江苏、广西和甘肃，在 0.98～0.99 的有云南，在 0.99～1.00 的有宁夏。要素之间的关系究竟是替代、互补或者希克斯中性是通过比较要素替代弹性与 1 之间的关系来判断的，上述 11 个省区的要素替代弹性都接近于 1，说明资本和劳动之间的互补关系或替代关系也非常微弱。应该说，以上 11 个省区的资本和劳动之间非常接近希克斯中性。而天津、内蒙古、吉林和湖北四省区市的要素替代弹性小于 0.7，相比其他省区市，这些省区市生产要素之间的互补性更强。

将本章的要素替代弹性估计结果与戴天仕和徐现祥（2010）、雷钦礼（2013）的估计结果进行比较发现，本章结果同戴天仕和徐现祥（2010）的估计结果基本一致，大部分省区市替代弹性在 0.6～0.9 波动，替代弹性均值为 0.858，而戴天仕和徐现祥（2010）通过对全国数据的估计得出替代弹性均值为 0.736。雷钦礼（2013）的估算结果则更小一些，所算出的替代弹性在 0.3～0.4，与本章的估算结果相差较大。本章的估计同戴天仕和徐现祥（2010）、雷钦礼（2013）的均有许多区别。戴天仕和徐现祥（2010）是使用 1978 年到 2005 年的全国数据进行的估算，而本章将样本期延长到 2012 年，且使用的是省级数据，测算结果为省际的要素替代弹性。与雷钦礼（2013）的研究果相比，本章在测算方法和使用数据上均有不同，雷钦礼（2013）使用的是一阶条件联立方程组的测算方法，假设了技术的线性增长模式，并且没有进行函数的标准化处理，且使用的数据是 1990 年到 2012 年的全国数据。

根据上文中技术偏向指数的计算方法，可计算技术进步偏向指数 D_t，结果见表 4-2～表 4-4。

表 4-2　东部各省市技术进步偏向指数 D_t

年份	北京	天津	江苏	浙江	福建	山东	广东	上海
1979	−0.069	−0.007	−0.021	−0.058	−0.089	−0.094	−0.040	−0.021
1980	−0.006	0.190	0.030	0.050	0.076	−0.074	−0.001	0.030
1981	−0.003	0.133	−0.007	−0.044	0.043	−0.100	0.016	−0.007
1982	−0.093	−0.009	−0.037	−0.045	−0.071	0.058	−0.026	−0.037
1983	0.069	0.080	0.027	0.009	0.075	−0.126	0.031	0.027
1984	0.032	−0.226	−0.107	−0.018	−0.010	0.076	0.028	−0.107

---

① 根据表 4-1 得到。河北要素替代弹性精确值为 1.000 338，表 4-1 中保留了三位小数。

续表

年份	北京	天津	江苏	浙江	福建	山东	广东	上海
1985	0.022	0.342	0.239	0.052	0.059	−0.138	0.002	0.239
1986	−0.093	−0.345	−0.248	−0.040	0.006	0.134	0.060	−0.248
1987	−0.040	0.230	−0.016	0.047	0.020	0.077	0.057	−0.016
1988	0.009	0.226	0.026	−0.061	−0.019	0.068	−0.011	0.026
1989	−0.058	−0.043	−0.030	0.023	−0.028	0.060	0.067	−0.030
1990	−0.128	−0.415	0.028	−0.051	−0.040	−0.066	0.011	0.028
1991	0.019	0.063	−0.030	0.048	0.074	0.055	0.034	−0.030
1992	0.004	0.254	−0.265	−0.060	0.078	0.176	0.044	−0.265
1993	−0.148	0.070	0.342	0.038	0.075	0.033	0.079	0.342
1994	−0.016	−0.001	0.161	−0.062	−0.057	0.041	0.018	0.161
1995	0.063	0.003	−0.024	0.052	0.054	0.007	0.047	−0.024
1996	0.025	−0.090	0.067	−0.045	0.071	0.062	0.012	0.067
1997	0.021	−0.034	0.122	−0.046	−0.064	−0.086	0.057	0.122
1998	0.005	0.024	−0.008	0.008	0.033	−0.040	−0.080	−0.008
1999	−0.004	0.127	−0.035	−0.019	0.009	0.001	0.059	−0.035
2000	0.015	0.351	0.042	0.048	−0.087	−0.093	0.066	0.042
2001	0.018	0.124	−0.019	−0.040	0.054	−0.030	0.065	−0.019
2002	−0.030	0.114	−0.049	0.045	0.067	0.009	−0.021	−0.049
2003	−0.015	0.234	0.114	−0.057	0.021	0.020	0.067	0.114
2004	−0.045	0.165	0.094	0.024	−0.012	0.124	0.068	0.094
2005	−0.064	0.101	−0.029	−0.056	0.016	−0.010	0.036	−0.029
2006	0.042	0.094	−0.004	0.048	−0.030	0.063	0.030	−0.004
2007	0.048	0.074	0.074	−0.058	0.027	−0.053	0.002	0.074
2008	−0.137	−0.163	−0.202	0.048	−0.068	−0.207	−0.085	−0.202
2009	0.032	0.048	−0.027	−0.055	0.065	−0.165	0.019	−0.027
2010	0.079	0.057	0.031	−0.059	0.028	0.165	0.046	0.031
2011	−0.006	0.104	−0.012	−0.010	−0.081	0.057	−0.067	−0.012
2012	−0.084	0.039	−0.070	−0.017	−0.046	0.020	−0.067	−0.070

注：河北数据缺失。

表 4-3　中部和东北地区各省份技术进步偏向指数 D_t

年份	山西	江西	河南	湖北	湖南	安徽	辽宁	吉林	黑龙江
1979	−0.029	0.029	−0.055	−0.094	−0.038	−0.015	−0.065	0.149	0.082
1980	0.057	0.023	0.050	0.210	0.071	−0.088	0.003	−0.002	−0.081

续表

年份	山西	江西	河南	湖北	湖南	安徽	辽宁	吉林	黑龙江
1981	−0.080	0.013	−0.086	−0.051	−0.023	−0.162	−0.066	−0.044	−0.142
1982	−0.061	−0.040	0.073	−0.056	−0.054	0.077	−0.104	−0.118	0.018
1983	0.056	0.029	0.003	0.074	0.068	0.155	−0.037	−0.144	−0.002
1984	−0.069	−0.088	0.061	0.133	−0.053	−0.053	0.039	0.193	−0.165
1985	0.068	0.170	0.003	0.192	0.060	0.097	0.177	0.236	0.056
1986	0.069	0.119	−0.088	0.052	0.034	0.034	0.078	−0.042	−0.192
1987	0.067	−0.081	−0.004	0.084	0.060	0.093	0.069	0.207	0.062
1988	−0.038	0.266	0.155	0.160	−0.114	0.106	−0.026	0.059	0.142
1989	−0.064	0.036	0.211	−0.095	−0.063	−0.023	0.076	0.197	−0.038
1990	−0.068	−0.131	−0.077	−0.155	0.258	−0.272	−0.188	−0.435	0.080
1991	−0.073	0.209	0.036	0.110	−0.045	0.217	0.060	0.109	0.130
1992	0.071	−0.186	0.154	0.426	0.291	0.037	−0.037	0.409	0.155
1993	0.067	0.039	0.177	0.257	0.066	−0.253	0.071	−0.049	0.148
1994	−0.041	−0.069	−0.352	0.080	−0.255	0.206	0.012	−0.325	0.005
1995	0.037	0.184	0.132	−0.209	−0.244	0.038	−0.069	0.167	−0.209
1996	−0.024	−0.066	0.096	−0.289	0.089	0.041	−0.164	−0.091	−0.034
1997	0.040	−0.134	0.149	−0.034	−0.004	−0.041	−0.023	−0.074	0.043
1998	−0.013	0.106	0.169	0.109	0.180	0.127	−0.021	0.039	−0.002
1999	0.027	−0.004	0.094	0.167	0.148	0.138	0.093	0.138	0.036
2000	−0.002	0.010	0.095	0.112	−0.040	0.122	0.175	0.059	0.141
2001	0.016	0.099	0.056	0.154	0.031	0.146	0.067	−0.383	−0.148
2002	−0.008	0.076	0.121	0.057	0.086	0.023	0.020	0.168	−0.054
2003	0.069	0.158	0.176	0.264	0.137	0.176	−0.024	0.072	0.034
2004	0.070	0.332	0.041	0.474	0.284	−0.031	0.115	0.396	0.126
2005	0.004	0.094	0.051	0.065	0.071	−0.041	0.047	0.156	0.033
2006	−0.004	0.067	0.163	0.251	−0.045	0.041	0.109	0.207	0.022
2007	0.072	0.063	0.070	0.095	0.054	0.069	0.128	0.261	−0.011
2008	−0.064	−0.001	−0.230	−0.022	−0.323	−0.150	−0.204	0.203	−0.099
2009	−0.086	0.135	−0.191	−0.033	0.146	−0.115	−0.162	0.110	−0.082
2010	0.066	−0.118	0.126	0.331	0.033	0.088	0.059	0.182	0.110
2011	−0.073	0.130	0.082	−0.112	0.062	0.083	0.122	0.129	0.012
2012	−0.075	0.116	−0.064	0.069	0.065	0.000	−0.058	0.091	−0.098

表 4-4　西部各省区技术进步偏向指数 D_t

年份	贵州	云南	陕西	甘肃	青海	宁夏	新疆	四川	广西	内蒙古
1979	−0.118	0.018	0.017	−0.048	−0.014	0.015	−0.010	0.094	−0.058	0.042
1980	−0.122	0.029	0.009	−0.019	−0.048	−0.016	−0.081	−0.005	−0.052	0.181
1981	−0.183	−0.031	−0.104	0.047	0.050	−0.016	−0.035	0.045	0.050	−0.046
1982	0.052	0.022	0.028	−0.034	−0.019	0.003	−0.018	−0.029	−0.055	0.001
1983	0.146	0.029	0.038	−0.059	0.051	−0.016	−0.006	0.081	0.044	0.124
1984	0.084	−0.013	0.020	0.051	0.154	0.016	−0.037	0.095	0.041	0.072
1985	−0.042	0.018	0.118	0.032	−0.016	0.015	0.049	−0.023	0.048	0.112
1986	−0.195	0.029	0.104	0.051	−0.105	−0.016	0.073	0.079	−0.040	0.108
1987	0.019	0.028	0.069	−0.003	0.049	0.016	0.024	0.125	0.030	0.075
1988	0.108	−0.034	0.135	0.035	0.106	0.014	−0.058	0.138	0.050	0.100
1989	−0.093	0.021	−0.089	0.053	−0.041	0.016	−0.070	0.011	0.029	0.038
1990	−0.045	−0.032	−0.020	−0.049	0.141	0.003	0.070	−0.017	0.010	−0.043
1991	0.152	0.029	0.012	0.051	−0.238	0.015	0.043	0.132	0.029	0.125
1992	0.176	0.027	0.201	−0.065	0.199	0.016	−0.033	−0.017	−0.060	0.115
1993	−0.209	0.026	0.037	0.054	0.012	0.016	−0.019	0.093	0.051	−0.245
1994	−0.129	0.031	0.201	0.027	0.107	0.016	0.084	0.063	−0.064	0.161
1995	−0.130	−0.033	0.055	0.047	0.019	−0.017	−0.102	0.093	−0.062	0.190
1996	0.057	−0.033	0.191	−0.063	−0.211	−0.015	−0.088	0.054	0.050	0.186
1997	0.037	0.023	0.096	0.053	−0.054	0.016	0.012	−0.056	−0.058	0.101
1998	−0.129	0.029	0.048	0.040	0.153	−0.017	−0.084	0.064	0.045	−0.023
1999	0.016	−0.033	0.123	0.010	0.019	−0.015	0.075	−0.076	0.047	0.181
2000	0.165	0.027	−0.170	−0.065	−0.023	0.012	0.073	0.099	0.043	0.221
2001	0.139	−0.032	0.076	0.055	0.177	0.016	−0.098	0.068	0.028	0.123
2002	0.036	0.026	0.221	0.055	0.130	−0.009	0.059	0.019	0.025	0.106
2003	0.087	−0.016	0.241	0.056	0.111	0.017	0.024	0.155	0.052	0.230
2004	0.170	0.030	0.297	0.049	0.100	0.017	0.079	0.369	0.048	0.355
2005	0.018	−0.033	0.041	0.052	0.160	0.016	0.077	0.231	−0.007	0.311
2006	0.075	0.030	0.196	−0.066	0.072	0.012	0.082	0.159	0.052	0.181
2007	−0.008	0.012	0.167	0.057	0.057	0.016	−0.009	0.065	−0.033	0.392
2008	−0.196	−0.034	−0.350	−0.067	−0.300	−0.019	−0.104	−0.026	−0.065	−0.254
2009	−0.148	0.028	0.015	0.048	−0.102	−0.017	−0.098	−0.047	−0.063	−0.135
2010	0.043	0.029	0.320	−0.067	0.235	−0.018	0.081	0.120	0.000	0.259
2011	0.021	−0.034	0.111	0.053	0.058	0.015	0.022	0.200	0.055	0.123
2012	−0.091	−0.034	0.127	−0.006	0.177	0.013	−0.070	0.080	0.055	0.107

表 4-2、表 4-3、表 4-4 分别为东部、中部和东北地区、西部各省区市以 1978 年为基年，1979 年至 2012 年的技术进步偏向指数。结果显示，1979~1982 年技术进步偏向指数大多呈现负值，表明这一时期的技术进步是偏向劳动的，资本边际产量相对下降，劳动的边际产量相对上升，这与傅晓霞和吴利学（2013）得到的结果类似。1983~2012 年，技术进步偏向指数大多为正数，技术进步偏向资本，资本的边际产出相对增加，这与戴天仕和徐现祥（2010）的研究结果保持高度一致。

值得注意的是，表 4-2~表 4-4 中技术进步偏向指数 D_t 的数值和符号都在发生变化，但这并不表示估算出的结果不稳健。从 D_t 的表达式（4-11）来看，D_t 的符号取决于两个因素：一个是 $\frac{\sigma-1}{\sigma}$，另一个是 $\frac{d(B_t/A_t)}{dt}$（$\frac{B_t}{A_t}$ 始终为正数，所以不考虑）。其中 σ 是利用标准化系统估计出来的，对于整个样本期而言是保持不变的，因此 $\frac{\sigma-1}{\sigma}$ 的符号和大小在整个样本期会保持不变。因此，一些省区市 D_t 符号不断发生变化其实是由 $\frac{d(B_t/A_t)}{dt}=\frac{B_t}{A_t}-\frac{B_{t-1}}{A_{t-1}}$ 引起的，该变量的符号与 $\frac{B_t}{A_t}$ 是上升或是下降有关，具体的则是取决于资本投入 K_t、劳动投入 N_t、资本收入 r_tK_t、劳动收入相关 w_tN_t 在样本期中的不断变化。另外，D_t 的大小取决于三个因素：一是 $\frac{\sigma-1}{\sigma}$，二是 $\frac{B_t}{A_t}$，三是 $\frac{d(B_t/A_t)}{dt}$。如前文所述，$\frac{\sigma-1}{\sigma}$ 在样本期内不会发生变化，而 $\frac{B_t}{A_t}$ 和 $\frac{d(B_t/A_t)}{dt}$ 的大小则随经济中实际发生的资本投入 K_t、劳动投入 N_t、资本收入 r_tK_t、劳动收入相关 w_tN_t 的变化不断变化。因此，我们观察到表 4-2~表 4-4 中 D_t 的大小和方向的变化是十分正常的。

更重要的是，就像经济周期理论和经济增长理论一样，前者是经济的短期波动，后者是经济发展的长期趋势，技术偏向指数在短期内的波动虽然很频繁，但是我们更感兴趣的是技术进步偏向的累积效应，即长期技术偏向指数的波动对技术进步偏向的影响。后文我们将对此效应做出详细说明。

目前，解释技术进步要素偏向的理论主要有两种，一种是技术扩散理论，另一种是 Acemoglu（2002b）提出的引致技术进步论。技术扩散理论认为，发达国家通过国际贸易等方式产生的技术扩散效应是后发国家技术进步的主要来源。大量实证研究表明，以美国为例的发达国家技术进步主要是偏向资本的，这有可能导致发展中国家的技术进步也偏向资本。Acemoglu（2002b）的引致技术进步论则通过建立一个包含最终产品、中间产品、消费者和研发部门的四部门模型，将技术的增长内生化，从而得出技术发生偏向的原因。他假定最终产品是由两种不同的中间产品共同生产的,其中一种中间产品主要由资本生产,被称为资本密集品,另一种中间产品相对应地被称为劳动密集品,统称为要素密集品。研发部门供给的新技术也分为资本增强型和劳动增强型,最终得到的要素增强型技术的供给函数为

$$V_Z = \frac{\beta P_Z^{\frac{1}{\beta}} Z}{r} \qquad (4\text{-}18)$$

其中,$Z \in [K, N]$;P_Z 为"要素密集品"的价格。因此,要素增强型技术的供给与要素密集品的价格成正比,且与要素自身的供给成正比,前者被称为价格效应,后者被称为市场规模效应。另有文献考察不同影响因素对技术进步方向的作用。潘士远(2008)研究了 R&D 产品的最优专利保护制度,发现劳动力禀赋结构能够通过专利权影响技术进步的方向。综合这些影响技术进步偏向的因素,可对表 4-2~表 4-4 中的技术进步偏向情况做出解释。

1978 年改革开放政策实施以来,我国经济一直保持着增长的态势,1978 年至 2012 年各省区市人均资本年平均增长率为 16.2%,资本积累增速远高于劳动的增长速度,根据 Acemoglu(2002b)的理论,这一时期我国技术进步应普遍偏向资本。同时,由于发达国家的技术大多是劳动节约型的,因此技术扩散理论也支持技术偏向资本的结论。但计算得到的结果显示,我国 1979 年至 1982 年,技术进步偏向指数主要为负,技术进步偏向劳动。这一现象产生的原因可能是,1979 年至 1982 年我国正处于对外开放的早期阶段,生产方式的变革主要发生在农村地区。这一时期,由于家庭联产承包责任制的实施,投入农业的劳动力显著上升,劳动的生产效率显著提高,技术进步偏向劳动。因此,这一现象与技术进步偏向理论并不矛盾。而 1983 年之后,我国的技术进步普遍偏向资本。从数值上看,1978 年至 2012 年技术进步的偏向效应非常显著,绝大多数年份的技术偏向指数绝对值大于 1%,表明偏向性技术进步导致每年各省区市资本与劳动的边际产出比至少上升 1%。

技术进步偏向也存在地区差异。观察东部、中部、西部、东北地区技术进步偏向指数可以发现,相比中部和东北、西部地区,东部地区技术进步偏向指数的负值更多,即相比中部和东北、西部地区而言技术进步更加中性。中部和西部的技术进步偏向指数正数占比更高,相比东部地区技术进步更加偏向资本。这种技术进步偏向的地区差异同样可以由技术偏向理论解释。东部地区资本积累起步早,发展迅速,但同时东部地区的人力资本水平高,承接国际技术扩散的水平高,且改革开放以来大量劳动力转移到东部,劳动力增加的速度也很迅速。劳动力的大幅增长和人力资本水平的提高使东部省市偏向劳动的技术

进步亦不落后，因此东部地区技术进步无较强的偏向性。相反，中部与西部地区发展起步晚，人力资本水平较低，同时也是劳动力外流区域，再加上中部和西部地区大量承接来自我国东部地区和国外的产业转移，吸纳了许多资本增强型技术，因此技术进步偏向资本。此外，根据 de La Grandville（1989）的假说，资本-劳动替代弹性与经济发展水平成正比，地区经济发展水平越高，要素替代弹性越大，东部地区有更高的要素替代弹性，更加接近希克斯中性技术进步，也就使得技术进步偏向减弱。

二、分段估算各省区市要素替代弹性和技术进步偏向指数

上文利用标准化供给面系统估算了 1978～2012 年各省区市要素替代弹性结果，并计算出相应的技术进步偏向指数，得出了我国各省区市的总体技术进步偏向情况。但以上的要素替代弹性计算结果与已有相关文献的结果相比仍有一定差别。因此，需要对计算结果做稳健性检验。一个有效的办法便是将 1978 年到 2012 年的要素替代弹性分时段再次计算。首先，CES 生产函数是一个常弹性函数，因此本章系统估计出的要素替代弹性是 1978～2012 年各省的总体要素替代弹性，但要素替代弹性在现实中并不是一个不变的常数。最理想的情况是能够得到每一年的要素替代弹性值，但由于统计数据的缺陷，各年份的要素替代弹性通常是不能准确得到的，而细分时段进行计算可以在一定程度上缓解这一问题。细分时段后，整个系统的估算长度变短，替代弹性和每一年的经济数据拟合度更高，测算结果也就更加精确。其次，对于经济高速增长的中国，在不同的发展阶段很可能有不同的经济发展方式，生产函数也不应一成不变。

根据中国改革开放后的标志性事件，本章将样本分为两个阶段：1978 年到 1992 年和 1993 年到 2012 年。第一阶段时间起始为改革开放的开始，终点为邓小平南方谈话，这一阶段为改革开放初期。第二阶段为邓小平南方谈话之后，中国进入深化改革、经济高速增长的阶段，工业经济飞速发展，经济增长速率远高于劳动力扩张，地区间发展差距逐步加大。表 4-5 为细分时段后的要素替代弹性。表 4-5 显示，除了山西、山东和吉林三省之外，其他所有省区市的替代弹性均是小于 1 的。这表明在进行数据分段处理后，要素替代弹性小于 1 的结论依然成立。分段计算后，将各省区市两阶段要素替代弹性的值进行比较，部分省区市两阶段的要素替代弹性相差不大，如浙江、江苏、湖南、广西、云南、甘肃等，表明在两段时间里这些省区市的要素替代效应变化不大。其他省区市第一阶段的要素替代弹性整体大于第二阶段的替代弹性，说明在其他省区市，两个时段的生产模式和生产技术发生了比较大的变化，技术进步类型很可能已经发生变化。

表 4-5　细分时段的标准化系统估计结果

省区市	时段	要素替代弹性	省区市	时段	要素替代弹性	省区市	时段	要素替代弹性
北京	1978~1992 年	0.898***（0.011）	浙江	1978~1992 年	0.902***（0.006）	贵州	1978~1992 年	0.772***（0.014）
	1993~2012 年	0.707***（0.008）		1993~2012 年	0.985***（0.003）		1993~2012 年	0.856***（0.021）
天津	1978~1992 年	0.642***（0.023）	安徽	1978~1992 年	0.891***（0.022）	云南	1978~1992 年	0.989***（0.014）
	1993~2012 年	0.577***（0.024）		1993~2012 年	0.687***（0.008）		1993~2012 年	0.861***（0.01）
河北	1978~1992 年	0.985***（0.01）	福建	1978~1992 年	0.956***（0.001）	陕西	1978~1992 年	0.998***（0.025）
	1993~2012 年	0.618***（0.016）		1993~2012 年	0.673***（0.007）		1993~2012 年	0.717***（0.017）
山西	1978~1992 年	2.226***（0.094）	江西	1978~1992 年	0.663***（0.011）	甘肃	1978~1992 年	0.984***（0.003）
	1993~2012 年	0.795***（0.012）		1993~2012 年	0.745***（0.027）		1993~2012 年	0.959***（0.022）
内蒙古	1978~1992 年	0.774***（0.002）	山东	1978~1992 年	2.194***（0.09）	青海	1978~1992 年	0.998***（0.001）
	1993~2012 年	0.769***（0.027）		1993~2012 年	0.858***（0.026）		1993~2012 年	0.881***（0.02）
辽宁	1978~1992 年	0.985***（0.005）	河南	1978~1992 年	0.690***（0.005）	宁夏	1978~1992 年	0.981***（0.021）
	1993~2012 年	0.616***（0.007）		1993~2012 年	0.674***（0.013）		1993~2012 年	0.965***（0.006）
吉林	1978~1992 年	1.477***（0.042）	湖北	1978~1992 年	0.973***（0.01）	新疆	1978~1992 年	0.654***（0.007）
	1993~2012 年	0.753***（0.059）		1993~2012 年	0.557***（0.018）		1993~2012 年	0.762***（0.026）
黑龙江	1978~1992 年	0.550***（0.009）	湖南	1978~1992 年	0.705***（0.019）	四川	1978~1992 年	0.901***（0.002）
	1993~2012 年	0.746***（0.016）		1993~2012 年	0.763***（0.02）		1993~2012 年	0.766***（0.016）
上海	1978~1992 年	0.737***（0.013）	广东	1978~1992 年	0.906***（0.003）			
	1993~2012 年	0.664***（0.007）		1993~2012 年	0.498***（0.009）			
江苏	1978~1992 年	0.964***（0.006）	广西	1978~1992 年	0.658***（0.007）			
	1993~2012 年	0.863***（0.006）		1993~2012 年	0.642***（0.01）			

注：括号内数字为回归标准误

***$p<0.01$

在利用标准化系统和各省区市 1978~1992 年、1993~2012 年的数据估计出分段的要素替代弹性和要素密度 α 之后，我们可以再次利用上文中关于技术进步偏向指数的计算方法分别求出各省区市 1978~1992 年各年的技术进步偏向指数（利用各省区市 1978~1992 年的要素替代弹性计算）和各省区市 1993~2012 年各年的技术进步偏向指数（利用各省区市 1993~2012 年的要素替代弹性计算）。我们将分段计算出的技术进步偏向指数记为 M_t，与全样本计算出的技术进步偏向指数 D_t 区分开来。表 4-6~表 4-8 展示了分段计算的技术进步偏向指数 M_t。

表 4-6　分段计算的东部各省市技术进步偏向指数 M_t

年份	北京	天津	河北	江苏	浙江	福建	山东	广东	上海
1979	−0.071	−0.042	−0.010	−0.185	−0.155	−0.024	−0.068	−0.017	−0.045
1980	0.001	0.059	0.006	0.134	0.148	0.037	−0.050	0.032	0.001
1981	−0.001	0.058	−0.043	−0.044	0.057	0.019	−0.076	0.055	−0.037
1982	−0.115	−0.019	−0.022	−0.050	−0.096	−0.007	0.069	−0.010	−0.048
1983	0.081	0.029	−0.019	0.034	0.160	0.032	−0.140	0.071	−0.011
1984	0.044	−0.073	0.082	0.009	0.014	0.037	0.147	0.077	−0.088
1985	0.037	0.056	0.119	0.121	0.112	0.103	−0.087	0.056	0.078
1986	−0.092	−0.074	0.082	−0.011	0.048	0.046	0.198	0.125	−0.098
1987	−0.026	0.062	0.073	0.225	0.061	0.034	0.125	0.109	−0.059
1988	0.027	0.063	0.082	−0.073	0.037	0.010	0.131	0.058	−0.046
1989	−0.050	−0.068	0.033	0.054	0.009	0.112	0.105	0.147	−0.067
1990	−0.118	−0.401	−0.011	−0.032	−0.038	0.003	−0.065	0.009	−0.011
1991	0.018	0.025	−0.031	0.029	0.055	0.026	0.042	0.029	−0.050
1992	0.003	0.203	0.026	−0.038	0.057	0.021	0.089	0.035	−0.061
1993	−0.137	−0.006	−0.033	0.031	0.049	0.030	0.008	0.046	0.049
1994	−0.017	−0.051	−0.035	−0.037	−0.052	0.028	0.026	0.013	0.053
1995	0.061	−0.041	−0.029	−0.037	0.045	−0.035	0.007	0.037	−0.056
1996	0.023	−0.131	0.026	−0.012	0.055	0.020	0.049	0.009	0.023
1997	0.020	−0.067	0.004	−0.017	−0.054	−0.022	−0.078	0.040	0.049
1998	0.004	−0.007	0.005	0.011	0.030	−0.006	−0.045	−0.046	−0.039
1999	−0.004	0.104	−0.028	0.027	0.007	0.011	−0.007	0.041	−0.049
2000	0.014	0.293	0.025	0.001	−0.061	0.028	−0.081	0.038	0.017
2001	0.017	0.099	0.011	−0.009	0.045	0.002	−0.037	0.041	−0.045
2002	−0.030	0.091	0.025	0.021	0.052	−0.026	0.001	−0.022	−0.046
2003	−0.016	0.203	0.025	0.021	0.018	−0.006	0.010	0.040	0.049
2004	−0.044	0.127	0.026	0.029	−0.016	0.026	0.052	0.041	0.047

续表

年份	北京	天津	河北	江苏	浙江	福建	山东	广东	上海
2005	−0.063	0.072	−0.016	−0.019	0.013	−0.017	−0.021	0.030	−0.047
2006	0.042	0.065	0.025	−0.014	−0.030	0.006	0.050	0.026	−0.026
2007	0.047	0.049	−0.017	0.031	0.024	0.031	−0.059	0.000	0.034
2008	−0.124	−0.212	−0.046	−0.037	−0.056	−0.035	−0.113	−0.048	−0.059
2009	0.032	0.015	−0.030	−0.035	0.051	−0.020	−0.103	0.017	−0.038
2010	0.076	0.016	−0.014	0.032	0.025	0.029	0.087	0.036	0.004
2011	−0.007	0.050	0.026	−0.009	−0.061	0.013	0.042	−0.046	−0.039
2012	−0.082	0.004	−0.025	−0.016	−0.043	−0.032	0.010	−0.045	−0.052

表 4-7　分段计算的中部和东北各省份技术进步偏向指数 M_t

年份	山西	江西	河南	湖北	湖南	安徽	辽宁	吉林	黑龙江
1979	−0.017	0.033	−0.064	−0.010	−0.049	−0.012	−0.065	0.131	0.112
1980	0.090	0.026	0.037	0.009	0.050	−0.086	0.003	−0.012	−0.055
1981	−0.273	0.015	−0.091	−0.010	−0.033	−0.167	−0.066	−0.054	−0.128
1982	−0.090	−0.042	0.072	−0.010	−0.044	0.078	−0.104	−0.094	0.043
1983	0.098	0.032	−0.009	0.009	0.045	0.170	−0.036	−0.171	0.042
1984	−0.055	−0.082	0.044	0.010	−0.058	−0.037	0.039	0.154	−0.155
1985	0.154	0.179	−0.017	0.010	0.031	0.115	0.178	0.188	0.133
1986	0.230	0.128	−0.106	−0.011	0.005	0.051	0.079	−0.077	−0.214
1987	0.231	−0.075	−0.018	−0.010	0.032	0.107	0.070	0.168	0.132
1988	0.013	0.284	0.125	0.010	−0.092	0.123	−0.025	0.009	0.263
1989	−0.049	0.044	0.172	−0.011	−0.067	−0.011	0.076	0.161	0.019
1990	−0.084	−0.134	−0.083	−0.113	0.174	−0.184	−0.167	−0.374	0.073
1991	−0.097	0.179	0.027	0.053	−0.064	0.113	0.038	0.068	0.108
1992	0.157	−0.199	0.141	0.291	0.183	0.022	−0.066	0.277	0.118
1993	0.220	−0.010	0.155	0.115	0.022	−0.194	0.017	−0.168	0.120
1994	−0.027	−0.090	−0.331	−0.021	−0.222	0.146	−0.022	−0.339	−0.001
1995	0.052	0.159	0.120	−0.281	−0.213	0.021	−0.087	0.122	−0.152
1996	−0.014	−0.085	0.087	−0.333	0.068	0.026	−0.154	−0.139	−0.038
1997	0.054	−0.146	0.140	−0.103	−0.020	−0.052	−0.041	−0.108	0.041
1998	0.003	0.088	0.159	0.051	0.147	0.106	−0.033	−0.018	−0.004
1999	0.038	−0.018	0.089	0.119	0.124	0.114	0.082	0.107	0.032
2000	0.011	−0.008	0.091	0.060	−0.057	0.103	0.136	0.035	0.113
2001	0.027	0.083	0.048	0.107	0.015	0.118	0.054	−0.348	−0.126

续表

年份	山西	江西	河南	湖北	湖南	安徽	辽宁	吉林	黑龙江
2002	0.004	0.061	0.112	0.014	0.071	0.015	0.004	0.135	−0.055
2003	0.132	0.131	0.164	0.206	0.115	0.132	−0.043	0.032	0.030
2004	0.128	0.197	0.028	0.283	0.156	−0.047	0.089	0.183	0.087
2005	0.022	0.072	0.039	0.011	0.053	−0.052	0.024	0.106	0.030
2006	0.012	0.044	0.148	0.186	−0.065	0.028	0.081	0.134	0.018
2007	0.148	0.038	0.053	0.019	0.030	0.053	0.097	0.172	−0.016
2008	−0.052	−0.034	−0.239	−0.123	−0.257	−0.143	−0.197	0.096	−0.097
2009	−0.328	0.115	−0.196	−0.088	0.120	−0.112	−0.150	0.053	−0.081
2010	0.203	−0.138	0.111	0.238	0.005	0.070	0.033	0.110	0.096
2011	−0.078	0.099	0.067	−0.210	0.031	0.063	0.090	0.062	0.006
2012	−0.101	0.095	−0.075	−0.002	0.043	−0.013	−0.074	0.045	−0.094

表 4-8　分段计算的西部各省区技术进步偏向指数 M_t

年份	贵州	云南	陕西	甘肃	青海	宁夏	新疆	四川	广西	内蒙古
1979	−0.108	0.061	−0.004	−0.021	−0.004	0.060	0.002	0.061	−0.148	0.022
1980	−0.125	0.096	−0.004	−0.014	−0.004	−0.035	−0.096	−0.035	−0.049	0.162
1981	−0.224	−0.050	−0.004	0.016	0.004	−0.207	−0.025	0.016	0.117	−0.055
1982	0.040	0.020	0.003	−0.019	−0.004	−0.021	−0.013	−0.037	−0.225	0.008
1983	0.193	0.080	0.002	−0.020	0.004	−0.049	0.011	0.044	0.079	0.097
1984	0.107	0.030	−0.004	0.017	0.004	0.067	−0.020	0.053	0.089	0.027
1985	−0.008	0.073	0.004	0.019	−0.004	0.201	0.078	0.011	0.125	0.057
1986	−0.218	0.097	0.004	0.020	−0.004	0.033	0.114	0.037	0.011	0.066
1987	0.045	0.180	0.004	−0.005	0.004	0.129	0.041	0.079	0.083	0.037
1988	0.154	−0.188	0.004	0.004	0.004	0.100	−0.034	0.072	0.292	0.032
1989	−0.074	0.345	−0.004	0.020	−0.004	0.119	−0.061	−0.036	0.087	−0.012
1990	−0.045	−0.503	−0.004	−0.039	0.140	0.002	0.165	−0.031	0.020	−0.088
1991	0.147	0.192	−0.004	0.035	−0.248	0.006	0.056	0.116	0.047	0.068
1992	0.166	0.271	0.003	−0.045	0.247	−0.007	−0.015	−0.042	−0.089	0.009
1993	−0.202	0.351	0.029	0.040	0.064	0.006	0.010	0.059	0.227	−0.320
1994	−0.128	0.142	0.196	0.024	0.133	−0.007	0.132	0.045	−0.154	0.079
1995	−0.129	−0.047	0.052	0.037	0.038	−0.006	−0.200	0.076	−0.208	0.117
1996	0.056	−0.081	0.189	−0.043	−0.210	−0.006	−0.116	0.032	0.175	0.117
1997	0.036	0.063	0.093	0.039	−0.034	0.006	0.018	−0.075	−0.111	0.063
1998	−0.127	0.152	0.045	0.033	0.178	−0.006	−0.100	0.047	0.071	−0.060

续表

年份	贵州	云南	陕西	甘肃	青海	宁夏	新疆	四川	广西	内蒙古
1999	0.015	−0.215	0.121	0.008	0.036	−0.006	0.109	−0.090	0.078	0.140
2000	0.157	0.191	−0.173	−0.044	−0.001	0.006	0.170	0.084	0.067	0.164
2001	0.135	−0.118	0.072	0.038	0.214	0.006	−0.184	0.053	0.042	0.081
2002	0.035	0.062	0.219	0.038	0.160	−0.006	0.074	0.003	0.039	0.053
2003	0.086	0.020	0.237	0.039	0.142	0.006	0.033	0.136	0.148	0.081
2004	0.159	0.167	0.292	0.038	0.135	0.006	0.119	0.318	0.196	0.207
2005	0.015	−0.245	0.037	0.035	0.193	0.006	0.157	0.210	0.010	0.176
2006	0.073	0.111	0.191	−0.045	0.095	0.006	0.144	0.142	0.158	0.057
2007	−0.010	0.061	0.163	0.040	0.084	0.006	0.002	0.045	−0.009	0.230
2008	−0.191	−0.291	−0.355	−0.046	−0.324	−0.007	−0.222	−0.055	−0.294	−0.316
2009	−0.146	0.076	0.011	0.037	−0.081	−0.006	−0.200	−0.060	−0.259	−0.204
2010	0.041	0.209	0.314	−0.045	0.319	−0.007	0.134	0.102	0.036	0.153
2011	0.019	−0.024	0.104	0.036	0.104	0.006	0.031	0.178	0.123	0.023
2012	−0.091	−0.182	0.123	−0.007	0.225	0.006	−0.075	0.066	0.153	0.034

三、省际技术进步偏向的积累效应

如前文所述，各省区市每年的技术偏向指数由 $\frac{B_t}{A_t}$ 变化会发生频繁的数值变化甚至是方向上（符号）的改变，但这相当于经济周期中的经济波动，更有意义的是观察技术进步偏向对 ε（资本边际产出与劳动边际产出比）的长期累积效果（戴天仕和徐现祥，2010）。不失一般性地，我们假设 1978 年为基期（第一期）即 $\varepsilon=1$，计算了一个技术进步偏向的累积指数 $\pi_{i,T}$：

$$\pi_{i,T}^D = \prod_{t=1979}^{T} (1+D_{i,t}) \qquad (4\text{-}19)$$

其中，i 为省区市；T 为时间；上角标 D 代表用 D_t 计算。$\pi_{i,T}^D$ 表示不考虑要素投入的变化，只考虑技术进步的情况下，技术进步对资本和劳动边际产出比的影响。例如，1978～1985 年的技术进步偏向对 ε 的累积影响为

$$1 \cdot (1+D_{1979}) \cdot (1+D_{1980}) \cdot (1+D_{1981}) \cdot (1+D_{1982}) \cdot (1+D_{1983}) \cdot (1+D_{1984}) \cdot (1+D_{1985})$$

计算出的累积效应见图 4-1。从图中可以发现各省区市技术进步偏向的累积效应大致可以分为四种：第一种是长期来看技术进步的方向偏中性，如河北、山西、辽宁、黑龙江、上海、山东、贵州、宁夏和新疆。第二种是长期来看技术进步的方

向偏资本且变化趋势非常明显，如安徽、湖南、广东、青海、天津、吉林、江西、河南、湖北、陕西、四川和内蒙古。第三种是长期来看技术进步的方向虽然偏资本，但是变化趋势非常缓慢，如浙江、福建、广西、甘肃和云南。第四种是长期来看技术进步的方向偏向劳动，这样的地区只有北京和江苏。

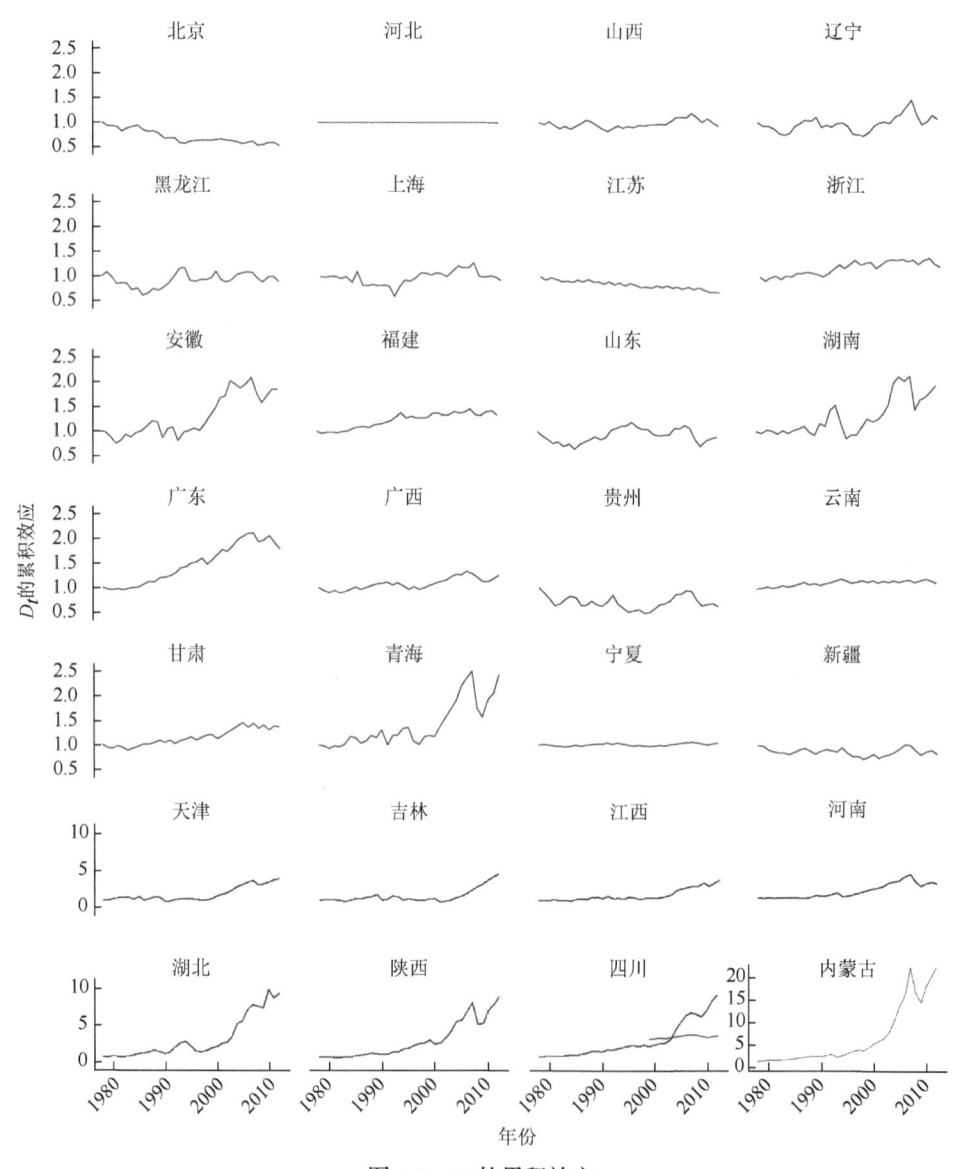

图 4-1 D_t 的累积效应

由于上文中分段计算出的 M_t（$1978 \leqslant t \leqslant 1992$）和 M_t（$1993 \leqslant t \leqslant 2012$）所对应的基期分别为 1978 年和 1993 年，而 1978 年和 1993 年的资本劳动投入比极有可能不同，因此，我们不可以将 M_t 直接代入式（4-19）中计算由 M_t 得到的 1978~

2012年的技术进步偏向的累积效应①，但是可以分别利用 M_t（1978≤t≤1992）和 M_t（1993≤t≤2012）来计算各省 1978~1992 年和 1993~2012 年的技术进步偏向累积效应，它们分别代表的是，不考虑资本和劳动投入比发生变化的情况下 1978~1992 年的技术进步偏向的累积效应和不考虑资本和劳动投入比发生变化的情况下 1993~2012 年的技术进步偏向的累积效应，见图 4-2。图 4-2 有助于我们分

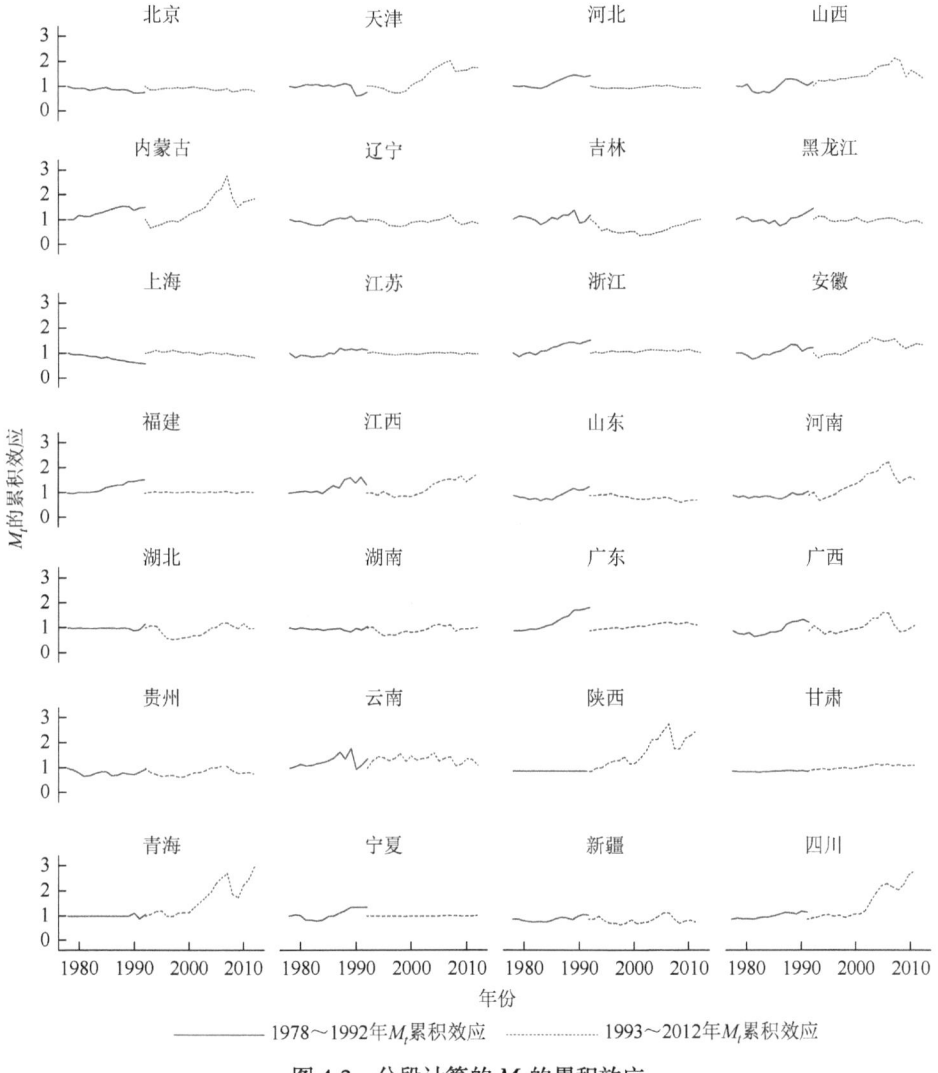

——— 1978~1992年 M_t 累积效应　　-------- 1993~2012年 M_t 累积效应

图 4-2　分段计算的 M_t 的累积效应

---

① 技术进步偏向指数实际上是资本和劳动边际产出 ε_t 对 $\frac{B_t}{A_t}$ 的偏微分乘以 $\frac{B_t}{A_t}$ 的变化率再被单位化的过程。在偏微分的过程中，我们需要保持其他条件不变，从 ε_t 的公式来看就是资本和劳动的投入比不变。不同技术进步偏向指数之间可以比较或者运算的前提条件是基期相同，从而保证资本劳动投入比不变。

析各省区市的技术进步偏向在1978~1992年和1993~2012年这两个时段是否发生了较大的变化。

图4-2显示，山西、内蒙古①、天津、河南、陕西、青海、四川在1978~1992年技术进步的累积效应比较偏中性，但是1993~2012年技术进步的累积效应非常明显偏向资本。而浙江、福建、广东正好相反，在1978~1992年技术进步的累积效应偏向资本，1993~2012年的累积效应偏向中性。其他省区市的变化趋势并不明显。这说明上述两类省区市的技术进步方向、生产模式在1992年前后很可能发生了较大的变化。

四、行业技术进步偏向

使用中国工业企业数据库中两位数行业的数据，我们估计得到行业要素替代弹性，见表4-9。结果显示，各行业的替代弹性估计值均在1%的显著性水平上显著。除了石油加工、炼焦及核燃料加工业的替代弹性为1.034，其他行业的要素替代弹性均处于0.5到1之间，同使用省级数据估计的结果较为一致。这一结果再次佐证了我国的生产部门要素替代弹性不高于1的结论。

表4-9 行业要素替代弹性估计值

行业	要素替代弹性	行业	要素替代弹性	行业	要素替代弹性
煤炭开采和洗选业	0.702***（0.03）	木材加工及木、竹、藤、棕、草制品业	0.855***（0.015）	金属制品业	0.793***（0.012）
石油和天然气开采业	0.823***（0.023）	家具制造业	0.883***（0.008）	通用设备制造业	0.718***（0.012）
黑色金属矿采选业	0.828***（0.023）	印刷业和记录媒介的复制	0.743***（0.003）	专用设备制造业	0.658***（0.014）
有色金属矿采选业	0.864***（0.037）	文教体育用品制造业	0.826***（0.006）	交通运输设备制造业	0.936***（0.013）
非金属矿采选业	0.776***（0.018）	石油加工、炼焦及核燃料加工业	1.034***（0.041）	电气机械及器材制造业	0.803***（0.008）
其他采矿业	0.994***（0.004）	化学原料及化学制品制造业	0.758***（0.01）	通信设备、计算机及其他电子设备制造业	0.707***（0.001）
农副食品加工业	0.567***（0.028）	医药制造业	0.761***（0.01）	仪器仪表及文化、办公用机械制造业	0.716***（0.014）

---

① 内蒙古的数据变化范围比较大，我们查询了原始数据，发现内蒙古的劳动人口在2003年之后发生了突然性的、较大幅度的下降，这或许是计算结果波动很大的原因。

续表

行业	要素替代弹性	行业	要素替代弹性	行业	要素替代弹性
食品制造业	0.765*** (0.018)	化学纤维制造业	0.899*** (0.011)	工艺品及其他制造业	0.757*** (0.005)
饮料制造业	0.695*** (0.002)	橡胶制品业	0.976*** (0.006)	电力、热力的生产和供应业	0.868*** (0.001)
烟草制品业	0.914*** (0.001)	塑料制品业	0.849*** (0.002)	燃气生产和供应业	0.950*** (0.019)
纺织业	0.616*** (0.029)	非金属矿物制品业	0.643*** (0.022)	水的生产和供应业	0.717*** (0.007)
纺织服装、鞋、帽制造业	0.895*** (0.008)	黑色金属冶炼及压延加工业	0.860*** (0.011)		
皮革、毛皮、羽毛（绒）及其制品业	0.901*** (0.004)	有色金属冶炼及压延加工业	0.769*** (0.015)		

注：括号内数字为回归标准误
***$p<0.01$

表4-10是以1998年为基年，各行业1999年至2007年技术进步偏向指数估计结果。结果显示，纵向来看，行业数据、省际数据和全国数据得到的结果基本一致，行业技术进步同样是偏向资本的。这说明在工业化进程中，资本的边际生产力相对劳动增长更快。表4-10最后6行分别统计了各年工业行业技术进步偏向指数的均值、方差、最小值、最大值、(最大值−最小值)/均值以及均值/标准差。横向来看，大部分行业的技术进步偏向资本，但技术的偏向程度有一定的差异，行业间的差异很可能主要来源于不同行业使用的要素密集度不同。采掘业中煤炭开采和洗选业、黑色金属矿采选业、有色金属矿采选业和非金属矿采选业的技术进步偏向资本，而且偏向程度很大，经过粗略计算，这几个行业十年间资本相对劳动的边际生产力提高了2倍以上。而石油和天然气开采业的技术进步呈中性或偏向劳动的态势。制造业方面，农副食品加工业、通用设备制造业、专用设备制造业、非金属矿物制品业、黑色金属冶炼及压延加工业、有色金属冶炼及压延加工业的技术进步偏向资本，资本的相对边际生产力提高1倍以上。同采掘业类似，这几个行业为传统的资本密集型行业，要素投入中资本占比巨大，因此根据Acemoglu的技术进步理论，技术进步会偏向投入更大的要素。家具制造业，通信设备、计算机及其他电子设备制造业的技术进步则更加偏向劳动，其中家具制造业为轻工业部门，为传统的劳动密集型行业，生产中劳动所占要素份额更大，而通信设备、计算机及其他电子设备制造业虽然在分类上属于高技术产业，但我国的电子设备制造产业在国际分工中长期从事来料加工

等低端生产，因此技术进步偏向劳动。其他制造业部门的技术进步大体上是偏向资本的，十年来偏向性技术进步导致的资本相对边际生产力增幅在 0.1 到 1 之间[①]。

表 4-10　各行业技术进步偏向性指数

行业	1999 年	2000 年	2001 年	2002 年	2003 年	2004 年	2005 年	2006 年	2007 年
煤炭开采和洗选业	0.035	0.163	0.338	0.112	0.166	0.205	0.124	−0.008	0.125
石油和天然气开采业	0.315	0.159	−0.372	−0.147	−0.080	−0.121	0.134	0.235	−0.148
黑色金属矿采选业	0.137	0.085	0.112	−0.100	0.239	0.251	0.055	0.017	0.255
有色金属矿采选业	0.176	0.137	−0.087	0.045	0.197	0.208	0.183	0.185	−0.041
非金属矿采选业	0.066	0.222	0.129	0.064	0.100	0.097	0.159	0.145	0.040
其他采矿业	0.008	−0.016	−0.009	−0.015	0.007	−0.029	0.004	0.000	−0.010
农副食品加工业	0.331	0.275	0.124	−0.068	0.088	0.037	0.111	0.127	0.124
食品制造业	0.173	0.165	0.058	−0.075	0.125	−0.081	0.129	0.103	0.038
饮料制造业	0.107	0.076	0.034	0.088	0.037	−0.041	−0.032	0.055	−0.005
烟草制品业	−0.171	0.140	−0.034	0.036	0.041	−0.116	0.098	0.085	0.112
纺织业	0.310	0.187	−0.023	0.075	0.109	−0.242	0.200	0.029	0.058
纺织服装、鞋、帽制造业	0.120	0.078	−0.004	−0.072	−0.005	−0.102	0.113	0.056	−0.029
皮革、毛皮、羽毛（绒）及其制品业	−0.040	0.049	0.073	−0.013	0.067	−0.141	0.100	0.057	0.018
木材加工及木、竹、藤、棕、草制品业	0.129	0.148	−0.040	0.016	−0.062	−0.009	0.143	0.032	0.111
家具制造业	0.051	0.078	−0.036	−0.061	−0.039	−0.153	0.069	0.012	−0.040
印刷业和记录媒介的复制	0.082	0.125	0.064	−0.037	0.078	−0.019	−0.012	0.035	−0.026
文教体育用品制造业	−0.017	−0.016	0.067	−0.117	−0.035	−0.163	0.106	0.018	−0.069
石油加工、炼焦及核燃料加工业	0.053	−0.002	0.057	0.065	0.045	0.062	−0.134	−0.079	0.064
化学原料及化学制品制造业	0.130	0.174	0.092	0.149	0.144	0.186	−0.076	0.033	0.125
医药制造业	0.208	0.076	0.086	0.061	0.056	0.079	0.060	−0.063	0.124

---

① 由于 2008 年和 2009 年的中国工业企业数据库中缺少工业增加值指标，而《中国工业经济统计年鉴》中缺少应付工资总额和应付福利费总额指标，因此，我们目前对于分行业的技术进步偏向指数只能计算到 2007 年。

续表

行业	1999年	2000年	2001年	2002年	2003年	2004年	2005年	2006年	2007年
化学纤维制造业	0.168	0.155	−0.206	0.084	0.151	−0.171	0.003	0.057	0.149
橡胶制品业	−0.031	0.041	0.045	0.044	0.039	−0.047	0.045	−0.024	0.047
塑料制品业	0.050	0.043	0.075	0.035	−0.052	−0.073	0.038	−0.015	−0.003
非金属矿物制品业	0.187	0.142	0.055	0.084	0.177	0.112	0.029	0.131	0.136
黑色金属冶炼及压延加工业	0.108	0.198	0.068	0.102	0.197	0.145	0.002	0.036	0.167
有色金属冶炼及压延加工业	0.245	0.130	−0.089	0.151	0.204	0.164	0.195	0.250	0.041
金属制品业	0.092	0.062	0.084	0.008	0.075	−0.114	0.153	0.004	0.028
通用设备制造业	0.144	0.141	0.063	0.156	0.085	−0.015	0.155	0.050	0.036
专用设备制造业	0.212	0.128	0.126	0.203	0.093	0.057	0.110	0.098	0.129
交通运输设备制造业	0.111	−0.030	0.097	0.107	0.106	−0.115	−0.068	0.088	0.098
电气机械及器材制造业	0.139	0.075	0.039	0.018	0.009	−0.166	0.103	−0.007	0.008
通信设备、计算机及其他电子设备制造业	0.097	0.054	0.073	−0.210	−0.032	−0.137	−0.104	−0.076	−0.137
仪器仪表及文化、办公用机械制造业	0.187	0.180	0.026	−0.312	0.287	−0.118	0.103	−0.016	−0.025
工艺品及其他制造业	−0.053	0.009	0.025	−0.069	−0.240	0.198	0.113	0.086	0.120
电力、热力的生产和供应业	0.022	0.051	−0.029	0.012	0.031	−0.067	0.098	0.097	0.065
燃气生产和供应业	0.000	0.000	0.035	0.020	0.079	0.059	−0.074	0.090	0.075
水的生产和供应业	0.148	−0.146	−0.121	0.076	−0.013	0.057	−0.007	0.237	0.063
均值	0.109	0.096	0.027	0.014	0.067	−0.009	0.066	0.058	0.049
方差	0.018	0.014	0.018	0.017	0.017	0.021	0.014	0.013	0.014
最小值	0.073	0.068	−0.010	−0.021	0.033	−0.052	0.037	0.031	0.021
最大值	0.145	0.123	0.064	0.049	0.101	0.035	0.094	0.085	0.077
（最大值−最小值）/均值	6.198	6.964	1.468	0.800	3.981	−0.406	4.622	4.395	3.575
均值/标准差	4.056	4.056	4.056	4.056	4.056	4.056	4.056	4.056	4.056

第六节　偏向性技术进步与劳动收入份额

一、基本回归结果

为检验偏向性技术进步对劳动收入占比的影响，基准回归方程如下：

$$\text{laborshare}_{it} = \alpha_0 + \alpha_1 \cdot \text{tech}_{it} + \alpha_2 \cdot \text{soe}_{it} + \alpha_3 \cdot \text{industry}_{it} + \alpha_4 \cdot \text{gov}_{it} + \alpha_5 \cdot \text{trade}_{it}$$
$$+ \alpha_6 \cdot \text{fdi}_{it} + \alpha_7 \cdot \text{edu}_{it} + \alpha_8 \cdot \text{pergdp}_{it} + \alpha_9 \cdot \text{ky}_{it} + \gamma_i + \eta_t + \varepsilon_{it}$$

(4-20)

其中，i 为省区市；t 为时间；γ_i、η_t 分别为地区固定效应和时间固定效应；ε_{it} 为误差项；tech 为技术进步偏向指数，其中 tech1 为全样本计算的技术进步偏向指数，tech2 为分 1978~1992 年和 1993~2012 年两个时段计算的技术进步偏向指数；soe 为国有企业比重，利用国企职工比例占总职工的比例表示。其他控制变量包括：第二产业总产值占 GDP 的比例（industry）、政府一般性预算支出占 GDP 的比重（gov）、进出口占 GDP 的比重（trade）、FDI 占 GDP 比重（fdi）、在校大学生人数占该地区总人数的比重（edu）、人均实际 GDP 对数值（pergdp）、资本产出比（ky），分别用来控制产业结构、政府干预、对外开放程度、教育水平、经济发展程度和资本深化程度对劳动收入占比的影响。数据均来源于《新中国六十年统计资料汇编》、历年《中国统计年鉴》以及各省区市历年统计年鉴，名义变量均利用价格指数进行了消胀处理，变量的统计性描述见表 4-11。为缓解双向因果关系，在回归中我们对所有的控制变量均取其滞后一期进行回归。

表 4-11　相关变量描述性统计

变量	观测值	平均值	标准差	最大值	最小值
laborshare	980	0.583	0.107	0.272	0.928
tech1	952	0.024	0.107	−0.434	0.474
tech2	952	0.017	0.106	−0.503	0.351
soe	946	0.704	0.136	0.207	0.917
industry	980	0.454	0.087	0.190	0.812
gov	980	0.154	0.073	0.049	0.612
trade	974	0.245	0.459	0.000	3.824
fdi	822	0.028	0.039	0.000	0.322
edu	979	0.006	0.007	0.000	0.035
pergdp	980	7.352	1.076	5.156	10.296
ky	980	1.132	0.660	0.474	5.128

方程（4-20）的回归结果见表 4-12。表 4-12 第（1）列为使用全样本估算

的技术进步偏向指数 tech1 的回归结果，第（2）列为使用分段样本估算的技术进步偏向指数 tech2 的回归结果。表 4-12 显示，无论采用哪种方法计算各省区市的偏向性技术进步指标，偏向性技术进步对拉动收入占比的作用是显著为负的，表明技术进步偏向资本会导致劳动收入份额下降。这与理论预测是一致的，偏向资本会使资本的边际产出以更快的速度增长，进而资本的收益相对劳动的收益上升，劳动收入占比下降。但国有企业比重的变化对劳动收入占比并没有直接的影响。

表 4-12 基本回归结果

变量一	（1）	变量二	（2）
tech1	−0.148*** (−0.021)	tech2	−0.159*** (−0.021)
soe	0.028 (−0.113)	soe	0.026 (−0.114)
industry	−0.676*** (−0.201)	industry	−0.678*** (−0.200)
gov	−0.284** (−0.137)	gov	−0.252* (−0.136)
trade	−0.012 (−0.012)	trade	−0.010 (−0.013)
fdi	0.173 (−0.204)	fdi	0.147 (−0.206)
edu	−1.309 (−2.295)	edu	−0.951 (−2.201)
pergdp	−0.001 (−0.101)	pergdp	−0.004 (−0.100)
ky	0.000 (−0.035)	ky	0.000 (−0.034)
地区固定效应	是	地区固定效应	是
时间固定效应	是	时间固定效应	是
N	766	N	766
R^2	0.748	R^2	0.751

注：括号内为回归标准误
***$p<0.01$，**$p<0.05$，*$p<0.1$

第二产业总产值占 GDP 的比例与劳动收入占比呈显著负相关关系。随着工业化的推进，以农业为代表的第一产业地位逐渐降低，而第一产业是劳动力最密集的产业，整个经济的劳动收入占比无疑会随之下降。同时工业部门不断发展，且越来越偏向于增加资本投入来提高生产效率和产品质量，也会导致劳动收入占比下降。这与罗长远和张军（2009b）从产业角度发现工业部门中劳动收入份额下降、经济结构从农业向服务业转型是20世纪90年代以来劳动收入份额下降的主要原因的结论是一致的。政府财政支出对劳动收入占比的影响显著为负。这可能是由于政府支出大量用于基础设施建设和推进工业服务业的发展，而这些行业都是资本偏向性的。

虽然表4-12的回归结果显示国有企业比重对劳动收入占比并没有显著的直接影响，但是国有企业比重在技术进步偏向和劳动收入占比之间可能起到调节变量的作用，即在国有企业比重不同的地区，技术进步偏向对劳动收入占比的影响可能具有异质性。因此，在方程（4-20）中加入国有企业比重与技术进步偏向指数的交互项，见方程（4-21）：

$$\begin{aligned} laborshare_{it} = & \alpha_0 + \alpha_1 \cdot tech_{it} + \alpha_2 \cdot soe_{it} + \beta \cdot tech_{it} \cdot soe_{it} + \alpha_3 \cdot industry_{it} + \alpha_4 \cdot gov_{it} \\ & + \alpha_5 \cdot trade_{it} + \alpha_6 \cdot fdi_{it} + \alpha_7 \cdot edu_{it} + \alpha_8 \cdot pergdp_{it} + \alpha_9 \cdot ky_{it} + \gamma_i + \eta_t + \varepsilon_{it} \end{aligned}$$

（4-21）

方程（4-21）的回归结果见表4-13。表4-13第（1）列为使用全样本估算的技术进步偏向指数tech1的回归结果，第（2）列为使用分段样本估算的技术进步偏向指数 tech2 的回归结果。回归结果显示，加入交互项之后，技术进步偏向资本仍然会导致劳动收入占比下降，但国有企业比重与技术进步偏向指数的交互项显著为正值。这说明，给定技术进步偏向资本的程度，地区的国有企业比重越高，劳动收入占比越大，即国有企业的比重上升能减缓劳动收入占比随技术进步下降的趋势。导致这一结果可能的因素是：第一，劳动者收入。国有企业比非国有企业为员工提供了更多的社会福利，包括医疗、养老、子女入托等，这些物质性福利在计算劳动收入时也会折算为现金计入。因此，在给定技术进步的偏向程度时，国有企业比重越高的地区，劳动收入占比也会高于国有企业比重较低的地区。第二，就业的提供。资本偏向性技术进步的一个直接后果就是资本更多地替代劳动，因此，在技术进步偏向资本的地区，失业问题很可能更加严重，而失业会进一步加剧劳动收入占比下滑的趋势。但是与非国有企业不同，国有企业承担了更多维护社会稳定的任务，因此，在经济出现波动或者资本能够更多地替代劳动的情况下，国有企业比重较高的地区失业率会较低，从而在一定程度上保证了劳动收入占比的稳定。第三，工会的作用。国有企业的工会组织相较其他企业规模更大，组织更有利，这也有利于劳动者收入的稳定。综合以上的原因，国有企业比重较高的地区，偏向资本的技术进步带来的劳动收入占比下降的幅度会较小。

表 4-13　加入地区国有企业比重与技术偏向指数的交互项

变量一	（1）	变量二	（2）
tech1	−0.553*** （−0.160）	tech2	−0.520*** （−0.173）
tech1 × soe	0.569*** （−0.215）	tech2 × soe	0.489** （−0.217）
soe	0.032 （−0.110）	soe	0.032 （−0.114）
industry	−0.660*** （−0.194）	industry	−0.669*** （−0.196）
gov	−0.285** （−0.140）	gov	−0.259* （−0.141）
trade	−0.013 （−0.012）	trade	−0.011 （−0.013）
fdi	0.193 （−0.210）	fdi	0.157 （−0.211）
edu	−0.837 （−2.260）	edu	−0.836 （−2.199）
pergdp	−0.004 （−0.099）	pergdp	−0.008 （−0.098）
ky	0.000 （−0.034）	ky	0.000 （−0.034）
N	766	N	766
R^2	0.752	R^2	0.753

注：括号内为回归标准误
***$p<0.01$，**$p<0.05$，*$p<0.1$

二、稳健性分析

上文中，我们利用国企职工数占总职工数的比例（soe）度量国有企业比重，本部分我们采用国有企业固定资产总额占全社会固定资产总额的比例（soe1）来度量，并重复表 4-12 和表 4-13 的回归，进行稳健性检验，回归结果见表 4-14。表 4-14 第（1）列和第（2）列利用全样本计算的技术偏向指标 tech1 进行回归，第（3）列和第（4）列利用分时段样本计算的技术偏向指标 tech2 进行回归。表 4-14 显示，更换了国有企业比重的度量指标之后，回归结果十分稳健。无论是利用哪一种方法计算偏向性技术进步，当技术进步偏向资本时，劳动收入占比都会下降。加入交互项之后的结果也显示，国有企业比重的上升将减轻资本偏向性技术进步对劳动收入占比的负向影响。

表 4-14　稳健性检验

变量一	（1）	（2）	变量二	（3）	（4）
tech1	−0.148*** （−0.021）	−0.336*** （−0.080）	tech2	−0.158*** （−0.021）	−0.327*** （−0.090）
tech1 × soe1		0.327*** （−0.117）	tech2 × soe1		0.296** （−0.130）
soe1	−0.031 （−0.054）	−0.040 （−0.052）	soe1	−0.027 （−0.054）	−0.032 （−0.052）
industry	−0.623*** （−0.170）	−0.606*** （−0.163）	industry	−0.628*** （−0.168）	−0.615*** （−0.164）
gov	−0.276** （−0.108）	−0.281** （−0.112）	gov	−0.241** （−0.106）	−0.245** （−0.110）
trade	−0.009 （−0.011）	−0.010 （−0.011）	trade	−0.007 （−0.012）	−0.007 （−0.012）
fdi	0.160 （−0.176）	0.167 （−0.177）	fdi	0.138 （−0.176）	0.143 （−0.174）
edu	−2.235 （−2.446）	−2.027 （−2.369）	edu	−1.839 （−2.354）	−1.852 （−2.328）
pergdp	−0.002 （−0.096）	−0.006 （−0.094）	pergdp	−0.005 （−0.095）	−0.009 （−0.093）
ky	−0.014 （−0.041）	−0.011 （−0.039）	ky	−0.013 （−0.040）	−0.013 （−0.039）
N	781	781	N	781	781
R^2	0.737	0.741	R^2	0.740	0.742

注：括号内为回归标准误

***$p<0.01$，**$p<0.05$

三、分时段回归结果

我们进一步将样本分为 1978～1992 年和 1993～2012 年两个时段，重新回归式（4-20）和式（4-21），回归结果见表 4-15 和表 4-16。表 4-15 为 tech1 作为技术进步偏向指数的回归结果，第（1）列、第（2）列为 1978～1992 年的回归结果，第（3）列、第（4）列为 1993～2012 年的回归结果，其中第（1）列、第（3）列为方程（4-20）的回归结果，第（2）列、第（4）列为方程（4-21）的回归结果。表 4-16 则是将表 4-15 中的 tech1 替换为 tech2 的回归结果。

表 4-15 分时段回归结果（tech1）

变量	（1） 1978~1992 年	（2） 1978~1992 年	（3） 1993~2012 年	（4） 1993~2012 年
tech1	−0.133*** (−0.017)	−0.114 (−0.250)	−0.157*** (−0.026)	−0.539*** (−0.128)
tech1 × soe		−0.026 (−0.333)		0.551*** (−0.173)
soe	−0.386 (−0.322)	−0.386 (−0.323)	−0.099 (−0.107)	−0.100 (−0.101)
industry	−0.219* (−0.130)	−0.218* (−0.130)	−0.416** (−0.178)	−0.407** (−0.171)
gov	−0.078 (−0.172)	−0.077 (−0.174)	−0.216* (−0.123)	−0.213* (−0.125)
trade	−0.044** (−0.020)	−0.044** (−0.020)	0.004 (−0.014)	0.003 (−0.013)
fdi	−0.032 (−0.394)	−0.035 (−0.380)	0.117 (−0.164)	0.138 (−0.164)
edu	8.958 (−7.078)	8.950 (−7.133)	−4.037 (−2.508)	−3.750 (−2.449)
pergdp	−0.177*** (−0.063)	−0.177*** (−0.063)	−0.032 (−0.092)	−0.024 (−0.089)
ky	0.052*** (−0.016)	0.052*** (−0.016)	−0.041 (−0.066)	−0.045 (−0.066)
N	228	228	538	538
R^2	0.967	0.967	0.783	0.788

注：括号内为回归标准误

***$p<0.01$，**$p<0.05$，*$p<0.1$

表 4-16 分时段回归结果（tech2）

变量	（1） 1978~1992 年	（2） 1978~1992 年	（3） 1993~2012 年	（4） 1993~2012 年
tech2	−0.137*** (−0.015)	−0.262*** (−0.094)	−0.159*** (−0.023)	−0.514*** (−0.150)
tech2 × soe		0.161 (−0.122)		0.493** (−0.193)
soe	−0.526 (−0.348)	−0.530 (−0.348)	−0.106 (−0.110)	−0.099 (−0.110)
industry	−0.217* (−0.130)	−0.217* (−0.130)	−0.448** (−0.177)	−0.442** (−0.173)

续表

变量	（1） 1978～1992年	（2） 1978～1992年	（3） 1993～2012年	（4） 1993～2012年
gov	−0.036 (−0.152)	−0.044 (−0.151)	−0.174 (−0.121)	−0.174 (−0.124)
trade	−0.037 (−0.023)	−0.037 (−0.023)	0.006 (−0.015)	0.006 (−0.015)
fdi	−0.230 (−0.452)	−0.205 (−0.444)	0.106 (−0.166)	0.115 (−0.166)
edu	9.672 (−7.907)	9.605 (−7.885)	−3.869 (−2.450)	−3.835 (−2.442)
pergdp	−0.179** (−0.070)	−0.182*** (−0.070)	−0.025 (−0.090)	−0.022 (−0.088)
ky	0.058*** (−0.017)	0.057*** (−0.017)	−0.035 (−0.065)	−0.039 (−0.066)
N	228	228	538	538
R^2	0.967	0.967	0.783	0.787

注：括号内为回归标准误

***$p<0.01$，**$p<0.05$，*$p<0.1$

表4-15、表4-16显示，无论是1978～1992年还是1993～2012年，采用哪一种技术进步偏向指标，偏向资本的技术进步都会导致劳动收入占比的下降（虽然使用tech1的回归结果中加入了国有企业比重指标soe后，技术进步偏向指数为负但不显著，但这很可能是由加入新的变量后，解释变量多重共线性程度增加，进而使得标准误上升导致的）。加入国有企业比重之后的回归结果显示，无论采用哪一种技术进步偏向指标，1978～1992年国有企业比重与技术进步偏向指标的交互项并不显著，而1993～2012年交互项的系数显著为正值。这说明，1978～1992年地区的国有企业比重不会对技术进步偏向的影响产生作用，但是1993～2012年国有企业比重高的地区，偏向资本的技术进步使得劳动收入占比下降的幅度会较低。产生这一结果的原因很可能是，1978～1992年是我国改革开放的初期，经济发展方式仍是计划经济为主，市场调节为辅，国有企业的比重很高，而非国有企业的比重很低。数据显示，国有企业比重指标在1978～1992年的均值为0.78。过度集中的计划经济体制下，国有企业员工的工资也是受计划控制，而非市场调节。因此，在1978～1992年国有企业比重高的地区对资本偏向性技术进步的调节作用无法凸显出来。

第七节 总　　结

　　本章采用供给面标准化系统法测算了 1979~2012 年我国的省际技术进步偏向和 1999~2007 年的工业行业技术进步偏向（由于省级数据和行业数据的基年分别为 1978 年和 1998 年，因此测算结果中并不包含 1978 年的省际数据和 1998 年的行业数据），并研究了要素偏向性技术进步对劳动收入占比的影响。测算结果显示：①省级层面的数据表明，我国的要素替代弹性总体小于 1。但省区市之间的要素替代弹性存在较大差异，东部和西部地区的要素替代弹性比中部省份更加接近于 1。②1978~1982 年，各省区市技术进步偏向指数大多呈现负值，即技术进步偏向劳动；1983~2012 年，各省区市技术进步偏向指数大多为正数，即技术进步偏向资本。③东部地区技术进步偏向指数的负值更多，即相比中部和西部地区，东部地区的技术进步更加偏向中性。中部和西部的指数大部分为正数，技术进步更加偏向资本。④技术进步偏向的累积效应表明，河北、山西、辽宁、黑龙江、上海、山东、贵州、宁夏和新疆的技术进步长期来看偏中性。安徽、湖南、广东、青海、天津、吉林、江西、河南、湖北、陕西、四川和内蒙古技术进步长期来看明显偏向资本。浙江、福建、广西、甘肃和云南技术进步长期看虽然偏向资本但是变化缓慢，而北京和江苏的技术进步长期来看偏向劳动。⑤工业行业的估计结果显示，除石油加工、炼焦及核燃料加工业的替代弹性为 1.034 之外，其他行业的要素替代弹性处于 0.5 到 1 之间。⑥工业行业的技术进步总体偏向资本，但行业间技术进步偏向资本的程度有很大差异。采掘业、农副食品加工业、通用设备制造业、专用设备制造业、非金属矿物制品业、黑色金属冶炼及压延加工业、有色金属冶炼及压延加工业的技术进步均表现出较强的资本偏向，十年间这些行业的资本相对劳动的边际生产力提高了 1 倍以上。石油和天然气开采业的技术进步呈中性或偏向劳动的态势。家具制造业，通信设备、计算机及其他电子设备制造业的技术进步则更加偏向劳动。其他制造业部门的技术进步大体上是偏向资本的，十年来偏向性技术进步导致资本相对劳动的边际生产力增幅在 0.1 到 1 之间。随后，本章利用测算出的偏向性技术进步指数分析技术进步的偏向对劳动收入占比的影响。研究结果显示，偏向资本的技术进步会降低劳动收入占比，但是这种效应在国有企业比重较高的地区比较小，在国有企业比重较低的地区比较大。分时段的回归结果还显示出，1978~1992 年国有企业比重不影响技术进步偏向对劳动收入占比的作用，但是 1993~2012 年有显著的调节作用。

　　在我国经济发展过程中，技术进步在很大程度上依赖于对国外先进技术的引进和模仿，而发达国家的资源禀赋又决定了其技术进步偏向资本，因此，我国技术进步的偏向也更多地偏向资本。但是，偏向资本的技术进步将使劳动收入占比下滑。我国的劳动力资源丰富，经济面临下行压力，失业问题也有可能凸显出来，进而也会导致收入分配的进一步恶化，如何促进就业、改善收入分配都是政府亟须解决的问题。鼓励资本节约型（偏向劳动）的技术进步一方面可以在一定程度上增加对劳动力的需求，增加就业、减少失业，维护社会的稳定，另一方面也可以发挥国有企业作用。在提高国有企业效率的前提条件下，增加国有企业的就业供给、维持或提高国有企业员工的劳动报酬，都可以有助于减少资本偏向性技术进步对收入分配的负向影响。

第五章

结构变迁与制造业转型升级

本章综合采用宏观统计数据和微观调查数据考察了1990年至2007年间中国的就业结构变迁及其对劳动生产率的影响。首先,本章对劳动生产率增长进行了分解,量化了就业结构变迁和部门内增长对总体劳动生产率增长的贡献。其次,本章考察了经济特区政策在创造产业集聚和推动就业结构变迁上所发挥的作用,并首次提出和估计了制造业的就业乘数效应。再次,本章进一步考察了制造业内部各行业的就业结构变迁和劳动生产率增长。研究结果表明,制造业劳动生产率的增长主要来自部门内劳动生产率增进和转向生产更高端产品的制造业转型升级。最后,本章简要讨论了中国经验对其他发展中国家政策制定的意义。

第一节 引 言

在过去的二十年间,中国从一个农业国快速地成长为"世界工厂"。快速增长的劳动生产率和家户收入使数千万人摆脱了贫困。为什么中国取得了成功,而许多具有相似发展起点的国家却失败了呢?此外,那些同中国在20世纪80年代晚期的社会经济状况相似的国家能够从中国的经验得到什么启示呢?

在本章中,我们考察了中国在1990年至2007年间的就业结构变迁以及使这些结构变迁得以实现的政府政策。推动中国结构变迁的一个重要因素在于,中国在这一时期成功地吸引了大量FDI和学习了现代经营管理方式。1992年邓小平南方谈话以后,改革开放得以进一步走向深入,经济特区的发展随之加速(Yeung et al., 2009)。这些新设立的经济特区很快吸引了国外企业和资本的进入,带来了制造业部门生产率的大幅增长。国外企业的进入还为国内企业采用先进生产技术和经营管理方式提供了机会(Du et al., 2011; Ebenstein, 2012)。

新进入的国外企业雇用了新的工人,而这些工人又创造了新的服务需求,继而推动了服务业部门就业的增长,其就业效应甚至大于制造业就业本身。这种制造业就业乘数效应使得中国得以为大量农村过剩劳动力提供具有更高生产率的制造业和服务业就业岗位。改革开放以前,由于政府严格控制人口流动迁移,大量农村劳动力被限制在农村地区和农业生产上（Liu, 2005）。改革开放初期农业家庭联产承包责任制的建立使得农业产出大幅增加，同时也使农村劳动力严重过剩（Li, 1996）。农村剩余劳动力向制造业部门的转移同时推动了农业和服务业部门劳动生产率的增长。中国快速且成功的结构转型为其他发展中国家树立了榜样，对中国结构变迁的深入考察具有重要的国际意义。

在文献中，已经有许多针对中国就业结构变迁的研究。Fan 等（2003）采用了以索罗模型为基础的分析框架，将结构变迁视作实现经济增长的渠道之一。他们使用 1978 年至 1995 年的数据进行研究，发现这期间中国经济增长的 17% 来自结构变迁，而结构变迁对经济增长的贡献在通常强调要素投入和全要素生产率增长的那些研究中被忽视了。Zhang 和 Tan（2007）认为中国经济转型的成功部分地源于要素市场扭曲的弱化，这使得劳动力资源能更有效地在部门和地区间进行配置。Brandt 和 Rawski（2008）则考察了市场改革在提高生产率上所发挥的作用，他们认为是国有企业的私有化改革推动了生产率的增长。具体地，他们认为中国非国有部门的全要素生产率增长是中国经济取得成功的首要原因。

本章对中国就业结构变迁的研究在许多方面不同于已有文献。首先，在量化就业结构变迁对生产率增长的贡献时，我们采用了 Mcmillan 和 Rodrik（2011）所采取的分解方法，这一方法同时被用于研究印度、阿根廷、巴西、波兰、俄国和埃及等许多其他发展中国家，这使得我们能够方便地同其他国家进行比较分析。其次，我们更深入地考察了经济特区和地区产业集聚在推动劳动生产率增长中所发挥的作用。在已有文献中，对中国经济的刻画通常使用宏观加总数据。我们认为，中国用于推动经济增长的一项重要政策是其经济特区的建立，经济特区吸引了大量国外资本，促进了企业的空间集聚，导致了技术外溢和生产率增长（Porter, 1998; Du et al., 2011）。尽管已经有研究认识到了产业集聚在中国经济增长中的重要性，我们所采用的微观层面的数据能够使我们从经验上更细致地考察 FDI 同制造业就业和服务业就业扩张之间的关系，以及制造业的就业乘数效应。最后，我们对制造业内部各行业进行了更为细致的考察，这使我们能够进一步回答就业结构变化是如何在制造业部门内部推动劳动生产率变化的。同相关研究一致，我们的结果显示中国不断演化的比较优势使其制造业部门得以转向生产高端的电子类和通信设备类产品，这些制造业产品有更大的产品附加值，其生产需要技术水平更高的劳动力（Yu, 2011）。

本章其余部分的结构安排如下。在第二节，我们对中国就业结构变迁的成功进行一个简要的定性描述。在第三节，我们考察就业结构变迁对中国劳动生产率增长的影响。在第四节，我们考察中国的经济特区政策在推动产业集聚上所扮演的角色，以及由此带来的制造业就业和服务业就业的扩张。在第五节，我们采用企业层面的微观数据进一步考察制造业内部各行业的就业和生产率变动。在第六节，在本章研究结论的基础上我们简要讨论中国经验对于其他发展中国家政策制定的意义。

第二节 研 究 背 景

在 1978 年改革开放的前夕，中国仍然是一个贫穷的农业国。1981 年，改革首先在农业部门全面推开，集体农业转向了农业生产的家庭联产承包责任制。农业制度的改革大幅度提高了农业生产率，同时也产生了大量的农村剩余劳动力（Liang and White，1996）。这为进一步实施改革提供了动力，进一步的改革措施包括在一系列经济特区所采取的对外开放政策（Yeung et al.，2009）。这些经济特区的建立始于 20 世纪 80 年代初期，并在 1992 年邓小平南方谈话之后得到了更为快速的发展，吸引了大量 FDI 的流入（Wang and Szirmai，2008）。经济特区新的政策优势包括允许来自农村的劳动力在城市工作和生活，这为经济特区中的制造业企业吸引低工资工人提供了条件（Zhao，2005）。对人口迁移流动管制的放松使得劳动力可以更有效地流动以获取更好的就业机会。与此同时，中国粮食制度的改革和其他城市配套措施使得农村-城市流动迁移人口可以在未获取城镇户口的情况下在城市中工作和生活（Zhao，2000）。这使中国的企业面临更富有弹性的劳动供给曲线，使得它们可以在持续的低成本水平上扩大生产规模（Pack and Saggi，2006）。

正如 Ebenstein（2012）在研究中所表明的，20 世纪 80 年代初以来的改革开放导致了制造业部门大量的 FDI 流入和国外企业的进入，特别是在经济特区。此处对经济特区的定义包括所有类型的经济特区，即包括狭义的经济特区、自由贸易区、出口加工区和沿海开放城市等四种形式。大量 FDI 的流入使中国得以实现其制造业部门的现代化。低成本劳动力和来自国外的高科技生产设备的结合使企业能够在极具竞争力的成本水平上进行生产。由于欧美国家普遍有更高的劳动力成本从而无法在世界市场上同中国的制造业产品进行竞争，中国制造业的崛起产生了全球性的影响（Autor et al.，2013；Mcmillan and Rodrik，2011；Ebenstein et al.，2012）。国外企业的进入还产生了连锁效应，不仅在经济特区，也在其他城市产生了大量制造业企业。正如我们将要讨论的，正是中国制造业部门的扩张带来了中国整体劳动生产率的增长。

在 20 世纪 90 年代，中国快速扩张的制造业部门促使政府寻求加入 WTO，从而使中国同许多贸易伙伴国所签订的贸易协定永久化，如美国（Ianchovichina and Martin，2001）。中国在全球经济中的重要性的上升意味着中国加入 WTO 对其他国家而言同样意义重大，这为跨国公司进一步在中国投资设厂提供了激励。伴随着制造业部门的扩张，其他部门，如建筑、批发和零售，以及公共管理部门等同样增长迅速。这些辅助性产业的增长提供了更多的就业岗位，吸引了更多的农村-城市迁移流动劳动力，从而进一步推动了中国经济的结构变迁。由这些劳动力在不同部门和地区之间再配置所产生的生产率变动是巨大的，导致了快速的经济增长和城乡居民生活水平的上升。在本章第三节中，我们对此进行了考察。

第三节 劳动生产率增长的分解：就业结构变迁与部门内增长

一、劳动生产率增长的"部门内"效应和"部门间"效应

劳动生产率的增长可以通过两个主要渠道实现。首先，技术创新和新技术的采用能够导致"部门内"生产率的增长。这是一国劳动生产率增长的标准渠道。然而，正如 Mcmillan 和 Rodrik（2011）所强调的，部门间的劳动力资源配置也会对劳动生产率产生或正或负的影响。他们将劳动生产率的变动分解为"部门内"的技术升级和"部门间"的就业变动：

$$\Delta P_t = \sum_{i=1}^{n} \theta_{i,t-k} \Delta p_{i,t} + \sum_{i=1}^{n} p_{i,t} \Delta \theta_{i,t} \tag{5-1}$$

其中，P_t 和 $p_{i,t}$ 为第 t 年总体生产率水平和部门 i 的生产率水平；$\theta_{i,t}$ 为部门 i 的就业比重。方程（5-1）右边第一项是"部门内"效应，用于衡量由部门内部劳动生产率增长所带来的总体劳动生产率增长；第二项为"部门间"效应，即结构变迁的影响，用于衡量劳动力在部门间的再配置所带来的总体劳动生产率增长。

在表 5-1 中，我们计算了部门内劳动生产率增长和结构变迁对中国总体劳动生产率增长的相对贡献。在 1990 年，农业部门的就业占总就业的 59.01%，到 2007 年，这一比例下降到了 40.99%，减少了大约 6770 万人口。在这一时期，制造业就业增长了大约 27.7 万人，与此同时服务业就业增长了超过 8400 万人。因为制造业部门和服务业部门的劳动生产率均高于农业部门，这种部门间就业结构的变化提高了整体劳动生产率。在图 5-1 中，我们可以直接看到就业结构变动同部门相对劳动生产率之间的显著正相关性。

表 5-1　部门内和部门间劳动生产率变动（1990～2007 年）

部门类别	1990 年就业比例	2007 年就业比例	1990～2007 年就业变化/个百分点	1990 年劳动生产率/(元/人)	2007 年劳动生产率/(元/人)	部门劳动生产率年均增长率	"部门内"增长对总体增长贡献	"结构变迁"对总体增长贡献
农业	59.01%	40.99%	−18.02	1 311	3 047	5.09%	1.02%	−0.55%
采矿业	1.53%	1.08%	−0.45	4 576	57 798	16.09%	0.81%	−0.26%
制造业	14.92%	16.07%	1.15	4 395	25 227	10.83%	3.09%	0.29%
公共设施服务	0.50%	0.66%	0.15	7 660	67 915	13.70%	0.30%	0.10%
建筑业	4.19%	7.53%	3.34	3 467	8 823	5.65%	0.22%	0.29%
批发和零售业	4.91%	8.69%	3.78	6 040	13 397	4.80%	0.36%	0.50%
交通运输和邮电通信业	2.71%	3.64%	0.93	5 733	19 085	7.33%	0.36%	0.18%
金融和商业服务业	0.62%	0.89%	0.26	44 536	141 984	7.06%	0.61%	0.37%
社区、社会和个人服务业	2.71%	5.16%	2.45	2 565	13 253	10.14%	0.29%	0.32%
政府服务	8.91%	15.31%	6.40	2 367	6 451	6.08%	0.36%	0.41%
总计	—	—	—	2 693	11 823	9.09%	7.42%	1.67%

资料来源：国家统计局（1990～2007 年）。

注：增加值以 2000 年购买力平价美元计价。就业和生产率数据由 McMillan 和 Rodrik（2011）根据国家统计局提供的数据整理得到

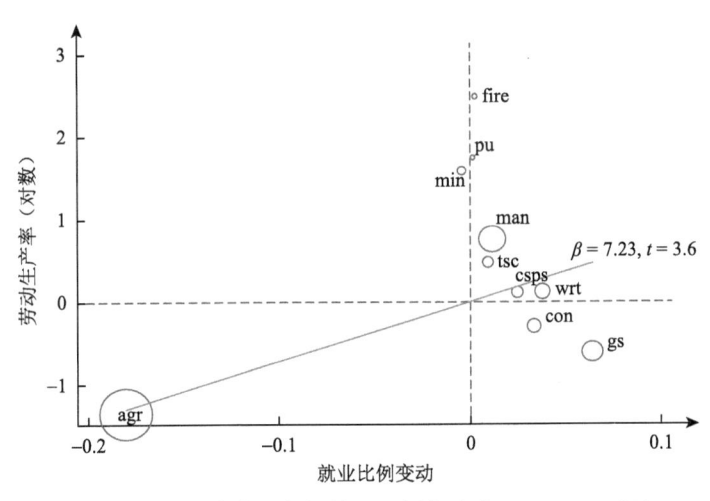

图 5-1　部门生产率与部门就业比例变动（1990～2007 年）

资料来源：国家统计局（1990～2007 年）；就业和生产率数据由 Mcmillan 和 Rodrik（2011）根据中国国家统计局提供的数据整理得到拟合线为加权拟合结果，空心圆大小反映权重，即该行业部门在 1990 年的就业比重。图中行业部门分别为：（agr）农业；（min）采矿业；（man）制造业；（pu）公共设施服务；（con）建筑业；（wrt）批发和零售业；（tsc）交通运输和邮电通信业；（fire）金融和商业服务业；（csps）社区、社会和个人服务业；（gs）政府服务

二、工业化导致了农业生产率的增长吗？

尽管中国通过将巨大规模的劳动力转移出农业部门实现了整体劳动生产率的增长，但在农业部门内部，仍然有年均 5.08% 的劳动生产率增长。中国是如何实现农业生产率增长的呢？农业生产率的增长是农业技术进步的结果，还是仅仅是使用不同衡量方法的结果？劳动生产率以部门总增加值除以总就业人数来代表，因此，如果离开农业部门的劳动力的生产率低于部门平均劳动生产率，或者农业部门劳动力投入是被资本投入（如农业机械）所替代，那么结构变迁就会导致农业生产率的增长。相关数据显示，农业部门劳动生产率的快速上升是与农业部门就业比重的下降同时发生的，农业部门劳动生产率的增长很可能主要源于农业部门就业的下降。并且，农业部门劳动生产率的快速增长从时间上看与农业部门的技术变迁和资本升级并不同步。新的农业生产技术的采用主要发生在 20 世纪 80 年代和 90 年代，而农业部门劳动生产率上升最快的阶段是在 2000 年至 2005 年间——恰好是中国的制造业和服务业部门增长最快的时期。因此，对农业部门劳动生产率上升的一个可能的解释是，一旦大量存在于农业部门的剩余劳动力被吸引到制造业和服务业部门，农业部门的增加值除以就业人数所得到的劳动生产率就表现出了明显的上升。

在表 5-2 中，我们对这一假说进行了更严格的检验。使用 1949 年至 2008 年的省级面板数据，我们考察了农业生产率同非农就业比重的关系，并且在回归中控制了直接影响农业生产率的那些技术性因素，如农业机械动力投入和农业化肥投入（Fan, 1991; Fan and Pardey, 1997）。在所有的回归中我们都控制了省份固定效应和时间固定效应，因此，我们利用的是每个省份非农就业变动的时间差异[①]。我们发现非农就业比重每增加 1 个百分点，农业部门劳动生产率提高 1.6%，即使是控制了农业机械动力投入和农业化肥投入。农业机械动力投入和农业化肥投入同样与农业劳动生产率有显著的正相关性。

表 5-2　农业部门劳动生产率和非农就业（1949~2008 年）

因变量：对数农业劳动生产率	全部样本（1949~2008 年）			限制样本（1990~2008 年）		
	OLS	一阶段回归	2SLS	OLS	一阶段回归	2SLS
	（1）	（2）	（3）	（4）	（5）	（6）
非农就业比重	0.016*** (0.001)		0.041*** (0.004)	0.016*** (0.001)		0.015* (0.008)
单位面积农业机械动力投入	0.024*** (0.006)	0.621*** (0.193)	0.042*** (0.010)	−0.004 (0.006)	0.586** (0.241)	0.029*** (0.009)

---

① 在这种模型设定下所得到的回归系数和采用双重固定效应模型（two-way fixed effect model）所得到的回归系数是完全相同的。

续表

因变量：对数农业劳动生产率	全部样本（1949~2008年）			限制样本（1990~2008年)		
	OLS	一阶段回归	2SLS	OLS	一阶段回归	2SLS
	（1）	（2）	（3）	（4）	（5）	（6）
单位面积农业化肥投入	0.215*** (0.048)	−1.361 (1.375)	0.281*** (0.064)	0.033 (0.045)	3.056* (1.705)	0.155*** (0.058)
SEZ(1 = yes)		2.418*** (0.212)			1.228*** (0.317)	
常数项	−3.943***	16.142***	−4.334***	−2.066***	38.653***	−2.161***
观测值	1105	988	988	578	460	460
R^2	0.981	0.852	0.971	0.968	0.578	0.964

资料来源：《新中国六十年统计资料汇编》

注：所有回归都控制了省份固定效应和时间固定效应。OLS（least squares，普通最小二乘法）和2SLS（two stage least squares，两阶段最小二乘法）回归用于估计劳动生产率方程。第（2）列和第（5）列的一阶段回归估计省内是否有经济特区（SEZ）（此处经济特区包括狭义的经济特区、自由贸易区、出口加工区和沿海开放城市）对非农就业的影响

*、**、***分别表示在10%、5%和1%显著性水平下显著

即使控制了省份固定效应和时间固定效应，由于非农就业比重和农业劳动生产率两者相互影响，我们在表5-2第（1）列所建立的两者之间的正向关系仍然只是一种相关性，很难说具有因果性（causality）。因此，我们采用2SLS以进一步纠正内生性偏倚。我们利用一个省份是否有经济特区来作为该省份非农就业的工具变量。经济特区的建立很显然会创造更多的非农就业机会，但是不应该同农业技术变动直接相关。当然，我们所采用的工具变量并不是理想的工具变量，经济特区的选取会依赖于当地的特征，以及对该地区未来技术变动（包括农业生产技术变动）的预期。然而，2SLS估计能够进一步佐证我们采用OLS回归所得到的结论，因为经济特区的建立同制造业部门的扩张紧密相关，远强于其与农业技术变动之间可能存在的相关性。正如表5-2第（2）列所显示的，一阶段回归表明一个新的经济特区的建立使该省非农就业比重显著上升2.418个百分点。2SLS估计结果显示，非农业就业比重每增加1个百分点，农业劳动生产率上涨4.1%，表明中国政府采取的旨在促进制造业发展的政策在提升农业部门生产率上同样扮演着重要角色。

在表5-2第（4）列至第（6）列，我们使用1990年至2008年的子样本数据重新对模型进行了估计。在这个时期，由于主要的农业生产技术革新都已经被采用，由农业技术革新本身所带来的农业生产率的增长效应应该相对减弱，而这一时期制造业和服务业部门的更快扩张则意味着非农就业的上升在影响农业生产率

上所扮演的角色应该更为明显。第（4）列至第（6）列中各解释变量的估计在方向上同我们采用1949年至2008年样本所得到的结果很相似，进一步加强了我们的结论。总体来看，这些回归结果表明结构变迁对生产率增长的实际影响可能比方程（5-1）所刻画的更为关键，因为就业结构变迁本身也会对部门内生产率增长产生影响。

第四节 经济特区、产业集聚和制造业乘数

一、产业集聚的度量

正如我们在本章第三节所描述的，在1990年至2007年间，中国的制造业部门就业经历了健康快速的增长，吸收了大量从农业部门释放出来的廉价劳动力。然而，值得注意的是，农业部门所释放出来的劳动力并非主要由制造业部门所吸收。事实上，这一时期，服务业部门所吸收的新增就业数量是制造业部门所吸收的就业数量的三倍以上。那么，为什么人们更多地讨论的是制造业在中国结构变迁中的作用呢？在本节，我们考察了中国所采取的产业政策在推动产业集聚上所扮演的角色，以及这些政策及产业集群对制造业和服务业就业扩张的影响。

产业集聚是提升制造业生产率的主要动力。产业集聚在企业间所产生的技术扩散使得企业间更具有竞争性，而企业之间激烈的竞争使得生存下来的企业所生产的产品在价格上更具有全球竞争力。产业集聚通过创造更好的市场环境、劳动力环境和知识外溢来提供正的外部性（Porter，1998；Deichmann et al.，2008）。尽管产业集聚也会产生由拥挤成本（由土地、水电等资源的稀缺所导致的价格上升）造成的负外部性，来自许多国家的理论和经验证据都表明，产业集聚带来的收益超过了其成本（Ciccone and Hall，1993；Ciccone，2002）。在中国的背景下，产业集聚对经济增长的影响更大。在中国，产业集聚的出现使中小企业能够更好地在与行业内其他企业的交易中获得贸易信贷（Long and Zhang，2011）。给定中国发展非常不充分的资本市场，这一点对于促进中小企业发展，推动经济增长而言更为关键。

中国的政策改革通过在城市中建立科技园等方式，推动了产业集聚的发展。在这些科技园区，许多企业从事相关产品的生产制造。这同美国的许多制造业产业类似，在某一个区域市场中由许多企业生产相关的产品。例如，美国的汽车制造业（底特律）、钢铁制造业（匹兹堡）和飞机制造业（西雅图）。在图5-2中，我们考察了中国的产业政策在创造产业集群和吸引制造业企业投资设厂方面所发挥的作用。具体地，我们描述了29个制造业行业就业分布的空间基尼系数同对应行业在经济特区（按照1995年状态定义）的就业比重之间的关系。其中，每一个行业就业分布的空间基尼系数采用如下式子进行计算：

$$2 \times \frac{\sum_{i=1}^{N} i \times X_i}{N \times \sum_{i=1}^{N} X_i} - 1 - 1/N$$

每一个县按照其总就业人数进行排序,并标记为第 i 个县,X_i 为第 i 个县的就业人数;N 为县的数量。

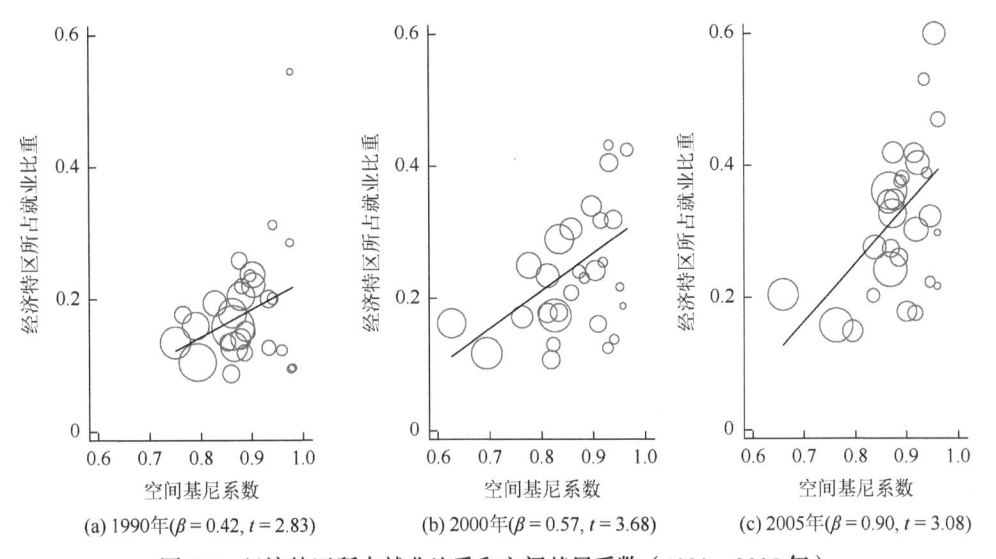

(a) 1990年($\beta = 0.42$, $t = 2.83$)　　(b) 2000年($\beta = 0.57$, $t = 3.68$)　　(c) 2005年($\beta = 0.90$, $t = 3.08$)

图 5-2　经济特区所占就业比重和空间基尼系数(1990~2005 年)

资料来源:1990 年人口普查数据、2000 年人口普查数据和 2005 年全国 1%人口抽样调查数据
所有行业均为制造业行业。拟合线为加权拟合结果,空心圆大小反映权重,即对应年份该行业就业比重。空间基尼系数用于衡量就业在县级行政单位之间分布的集中度。为计算空间基尼系数,我们首先在两位行业代码水平上计算了每个县级行政单位各行业就业数量,然后以县级行政单位为基本单位,按照基尼系数的标准算法计算了就业分布的空间基尼系数。此处经济特区包括狭义的经济特区、自由贸易区、出口加工区和沿海开放城市

图 5-2 显示经济特区就业比重较高的行业有更高的空间基尼系数,其相关性在 2005 年最强。在 1990 年,空间基尼系数每增加 0.01,经济特区的就业比重就高出 0.42 个百分点。在 2005 年,两者之间的关系更强,空间基尼系数 0.01 的增加对应经济特区就业比重 0.90 个百分点的增长。图 5-2 还反映出经济特区就业占全国总就业的比重平均而言上升了,有至少 30%的就业是在经济特区。图 5-2 也反映出在某些行业,就业的空间集聚有所下降,表明在某些产业集聚地拥挤成本的上升导致了一部分企业向土地和劳动力成本较低的地方迁移(He and Wang,2012)。

二、对制造业乘数的估计

产业集聚意味着制造业部门就业的集聚,这自然地引致了对服务的需求。许

多旨在为制造业企业投资设厂提供优惠的政策的出发点之一就在于创造相关部门的就业，如某些服务业部门。由于宏观经济景气变动在影响制造业就业的同时往往也影响服务业就业，识别制造业就业对服务业就业的带动作用变得非常困难。例如，如果城市新建设一条高速公路，那么无论制造业还是服务业部门就业都会增长，因为更好的基础设施服务会吸引制造业企业投资设厂，也会吸引批发和零售商，甚至吸引其他普通居民的迁入。通常所看到的制造业就业和服务业就业之间的正向关系，并不意味着存在任何因果性。在识别制造业就业对服务业就业的因果性影响上，由经济特区的政策试验所推动的贸易导向型制造业的扩张至少部分地为我们提供了计量识别的可能。贸易导向型企业主要是制造业企业，因为制造业产品通常被认为是可贸易品，而服务则是非可贸易的。我们可以利用工业产品进出口的增长，采用 2SLS 模型估计制造业就业增加对服务业就业的影响，这能够更多地避免 OLS 估计可能存在的内生性问题。制造业部门一个就业岗位的增加可能引致更多的服务业就业的增加，从而存在乘数效应。这是由于可贸易部门从业者的增加或者收入的提高，会对服务产生强劲的需求，引致更多的服务提供者。

为了从经验上估计制造业就业的乘数效应，我们以城市（地级市）为单位将 1990 年、2000 年和 2005 年的就业数据进行了匹配。对每一个城市，我们分别考察了 9 个服务业大类的就业在考察期内的变动同制造业部门就业变动的关系。我们分别采用三种估计方法对此进行了估计。第一种方法是通常所采用的 OLS 估计。第二种估计方法利用制造业产品对外贸易量的变化作为制造业就业变动的工具变量，采用 2SLS 方法进行估计。制造业产品的对外贸易影响制造业品的需求，从而产生对制造业就业的引致劳动力需求。此处的工具变量是加权的进出口量变动。具体地，我们估计如下的一阶段方程：

$$\Delta \text{Employment\_mfg}_i = \beta_0 + \beta_1 \sum_{j=1}^{29} \text{share}_{ij} \times \Delta \text{export}_j + \beta_2 \sum_{j=1}^{29} \text{share}_{ij} \times \Delta \text{import}_j + u_i$$

(5-2)

其中，$\Delta \text{Employment\_mfg}_i$ 为考察期内制造业就业的变动；两个交互项为加权出口变动和加权进口变动，对于地区劳动力市场的其他变动而言是外生的；$\text{share}_{ij} = \dfrac{\text{employment\_mfg}_{ij}}{\sum \text{employment\_mfg}_{ij}}$ 为加权时使用的权重，表示在期初城市 i 在行业 j 的就业比重；Δexport_j 和 Δimport_j 为考察期内产业 j 的进出口变动。两个交互项在文献中也被称为"Bartik"工具变量（Bartik，1991）。直觉上讲，这一策略利用了各城市在制造业产品生产上具有专业化分工这一事实。制造业品生产集中度在城市水平上的差异，使得制造业品进出口对不同城市造成的冲击不同。

我们另一项识别策略是利用制造业部门的 FDI。我们依据中国工业企业数据库的信息计算各城市制造业部门的 FDI。由于所有企业都为制造业企业，因此这些 FDI 对服务业的任何影响都应当是通过制造业产生的。并且，我们还能够直接考察 FDI 同服务业就业的关系，这有助于评估旨在吸引 FDI 的政府政策。我们的一阶段回归如下：

$$\Delta Employment\_mfg_i = \beta_0 + \beta_1 \Delta FDI_i + u_i \qquad (5-3)$$

其中，$\Delta Employment\_mfg_i$ 为在考察期内城市 i 中制造业就业的变动；ΔFDI_i 为在考察期内城市 i 所吸引的 FDI 的变动。

在表 5-3 中，我们估计方程（5-2）和方程（5-3）所示的一阶段关系。我们综合使用了联合国贸易数据库的贸易数据、中国工业企业数据库数据，以及 1990 年、2000 年人口普查数据和 2005 年全国 1%人口抽样调查数据。表 5-3 第（1）列显示，在 1990 年至 2005 年间，一个单位的出口变化对应 0.120 个单位的制造业就业变化，这一关系在 1%的水平上统计显著。我们没有发现进口对制造业就业有显著影响。第（2）列估计了 2000 年至 2005 年间进出口变动对制造业就业的影响，同样地，出口增加显著促进了制造业就业，但是进口没有显著的影响。我们同样发现 FDI 同制造业就业之间具有显著相关性。在 2000 年至 2005 年间，一个单位的 FDI 增加对应 0.228 个单位的制造业就业增长，且在 1%水平上统计显著。

表 5-3 贸易冲击和制造业就业（1990~2005 年）

项目	因变量：制造业就业变化		
	1990~2005 年	2000~2005 年	2000~2005 年
	（1）	（2）	（3）
出口变动（1990~2005 年）	0.120*** （0.015）		
进口变动（1990~2005 年）	−0.008 （0.007）		
出口变动（2000~2005 年）		0.039*** （0.015）	
进口变动（2000~2005 年）		0.032 （0.021）	
FDI 变动（2000~2005 年）			0.228*** （0.025）
观测值	309	339	289
R^2	0.761	0.729	0.226

资料来源：就业数据来自 1990 年人口普查、2000 年人口普查和 2005 年全国 1%人口抽样调查；贸易数据来自联合国贸易数据库（1992 年、2000 年、2005 年）；FDI 数据来自中国工业企业数据库（2000 年、2005 年）。

注：这些回归是表 5-4 中 2SLS 模型的一阶段回归，分别对应表 5-4 中第（2）列、第（4）列、第（5）列。进出口变动均有地区就业结构加权，具体见式（5-2）。进出口度量单位为商品进出口量，FDI 度量单位为百万美元。

***表示在 1%显著性水平下显著

在表 5-4 中，我们分别采用 OLS 和 2SLS 估计了制造业乘数 [第（1）列至第（5）列]。在所有模型设定下我们估计出的弹性都大于 1：每增加一个单位的制造业部门就业，服务业就业增加 1.218～1.672 个单位。有趣的是，2SLS 估计得到的效果比 OLS 略大，表明采用 OLS 估计出的制造业乘数存在低估，进出口所导致的服务业部门的扩张甚至比制造业更为强劲。这可能是由于跨国公司愿意为引致的服务支付更高的工资（Aitken et al., 1996）。同样有趣的是，2000 年至 2005 年间的制造业乘数效应基本上大于 1990 年至 2005 年间，表明这一现象随时间有所增强。细分服务业部门所得到的结果也都很符合直觉：反应最敏感的服务业部门是批发和零售业、住宿和餐饮业以及建筑房地产业。制造业部门的扩张会导致更多的运输、销售需求，需要更多医院和酒店服务，工人的聚集也要求有新的商业住房和居民住房供给。最后，在表 5-4 第（6）列，我们估计了制造业部门 FDI 对服务业就业的对数-对数（log-log）模型。我们发现，FDI 每增长 1 个单位，服务业就业增长 0.512 个单位，表明 FDI 在制造业以外还对当地经济具有显著的影响。

表 5-4　制造业就业对服务业部门就业的影响：OLS 和 2SLS 估计

项目	1990～2005 年 OLS (1)	1990～2005 年 2SLS（IV=进出口）(2)	2000～2005 年 OLS (3)	2000～2005 年 2SLS（IV=进出口）(4)	2000～2005 年 2SLS（IV=FDI）(5)	OLS（自变量：FDI）(6)
服务业部门（总体）	1.218	1.429	1.501	1.672	1.631	0.512
建筑和房地产业	0.171	0.188	0.242	0.261	0.242	0.341
交通、仓储和邮政业	0.025	0.032	0.189	0.208	0.204	0.278
信息传输、计算机服务和软件业	0.051	0.055	0.055	0.066	0.074	0.327
批发和零售业	0.355	0.381	0.360	0.399	0.394	0.404
住宿和餐饮业	0.215	0.240	0.214	0.231	0.239	0.350
金融和商业服务业	0.113	0.125	0.142	0.168	0.175	0.318
科学研究和技术服务业	0.029	0.031	0.037	0.041	0.042	0.479
公共设施管理业	0.165	0.168	0.160	0.159	0.143	0.355
公共管理和社会组织	0.080	0.079	0.094	0.098	0.086	0.217
城市数量（地级市）	309	309	339	339	289	289

资料来源：就业数据来自 1990 年人口普查、2000 年人口普查和 2005 年全国 1%人口抽样调查；贸易数据来自联合国贸易数据库（1992 年、2000 年、2005 年）；FDI 数据来自中国工业企业数据库（2000 年、2005 年）

我们的结果表明中国快速的结构变迁源于制造业就业的扩张，但是这一转型进程的驱动力同样来自制造业部门以外的就业增长。对于其他国家的启示在于：由于制造业部门对服务业有强力的引致需求，旨在吸引 FDI 流入制造业部门的任何政策努力都不仅会创造制造业部门就业，还会推动服务业部门就业。

第五节 制造业内部的劳动生产率增长

在本节，我们将制造业部门进行细分，进一步考察制造业部门内部各行业劳动生产率的增长和就业变化。在保持 1990 年、2000 年和 2005 年行业代码一致的基础上，我们将制造业各行业在两位代码水平上细分为 29 个子行业。对制造业部门的内部考察有助于我们更深入地了解制造业部门内部的结构变迁，并且我们希望能够进一步理解制造业的空间集聚特征。正如我们已经指出的，产业集聚是推动中国制造业扩张的一个重要因素。在制造业部门内，我们分行业报告了行业就业、行业就业分布的空间基尼系数，以及两者随时间的变动。

正如图 5-3 所示，29 个制造业行业的生产率及其随时间变动的趋势有很大差异。在 1998 年，大的行业部门，诸如纺织服装业和非金属矿产业雇用了超过 20% 的制造业部门工人，但是到 2007 年，这一比例已经下降到了 15%。相反，电气设备机械制造业和通信电子设备业就业比重从 1998 年的 8% 增长到了 2007 年的 15%。这表明中国的制造业正在向生产更为复杂精细的产品转型，反映出中国在制造业产业价值链上的提升（Yu，2011）。Brandt 和 Thun（2010）发现国外企业产品生产的本地化在中国制造业向高附加值产品（诸如建筑设备，机械工具和汽车）转型上同样扮演了重要角色。中国制造业产业升级的趋势导致了诸如越南等更具劳动力成本优势的国家的廉价制造业品的出口增长。这一转移并没有阻碍中国的制造业发展，相反，中国的制造业随着其比较优势的演进得到了进一步发展（Lin，2011）。

在所有的制造业部门，我们都观察到了快速的劳动生产率提升。在 1998 年至 2007 年间，制造业部门总体劳动生产率从年人均 3 万元增长到了年人均 11.7 万元（1998 年不变价）。制造业部门大部分的劳动生产率增长都来自部门内增长，各行业平均增长率大约为 18.2%。事实上，制造业部门内的结构变迁略微降低了总体劳动生产率，较低生产率行业的扩张导致总体劳动生产率下降了大约 1.9%。一个可能的解释是高生产率部门的增长导致了进一步的资本深化，降低了劳动力需求。然而，尽管制造业内部结构变迁对总体劳动生产率增长的贡献为负，电气设备机械制造业和通信电子设备业的扩张为生产率的年增长贡献了 1.46%。这表明，尽管有些行业的劳动生产率已经高于平均水平，其就业扩张仍然强劲。

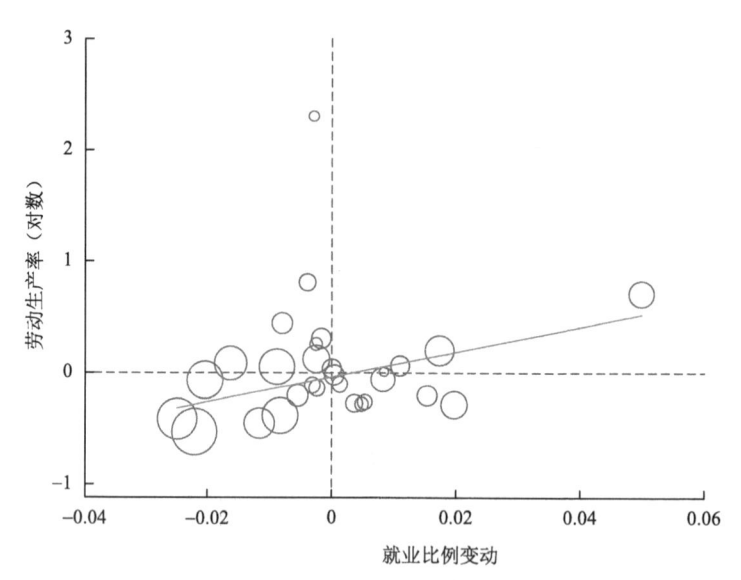

图 5-3 制造业部门内各行业劳动生产率与就业比例变化（1998~2007 年）

资料来源：中国工业企业数据库

β=11.23，t=3.51；N=29。拟合线为加权拟合结果，空心圆大小反映权重，即该行业在 1998 年就业比重

第六节 总　　结

　　本章考察了中国的就业结构变迁及其同 1990 年至 2007 年间中国的爆发式经济增长的关系。中国旨在鼓励 FDI 流入的产业政策的成功是制造业劳动生产率快速增长的重要推动力之一。FDI 的流入不仅促进高效率国外企业的投资设厂，也促进了国内企业经营绩效的提升。中国制造业部门的扩张进一步推动了服务业部门的增长，使得现代部门可以吸收大量的农业部门剩余劳动力。通过利用贸易扩张对制造业部门的冲击，综合采用 OLS 和 2SLS 估计，我们发现由外部需求引起的服务业部门就业扩张甚至比制造业部门更为强劲。制造业乘数效应导致了中国现代部门就业的快速扩张，吸收了大规模的农村-城市迁移流动劳动力。加上中国对国内人口流动和迁移管制的放松，现代部门源源不断的廉价劳动力的涌入使得中国得以以很低的产品价格同其国际对手展开竞争。另外，农业部门大量剩余劳动力的离开，也提升了农业部门的劳动生产率。这表明，对于其他旨在提升农业部门生产率的发展中国家而言，同样可以把政策重点放在推动现代部门增长。

　　中国在许多方面有其特殊性，使得任何其他国家效仿中国模式以推动结构变迁变得更为困难。首先，中国在改革开放之前的增长停滞主要源于人为的对自由市场经济的限制性政策。其他国家可能存在其他更为基础性的问题。其次，在中国经济快速增长期，中国有非常稳定的政府体系，这使得国外投资者可以放心地进行投资，而不用担心由政治暴力导致的利益损失。然而，在许多非洲国家这一条件并不具备。再次，中国大量的农村劳动力愿意接受较低的工资水平。在其他国家，工人们未必愿意如此。然而，也没有理由能够完全排除同样的模式可在其他国家发挥作用的可能。在 1978 年以前，中国仍然是一个贫穷的农业国，而今天，中国已经成为"世界工厂"。

第六章

产业升级、技术进步的就业破坏和就业创造效应

本章以工业机器人为研究对象,探讨了智能制造为代表的产业升级对于劳动力就业的挤出效应和创造效应,以及其对于中国经济结构转换的意义所在。基本的宏观数据分析表明密集应用工业机器人的行业呈现出显著的机器人换人趋势,但是服务业尤其是生产性服务业的从业占比却在提升。进一步的实证分析表明,工业机器人渗透度越高的地区第二产业就业减少越多,第三产业尤其是生产性服务业就业增加越多。在考虑了劳动者的人力资本水平后发现,对于高技能劳动者来说,智能制造使其第二产业和第三产业就业机会均增加,而对于低技能劳动者来说,智能制造的发展挤占了其就业机会。由此可见,工业机器人的应用产业升级推动了中国劳动力就业结构的变化,而这一结构性变化正是智能制造推动我国逐步实现经济结构转换的必然表现。

第一节 引 言

为了应对劳动力成本上升与劳动力短缺的双重压力,并在新一轮科技革命和产业革命中占据先机,我国政府将机器人产业发展及其在各行业中的应用确定为国家发展的重点领域,并于近年来连续出台了一系列相关发展规划和扶持政策。《中国制造2025》将高档数控机床和机器人列入重点发展的十大领域之中。"十四五"规划纲要则提出通过推动机器人等产业创新发展来实现制造业高端化和智能化。而根据国际机器人联合会(International Federation of Robotics,IFR)给出的定义,工业机器人是可编程的无须人工操作的且可执行多类任务的机器,可见工业机器人是一种对于劳动力有极强替代性的资本品。在这一背景下,已有大量研究关注工业机器人的应用对于劳动力的挤出效应,而对工业机器人的岗位创造效应则关注较少。工业机器人使用引致的产业基础高级化和产业结构合理化将导致制造业行业生产率提高和产出增加,并通过行业关联等效应扩散至以服务业为代表的其他部门,从而可能对就业产生创造效应。本章试图对工业机器人这一智能制造代

表技术的应用对就业影响的双面性进行系统分析，进而论述智能制造技术的应用对于我国快速实现经济结构转换的现实意义。

工业机器人对于劳动力的替代是显而易见的，国内外已有大量学者对这一现象进行了验证。Dinlersoz 和 Wolf（2018）、Acemoglu 和 Restrepo（2020）以美国为例，通过构建理论模型并使用 Bartik 工具变量识别方法进行研究，发现机器人技术的进步和应用会导致劳动力就业水平和工资均显著下降，且这种负面效应在各个行业和各个技能水平下都是十分稳定的。Faber（2020）则以承接发达国家外包服务的发展中国家为切入点，研究了发达国家工业机器人的使用对那些与发达国家贸易联系密切的发展中国家就业的影响，研究发现发达国家自动化技术的使用使得依赖出口的发展中国家失业增加。随着工业机器人使用规模的不断攀升，工业机器人在我国也得到大规模的应用，有很多学者对中国的工业机器人应用对劳动力市场的影响进行了探讨。Cheng 等（2019）综合使用专利申请数据、企业注册数据和中国企业-劳动力匹配调查（China Employer-Employee Survey，CEES）数据从供给侧和需求侧角度揭示了中国机器人使用量快速上升的原因。孔高文等（2020）联合地区层面与行业层面的机器人应用数据考察了机器人应用对中国劳动力市场的影响。研究发现，机器人应用规模扩大会显著降低本地未来一年的劳动力就业水平，尤其是易被机器替代的行业的就业水平。劳动力市场结构会进一步影响机器人应用所导致的"技术性失业"现象，在低学历员工占比较高、劳动力保护较弱及市场化程度较高的地区，这一现象更为明显。王永钦和董雯（2020）使用中国行业机器人应用数据和制造业上市公司微观数据，从企业层面研究了工业机器人应用对中国劳动力市场的影响。实证结果表明，机器人应用对企业的劳动力需求产生一定的替代效应，工业机器人渗透度每增加 1%，企业的劳动力需求下降 0.18%。魏下海等（2020）则从常规、非常规工作任务的视角考察了机器人对城市劳动力市场的重塑作用，他们发现，机器人对就业的影响并非想象中的悲观。当城市机器人安装密度大时，移民有更大的概率进入该城市就业而不是被挤出劳动力市场，表明机器人的生产力效应相较替代效应而言占据主导力量，机器人所释放的生产力能够创造更多的工作岗位以吸纳移民涌入。

以往文献关注工业机器人使用对于劳动力的替代效应，较少关注被替代的工人"去向何方"以及工业机器人对经济的扩张效应是否能够为这些工人提供新的就业岗位。因此本章试图在以下方面做出贡献：首先，本章试图研究工业机器人应用对于劳动力就业结构的综合影响，尤其是服务业的影响。从而立足于中国这一工业机器人应用量最高的国家为机器人对就业的创造效应提供新的经验性证据；其次，本章试图利用人口普查数据检验人力资本在智能制造冲击对中国劳动力市场重塑过程中扮演的角色。这不仅是对经验事实的进一步检验，更有助于我国在大力发展智能制造产业的同时有针对性地制定培育与自动化技术互补型人才的政策措施。

第二节 工业机器人应用与我国就业趋势变化

作为智能制造的重要组成部分之一，工业机器人早在20世纪90年代就已经应用于发达国家制造业生产中了，是一种发展相对成熟且有着丰富的制造业应用经验的人工智能技术。IFR数据显示，我国各行业自2006年起开始应用工业机器人，短短12年之后，我国就已成为世界上工业机器人产量和应用规模最大的国家。与世界上其他密集使用工业机器人的国家相似，交通设备尤其是汽车制造行业和电气机械行业是我国重点应用工业机器人的行业，其工业机器人存量远高于其他行业，如图6-1所示。因此，工业机器人的应用程度在我国各行业之间存在较强的异质性。

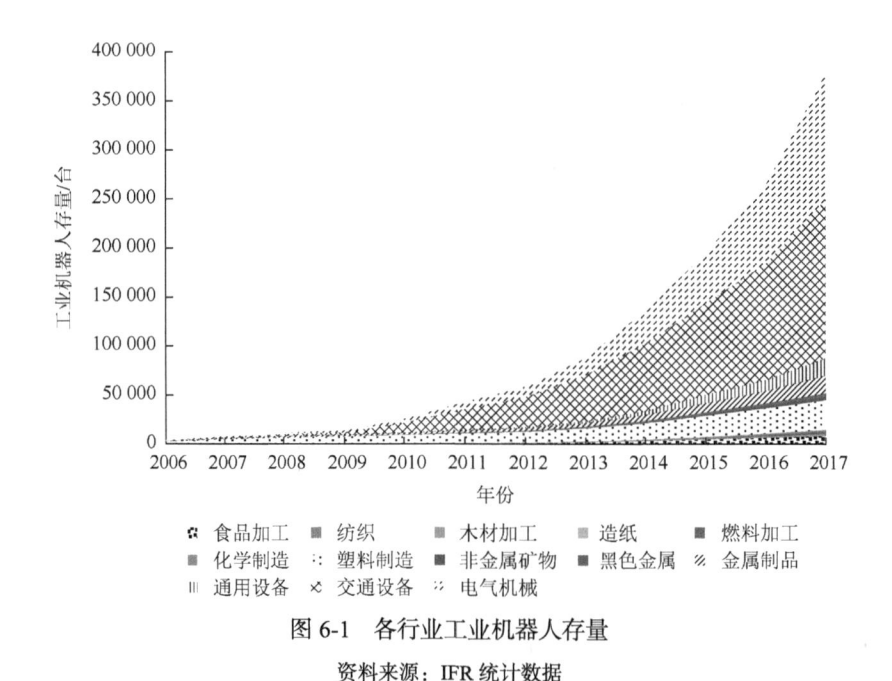

图6-1 各行业工业机器人存量

资料来源：IFR统计数据

从地区的视角来看，工业机器人在我国各地级市维度上的应用程度也存在较强的异质性。本章利用1996年至2015年中国海关数据库中提供的进口商品HS6位编码以及进口企业所在城市信息识别出了各地级市1996年至2015年平均工业机器人存量。作为制造业发展程度最高、劳动力短缺情况发生相对较早的东部沿海地区，其工业机器人应用程度整体更高。以哈尔滨为代表的我国东北地区也是

第六章 产业升级、技术进步的就业破坏和就业创造效应

早期工业相对发达的地区,近年来在工业机器人发展和应用方面实力强劲,工业机器人应用程度也很高。以湖南、河南、四川等为代表的中西部省份近年来逐渐承接来自东部沿海地区的制造业转移,随之而来的是工业机器人应用程度的提升。然而与这些密集使用工业机器人的地区相比,我国其他地区工业机器人使用程度普遍偏低,由此可见,我国工业机器人普及程度存在较强的地区差异性。

我国第二产业从业人数下降,第三产业从业人数增加,这一劳动力就业结构的变化与我国智能制造不断深化的趋势有密切的联系,甚至可以说智能制造是我国劳动力就业结构变化的重要推动力之一。图6-2绘制了1996~2019年我国三次产业从业人数变动趋势,自2013年以后我国第二产业从业人数逐年下降,第三产业从业人数稳步上升。工业机器人的一大显著特征是无须大量人力进行维护和操控,应用工业机器人的工厂往往仅需雇用少量维护和管理人员即可进行正常运作。而由于工业尤其是制造业是密集使用工业机器人的行业,因此这些行业中的劳动力替代现象最为明显。但是工业机器人的使用会降低企业可变成本,提升企业生产率,从而增加企业产出和企业盈利,从而促进产业发展。由于产业间联动效应的存在,第二产业的发展为其他相关产业提供了需求,需求的扩大促使产业供给端规模扩张,从而创造出一系列新的工作岗位,其中最突出的例子是服务业尤其是生产性服务业的岗位创造效应。生产性服务业贯穿于产业链各环节,是第二产业与第三产业融合的关键节点。第二产业发展增加了对生产性服务业和服务业的需求,从而创造了服务业就业岗位,这在一定程度上可以解释第二产业从业规模下降与第三产业从业规模上升这一经济结构转换现象。

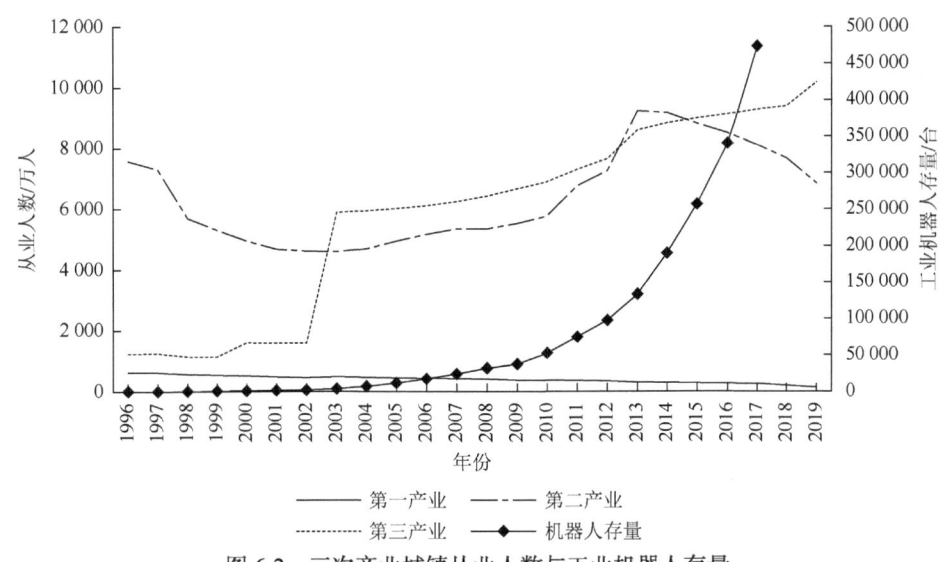

图6-2 三次产业城镇从业人数与工业机器人存量

资料来源:《中国统计年鉴》、IFR统计数据

第三节　挤出效应：工业机器人应用与第二产业就业

工业机器人引发的"机器人换人"会造成技术性失业，其对中、低技能劳动者的挤出主要通过以下几种途径。

第一，应用工业机器人降低了要素成本，能够有效解决"没人干、不愿干、不能干"的工作问题（程承坪，2021）。在政府推出"中国制造2025"政策背景下，工业机器人均价连年走低，成本回收期基本降至2年以内，符合制造业对投资回报周期的预期，具备较强吸引力，机器人应用得到强化后将加速生产自动化进程。由于资本价格变动对劳动力需求有反向作用，低成本机器设备的大量引入将导致不变资本增加，劳动力可变资本减少，资本有机构成提高，挤出效应显著，劳动者失业率增加。

第二，应用工业机器人提高了生产效率。相比于常规操作类型的员工，机器人生产在工作强度、效率、精度、时长等方面有更大的优势。自动化技术的应用使得生产效率大大提升，减少对中、低技能劳动者的需求（宋旭光和左马华青，2019），间接帮助企业精简员工队伍，降低管理难度及费用支出。而目前我国制造业劳动力组成以中、低技能劳动者为主，工业机器人大量投入使用后，将在很大程度上取代这类员工（闫雪凌等，2020）。以福建汽车龙头产业东南汽车为例，为响应创新驱动战略，在2012~2017年共投入1.5亿元推行智能化车间改造项目，进行生产供应链全面整合，将智能化、数字化、网络化、机器化、服务化覆盖渗透到各个生产环节，实现了生产工艺可视化、标准化及数据化，使得提车需求满足率达到90%，订单供给及时率达99%以上。

由此可见，第二产业尤其是技术基础与工业机器人适配的相关行业有充分激励利用自动化技术实现"机器人换人"。事实上，分析行业层面的宏观就业数据我们的确可以看到这一趋势。本章利用IFR提供的中国各行业工业机器人存量数据，计算了各行业平均工业机器人存量，按照该平均存量排名先后确定了六个密集使用工业机器人的行业，即金属制品业、通用设备制造业、专用设备制造业、交通运输设备制造业、电气机械及器材制造业和计算机通信设备制造业。并搜集了《中国工业统计年鉴》中统计的以上这些行业的产值和从业人员数据。如图6-3所示，这些密集使用工业机器人的行业都经历了从业人员规模增速放缓乃至从业人员规模下降，但与此同时其产值却整体增加。可见工业机器人的使用对企业而言是一种"福音"，使得企业可以从容应对劳动力短缺和劳动力成本上升，从而配置更多资金投资于技术研发和新产品推广等方向中去，从长期视角看，这将有助于我国企业转型升级乃至产业高级化。然而不可否认的是，每一轮颠覆性的技术进步都会给劳动者带来失业的风险。为此我们应当关注工业机器人这类劳动替代型技术进步是否能通过促进经济发展带来新的就业机会，以弥补失业对经济造成的损失。

第六章　产业升级、技术进步的就业破坏和就业创造效应　139

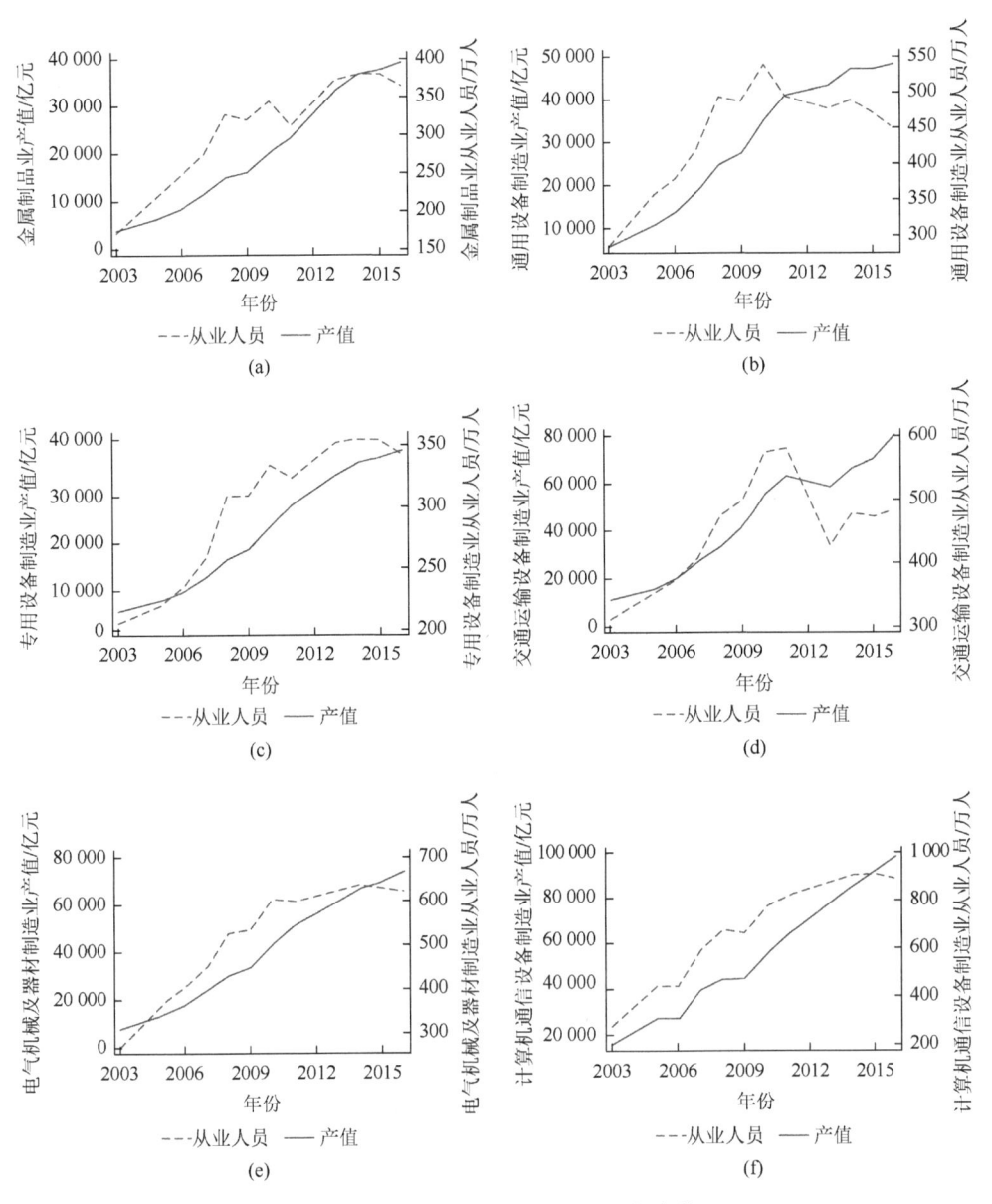

图 6-3　工业机器人应用行业就业与产值

资料来源:《中国工业统计年鉴》

第四节　创造效应:工业机器人应用与第三产业就业

尽管工业机器人应用直接造成了部分行业中中、低技能劳动者被替代,但从长远来看,机器人应用也具备催生新的就业机会的潜力,具体来说主要有以下几种途径。

第一，刺激生产需求从而带来新的就业机会。制造业生产具有规模效应，目前我国已经建立起门类齐全、独立完整的制造业体系，制造业规模跃居世界第一位，自动化生产程度正逐步与世界接轨。随着工业机器人应用密度的提升，在规模经济作用下制成品性价比提高，在消费促进作用下企业生产规模扩大对劳动力需求增加。随着企业扩张发展、劳动者适应能力提升，未来劳动者能够实现再就业。

第二，提出新的技能需求从而催生新的职业类型。尽管机器人生产具备低成本、高效率等优势，但与人类劳动者相比终究缺乏灵活性、创造性、判断力、决策力与沟通力等综合素质（吴锦宇和葛乙九，2018）。新机器的不断引入改变了企业原有生产及管理方式，人才需求结构随之也发生了改变，企业生产整合过程中催生了新的岗位类型以应对生产制造变革，对高技能、知识型劳动者的需求不断增加。有关数据显示，2018年我国技术工人只有1.65亿人，其中高技术工人只有4700多万人，仅占就业人员总数的6%，高科技人才缺口已超500万人。产业层面上，机器生产增加生产迂回性，制造业高端化发展将带动机器人相关产业兴起，衍生出上下游相关岗位，增加劳动力需求。

第三，带动服务业的发展从而创造新的就业机会。产业间的发展是相互联系而非孤立的，工业机器人应用在带动第二产业发展的同时也会带动第三产业的发展。生产性服务业和一些高端服务业是为制造业提供中间服务投入的行业，制造业效率的改善将会扩大对生产性服务业和高端服务业的需求，这正是生产性服务业和高端服务业发展的决定性动力。例如，随着第二产业尤其是制造业的高级化，其对于相配套的研发设计与其他技术服务，货物运输、仓储和邮政快递服务，信息服务，金融服务，节能与环保服务，生产性租赁服务，商务服务，人力资源管理与培训服务，批发经纪代理服务，生产性支持服务等的需求也会逐渐增大。而生产性服务业和一些高端服务业往往涉及复杂的人与人之间的交互，难以通过自动化技术进行完全替代，这就为劳动者提供了新的就业机会。

尽管宏观数据不能完全统计新的职业类型和新的岗位的诞生情况，但是我们可以通过第三产业从业情况初步验证上述观点。为此，本章搜集了《中国城市统计年鉴》汇报的各地级市生产性服务业和非生产性服务业从业人员占比情况，绘制趋势图如图6-4所示。图6-4显示自2011年以后，生产性服务业和非生产性服务业从业人员占比先后显现出持续的上升趋势，这说明服务业尤其是生产性服务业的就业机会在增加，劳动力就业结构正在发生转换。进一步地，我们观察流动人口的从业情况，流动人口是指离开户籍所在地的县、市或者市辖区，以工作、生活为目的异地居住的成年育龄人员。这类人员在进入城市后更容易从事常规任务型工作，随着工业机器人冲击的发生，他们所处的工作岗位更容易被替代从而使其不得不重新搜寻工作。本章利用 2011 年至 2016 年流动人口动态检测数据绘制了流动人口各行业从业人员占比趋势图，如图 6-5 所示，图 6-5 表明流动人口中从事服务业尤其是生产性服务业的占比有所上升但幅度不明显，从事第二产业人员占比则有所下降。

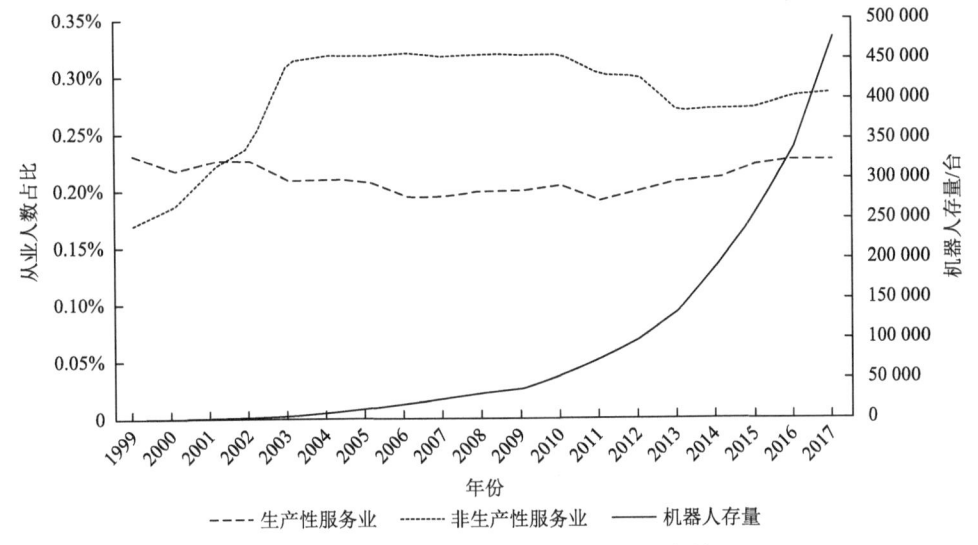

图 6-4 服务业从业人数占比和机器人存量

资料来源：《中国城市统计年鉴》、IFR 统计数据

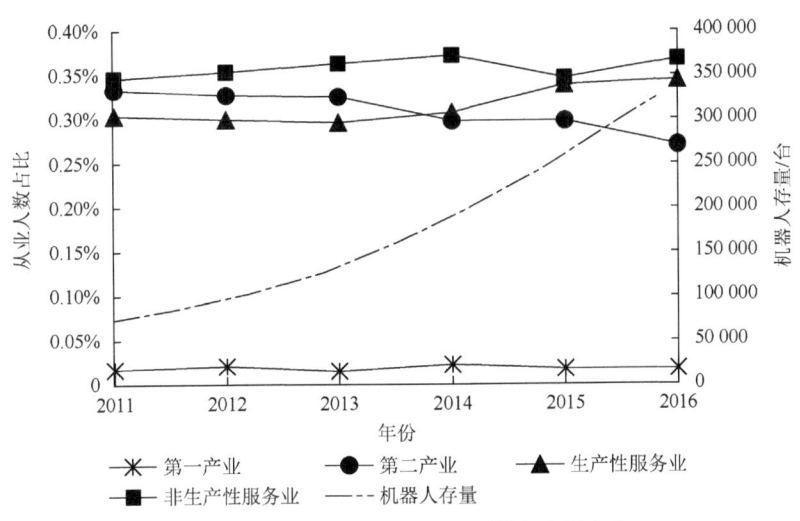

图 6-5 流动人口从业占比和机器人存量变化

资料来源：流动人口动态监测数据、IFR 统计数据

当然，宏观趋势的变动不能完全由某一具体因素解释，需要更细致的分析进行佐证。为此本章计算了每个地级市 2005 年至 2015 年的生产性服务业和非生产

性服务业就业增长率以及每个地级市 2005 年至 2015 年的工业机器人平均进口量存量对数,利用简单的回归分析手段进一步验证工业机器人应用对于服务业就业的创造效应。图 6-6 和图 6-7 分别绘制了机器人存量对数与服务业就业增长率之间相关关系的散点图和拟合线,散点图中每个点的大小代表了该城市在 2005 年时的人口规模。无论是图 6-6 还是图 6-7 都显示,工业机器人应用程度越高则服务业就业增长率越高,两者呈显著的正相关关系。这进一步验证了工业机器人应用促进了我国劳动力就业结构转换的现实。事实上劳动力就业结构从第二产业为主向第三产业为主逐渐转变符合我国经济发展的需求,正是我国逐步实现经济结构转换的必然表现。

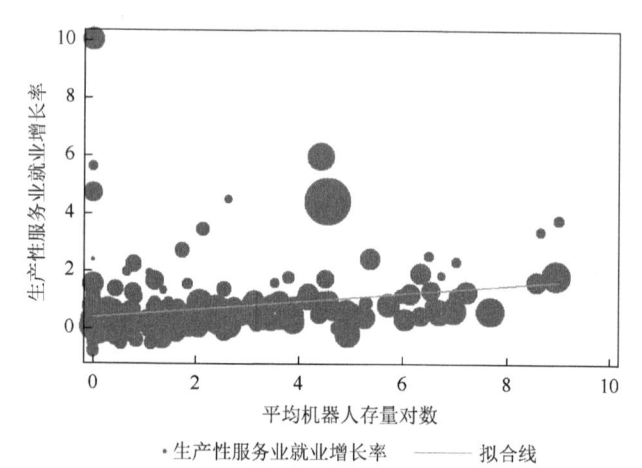

图 6-6 机器人存量对数与生产性服务业就业增长率

资料来源:《中国城市统计年鉴》、中国海关数据库

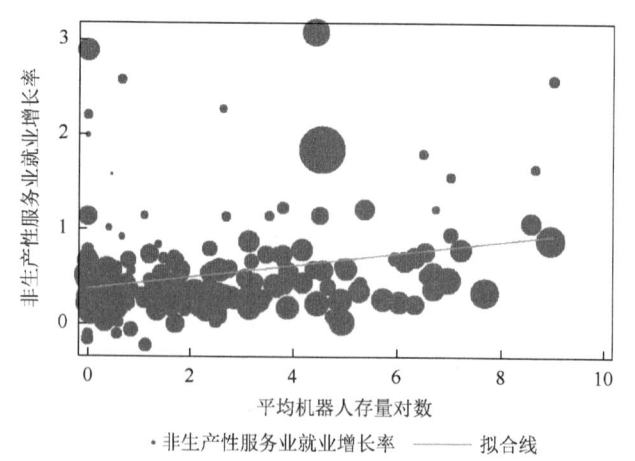

图 6-7 机器人存量对数与非生产性服务业就业增长率

资料来源:《中国城市统计年鉴》、中国海关数据库

第五节 智能制造对劳动力就业结构影响的检验

通过前述分析，我们发现工业机器人的应用对于劳动力的就业可能同时存在两种效应：挤出效应和创造效应。其中，挤出效应主要发生在第二产业，尤其是容易进行工业机器人应用的一些制造业行业；而创造效应则主要发生在服务业，尤其是与第二产业衔接密切的生产性服务业。为了进一步从实证上检验智能制造对劳动力就业结构的影响，本章进行了如下简单回归：

$$\Delta \ln Y_{c,08-17} = \alpha + \text{Robot}_{c,08-17} + \varepsilon_c \qquad (6-1)$$

其中，c 为城市；$\Delta \ln Y_{c,08-17}$ 为每个城市在 2008 年到 2017 年间三次产业从业人员数的变化；$\text{Robot}_{c,08-17}$ 为各城市在 2008 年到 2017 年间的机器人渗透度，该指标的构造借鉴了 Acemoglu 和 Restrepo（2020）的构造方式：

$$\text{Robot}_{c,08-17} = \sum_i l_{ci}^{2008} \cdot \left(\frac{M_{i,2017}^{\text{CHN}} - M_{i,2008}^{\text{CHN}}}{L_{i,2008}^{\text{CHN}}} - g_{i,(2008,2017)} \frac{M_{i,2008}^{\text{CHN}}}{L_{i,2008}^{\text{CHN}}} \right) \qquad (6-2)$$

其中，i 为行业，由于《中国城市统计年鉴》中的行业划分与 IFR 中的行业划分不能完全匹配，因此本章只能以相对粗的粒度将行业划分为第一产业、采矿业、制造业、电力行业、建筑业和第三产业；$M_{i,2017}^{\text{CHN}}$ 和 $M_{i,2008}^{\text{CHN}}$ 分别为中国 i 行业在 2017 年和 2008 年的工业机器人存量；$L_{i,2008}^{\text{CHN}}$ 为全中国行业 i 在 2008 年的从业人员规模；$g_{i,(2008,2017)}$ 为行业 i 在 2008 年到 2017 年期间产出的增长率；l_{ci}^{2008} 为城市 c 行业 i 在 2008 年的从业人员占总从业人员比重，衡量的是基期劳动力就业结构。以上回归中工业机器人存量来自 IFR 汇报的各国分行业工业机器人存量数据。劳动力就业结构、劳动力规模和分三次产业的从业人员变化数据来自《中国城市统计年鉴》。各行业产出增长率来自《中国统计年鉴》。基本的回归分析见表 6-1。表 6-1 显示，工业机器人的应用显著挤出了第二产业就业，但同时显著增加了生产性服务业就业。工业机器人应用对于第一产业就业的影响为负但不显著，对于非生产性服务业的影响为正但不显著。由此可见，工业机器人应用对就业的挤出效应和创造效应是同时存在的，两者同时作用于劳动力就业结构，成为驱动我国近年来劳动力就业结构转变的重要因素。

表 6-1 工业机器人应用与三大产业就业变化

变量	（1）第一产业	（2）第二产业	（3）生产性服务业	（4）非生产性服务业
机器人渗透度	−0.010 （−0.49）	−0.013** （−2.52）	0.015** （2.02）	0.009 （1.40）
观测数	277	283	284	284
R^2	0.003	0.018	0.012	0.005

**表示在 5%显著性水平下显著

如果从劳动者人力资本的视角深入挖掘工业机器人应用对劳动力就业结构的影响,那么技术冲击对低技能和高技能劳动力的影响可能存在异质性。由于《中国城市统计年鉴》并未统计区分受教育程度的劳动力就业情况,因此本章使用2005年和2015年两次全国1%人口抽样调查进行这一讨论,具体的实证策略如下:

$$\Delta \text{Ratio}_{c,05-15} = \alpha + \text{Robot}_{c,05-15} + \gamma_p + \varepsilon_c \quad (6\text{-}3)$$

其中,c为城市;p为省份;$\text{Robot}_{c,05-15}$的构造方式与上文相同,只是时间窗口发生了变化;$\Delta\text{Ratio}_{c,05-15}$为各城市各行业不同人力资本水平从业人员数占劳动力总数的比重在2005年至2015年间的变化;γ_p为省份固定效应。这里区分劳动力人力资本水平的标准为:如果个体完成了大学及以上学业的就读则标记为高技能组,反之则为低技能组。表6-2展示了相应的回归结果,本章发现机器人渗透度越高的地区,其低技能劳动者在第一产业的就业会增加,而在第二产业和第三产业的就业会下降,这说明对于低技能劳动者来说,智能制造的冲击对其就业前景有普遍的负面效应。而对于高技能劳动力来说,智能制造为其带来了更充分的机遇,使其更多地从事于第二产业和生产性服务业。这一结果表明当劳动力替代型基础冲击作用于劳动力市场时,提升劳动力的人力资本水平可能是一条有效的应对路径。一方面,高人力资本的劳动者可以承担更多管理类、协调类等技能要求更高的职务;另一方面,高人力资本可能使劳动者与新技术间的关系由替代转向互补。

表6-2 工业机器人应用与不同人力资本水平的劳动者的就业情况

变量	(1)	(2)
	低技能	高技能
第一产业		
机器人渗透度	1.061*** (5.58)	−0.006** (−2.20)
第二产业		
机器人渗透度	−0.751*** (−7.04)	0.051* (1.94)
生产性服务业		
机器人渗透度	−0.237*** (−3.02)	0.067*** (3.71)
非生产性服务业		
机器人渗透度	−0.053 (−1.66)	−0.028 (−0.89)
观测数	279	279
省份固定效应	是	是
省份聚类	是	是

*、**、***分别表示在10%、5%和1%显著性水平下显著

第六节　进一步研究：智能制造的分配效应

在探讨了工业机器人应用对就业的挤出效应和创造效应后，一个值得进一步探讨的问题是由智能制造推动的劳动力就业结构转换是否会造成不平等现象的加剧？图6-8中国家统计局公布的基尼系数显示，尽管自2008年以后我国基尼系数持续下降，但从2016年开始我国基尼系数出现反弹。值得注意的是，尽管我国基尼系数在多年中持续下降，但始终高于0.46。从图6-9中不同收入类型人群收入差距的变动来看，我国高收入人群与中、低收入人群的收入差距在2012~2020年持续扩大。除了直接用收入衡量不平等外，消费在一定程度上也反映着国家收入分配情况的变化。图6-10计算了各种类型的消费支出占总消费支出的比重，我们

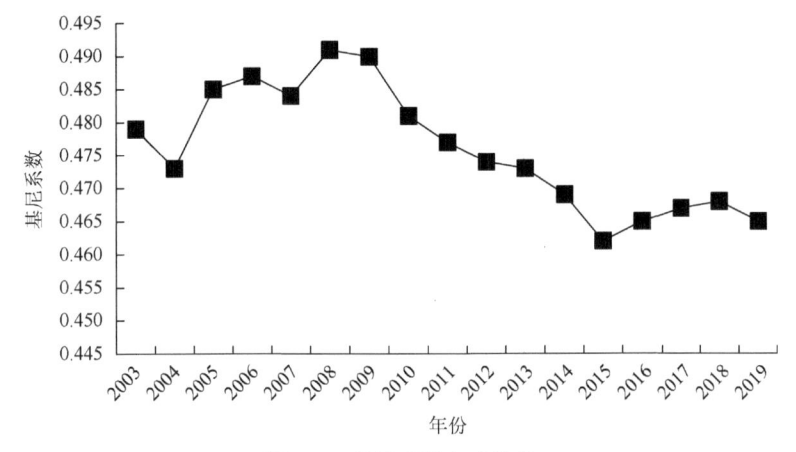

图6-8　基尼系数变动趋势

资料来源：国家统计局

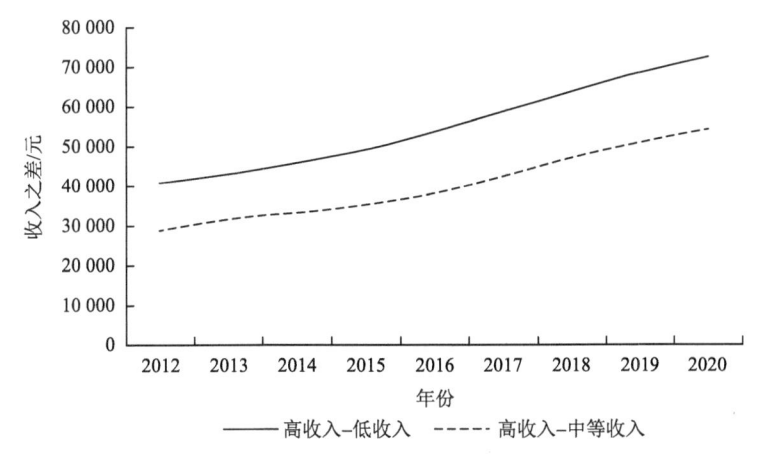

图6-9　不同收入类型人群人均可支配收入之差

资料来源：《中国统计年鉴》

发现食品烟酒类支出的比重相对稳定,在2019~2020年甚至有所上升,而医疗保健、教育文化和娱乐等消费支出的比重则相对低迷,在2019~2020年甚至有所下降,说明我国消费升级发展缓慢,这很有可能是由收入分配不均等导致的。以上所有现象均说明我国收入差距问题亟待解决。

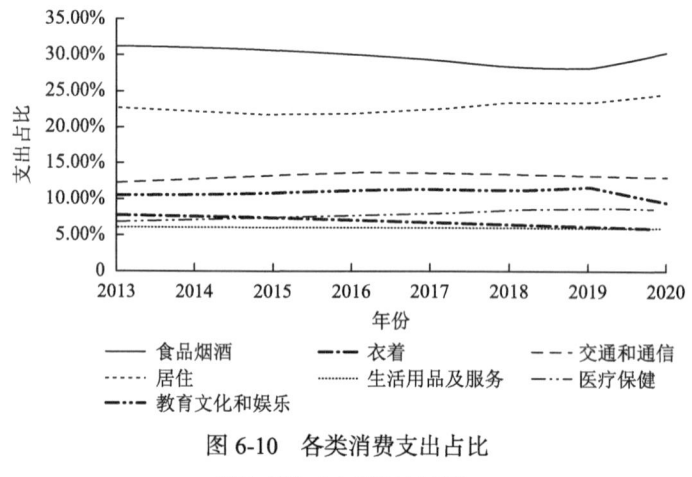

图6-10 各类消费支出占比

资料来源:《中国统计年鉴》

而在智能制造的背景下,工业机器人应用可能从城乡收入差距和不同人力资本水平人群间的技能溢价差距这两个维度对我国收入差距问题产生进一步的影响。首先,在智能制造浪潮中首先被替代的往往是人力资本较低的进城务工者,当其工作岗位被机器人"抢走"后如果不能够成功地在其他部门找到新的工作,那么他们就只能重返农业部门,这样一来就拉大了城乡收入差距。图6-11显示,近年来

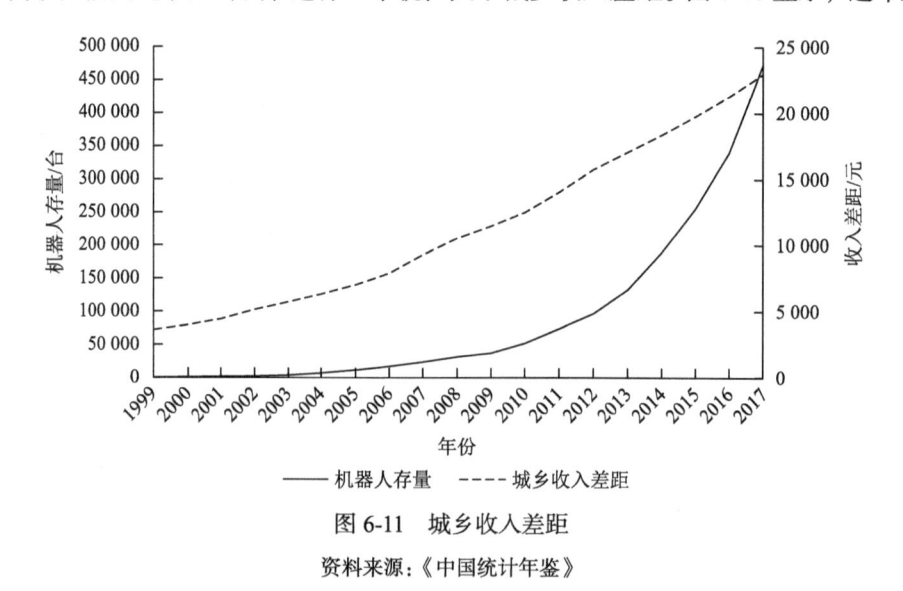

图6-11 城乡收入差距

资料来源:《中国统计年鉴》

城乡收入差距也的确展示了这个问题的存在性。随着自动化技术的普及，如果缺乏有效的技能培训和提高受教育水平的政策实施，那么城乡收入差距扩大的状况将不会得到改善。另外，智能制造的高技术特性"选择"了那些受教育程度更高、更能从事非常规任务的劳动者，这使得他们的工资和收入相对更高，而受教育程度更低的劳动者或者因为失业，或者因为就业质量下降，其收入水平与前者的差距会自然而然地拉大。图 6-12 中利用 CFPS 汇报的劳动者年收入数据计算了不同技能水平的劳动者的收入差距，发现 2012~2016 年两者的差距始终在上升。由此可见，如果缺乏适当的政策扶持，智能制造的发展很可能带来十分不利的收入分配效应。

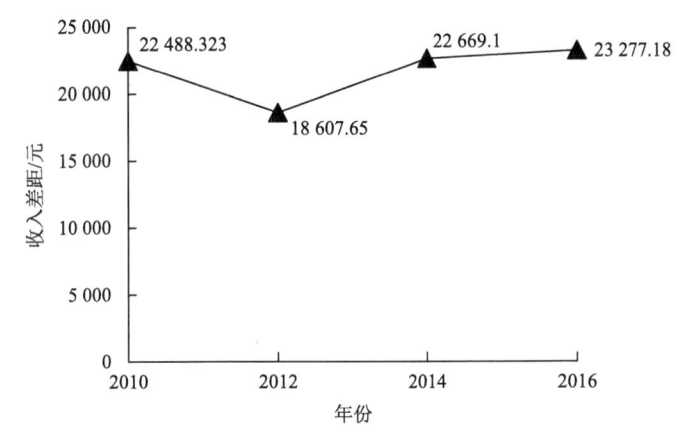

图 6-12　不同人力资本水平的劳动者的收入差距

资料来源：CFPS

第七节　总　　结

以工业机器人为代表的智能制造技术的推广应用是推动我国产业高级化并实现我国经济增长动能转换的必然需求，"机器人换人"在我国已成大势。本章的研究表明，工业机器人的应用对于第二产业的就业，尤其是低技能劳动者的第二产业就业有显著的挤出效应，但是对于高技能劳动者则存在显著的创造效应，即便在第二产业这种创造效应也是存在的。也就是说，智能制造实际上已经成为驱动我国劳动力就业结构转换乃至经济结构转换的重要动力。不过值得注意的是，工业机器人技术对就业创造效应和替代效应的分布可能是不均等的，从而使得在技术进步的过程中受益和受损的群体并不重叠，造成了严重的收入分配效应。然而参考发达国家的成功发展经验，由技术进步推动的创造性毁灭过程以及该过程带来的经济结构转换是我国迈入发达国家行列的必由之路，要想在这一过程中减轻经济主体经历的"阵痛",就必须从以下几个方面入手:第一,积极落实各种劳动力就业培训和技能培训政策,提升劳动力从事非常规任务的技能水平,引导劳动者寻找自身的比较优势;第二,继续推广基础教育,加大力度推进高等教育,人力资本的提升是人类面对技术冲击时唯一的应对途径;第三,推动第三产业尤其是生产性服务业高质量发展,这一方面促进了第二产业和第三产业的融合,另一方面也为劳动者创造了更多的就业机会。

第七章

产业升级与农村劳动力非农就业

相比于城镇劳动力,农村劳动力非正规、不稳定的特性与相对较低的人力资本水平,使其在面临产业转型升级冲击时,转换难度较大,且就业质量难以得到保障。在宏观经济增速放缓、技术进步、产业升级与结构转型迅速推进的当下,农村劳动力就业面临的结构性错配问题与摩擦性失业矛盾更为突出。从全局来看,扩大中等收入群体的难点在于农村。就业是民生之本,而亿万农村劳动力的高质量就业是中国经济稳定增长、产业升级顺利推进与进一步壮大中等收入群体的关键所在。本章旨在讨论农村劳动力就业的典型事实与结构演进,试图从农村劳动力就业出发,深入理解我国的产业升级与中等收入群体培育等问题。

第一节 引 言

一国经济的增长伴随着长期的结构性转型进程(Syrquin,1988),从世界各国经验来看,主要体现为国民经济主导行业从农业向制造业,随后向服务业转型。改革开放以后中国经济高速增长,与此同时伴随着深刻的经济结构转变。图7-1展示了1978~2019年的三次产业增加值与就业占比。其中图7-1(a)为三次产业增加值占比,可以看出,第一产业增加值占比自20世纪80年代初期开始呈下降趋势,40余年间第一产业在1982年达到32.8%,而后整体下降,自2009年开始降至10%以下;第二产业增加值整体占比在1978年以后在40%至50%之间波动,从2011年开始占比整体下降;第三产业增加值占比波动上升,2012年第三产业增加值占比(45.5%)首次超过第二产业(45.4%),成为国民经济的主导产业。图7-1(b)为1978年至2019年间三次产业就业占比。总体来看,第一产业就业占比持续下降,从1978年的70.5%降至2019年的25%,且2002年以后第一产业就业占比呈现出加速下降的趋势;第二产业就业占比在2002年以后呈先上升后下降的倒"U"形趋势,自2013年开始持续下降,2019年降至27.5%;第三产业就业占比持续上升,2010年后上升速度加快,2019年第三产业就业占比已经升至47.3%。从国际经验来看,与我国当前经济发展阶段相匹配的就业结构,第一产业就业占比应该在10%以下。2019年我国农业部门仍有19 500万左右劳动力存量,占整体就业比重为25%。如果第一产业就业占比下降至10%以下,就意味着非农产业要承接超过一亿的农业劳动力,这是未来我国经济发展必然面临的重要挑战,也是城市化进一步推进与城乡收入差距缩减的关键所在。

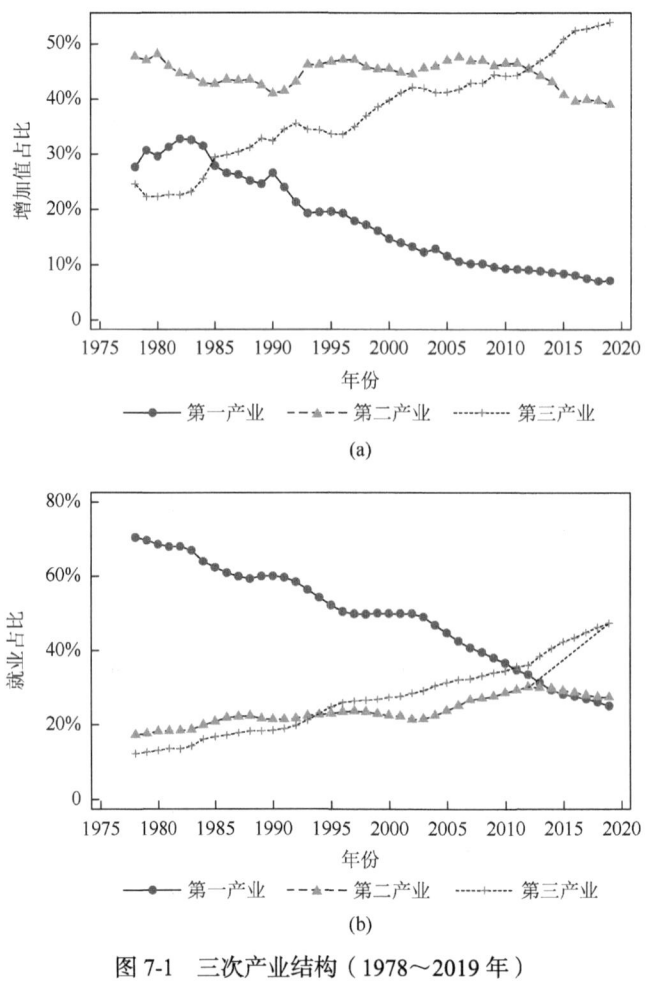

图 7-1 三次产业结构(1978~2019年)

资料来源:《中国统计年鉴》

总结而言,中国的产值结构演进速度明显快于就业结构与经济发展水平。产业结构的迅速变迁是经济发展的基本规律,国民经济由低生产率部门向高生产率部门发展是经济增长的重要动力来源(Syrquin,1988)。但与此同时,技术进步与产业结构变迁同时存在增长效应与分配效应,会对不同群体就业与收入等产生异质性的影响。而且结构转型的模式,尤其是劳动力流动方向对转型效果至关重要。当劳动力朝向生产率比较低的部门转移时,经济增长会出现停滞,甚至转变为负向增长。Mcmillan 和 Rodrik（2011）认为，1990 年以来，拉丁美洲以及撒哈拉以内地区广泛存在的结构转型反而阻碍了经济的增长，其主要原因在于依靠自然资源禀赋的出口产业无法充分吸收农业剩余劳动力，这也是拉丁美洲国家未能跨越中等收入陷阱的关键所在（Mcmillan and Rodrik, 2011）。相比于先发国家，后发经济体需要更高的产业结构高度才能成功转型。

绝对劳动生产率的不断提升，以及资源在部门内不同企业间以及各部门之间的再配置是经济增长的动力来源。图 7-2 为三次产业绝对劳动生产率与相对劳动生产率走势，从各部门绝对劳动生产率来看，四十余年间三次产业劳动生产率绝对值均有较大幅度提升，但第一产业劳动生产率的增长幅度相比第二、第三产业明显较小，且 2000 年以后第二、第三产业劳动生产率加速上升。第二、第三产业之间，第二产业劳动生产率显著高于第三产业。从相对劳动生产率来看，图 7-2（b）中显示，随时间推进，三次产业相对劳动生产率并未体现出趋同性，尽管第二、

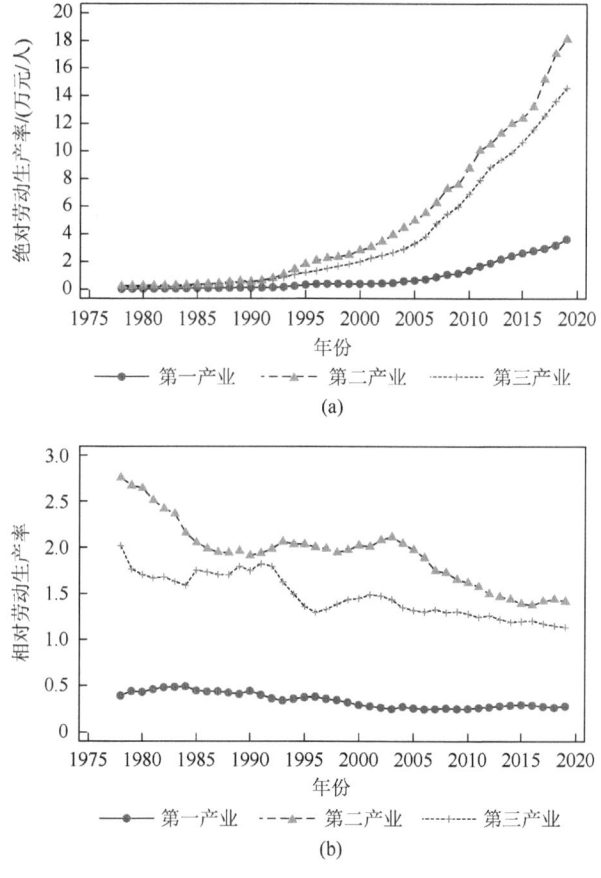

图 7-2 三次产业劳动生产率（1978～2019 年）

资料来源：根据《中国统计年鉴》原始数据计算得到

第三产业之间劳动生产率差距有所下降,但第一产业劳动生产率相比于第二、第三产业仍相对较低。

第二节 产业升级背景下的农村劳动力就业

一、就业总量趋势

图 7-3 为 2008~2019 年农民工总量与各年间增速。图 7-3(a)显示,从农民工总量来看,2008~2019 年农民工总量持续上升,从 2008 年的 22 542 万人上升

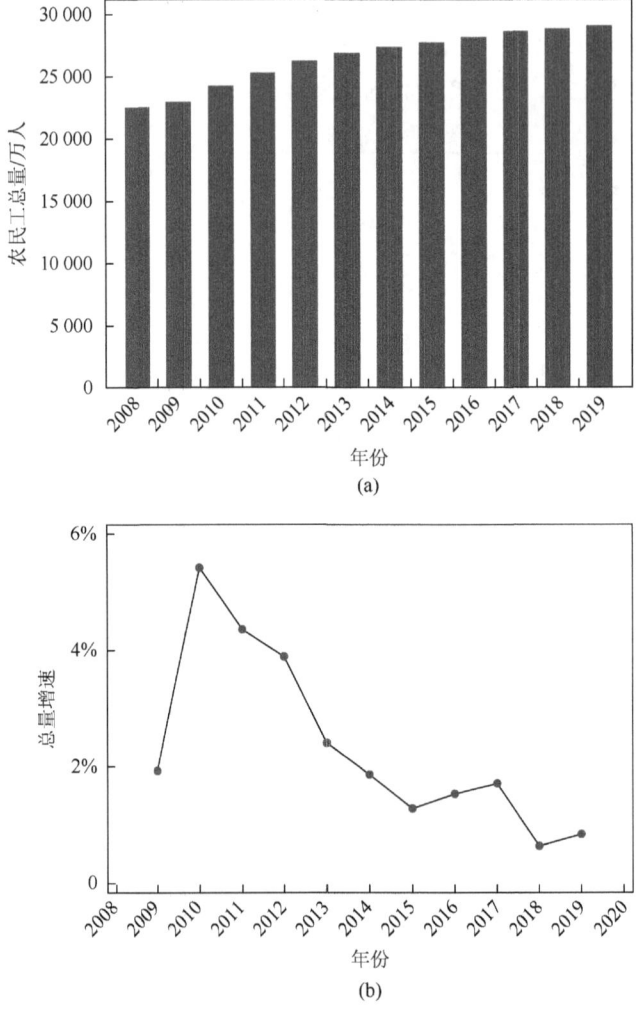

(a)

(b)

图 7-3 农民工总量与增速(2008~2019 年)

资料来源:《农民工监测调查报告》

至 2019 年的 29 077 万人，11 年间总量增长了 6535 万人。但各年间增速有所波动，除了 2010 年金融危机后经济复苏时期农民工总量有较大增长，农民工总量增速整体呈下降趋势，增速回落明显。农民工总量是供给与需求多重因素共同作用的结果，从存量趋势来看，未来年份农民工总量增长速度会逐渐放缓甚至停滞，但这并不意味着我国农村劳动力已经被充分吸收，农民工实现了高质量非农就业，更不意味着农村劳动力实现了真正的城市化融入与职业认同。当前宏观经济下行压力增大，技术进步、产业升级与结构转型迅速推进，农村劳动力就业结构性错配问题与摩擦性失业矛盾更为突出，因此未来提高就业保障水平，提升农村劳动力更高质量、更充分就业是"三农"问题与整体经济发展关键所在。同时，农村劳动力就业质量的提升也是宏观经济稳定发展的重要保障，2008 年金融危机的冲击使大批量农民工丧失城市就业机会，返回家乡。农村劳动力一旦退出非农就业，重返就业市场需要较长时间。2009 年经济逐渐恢复后，沿海地区一些企业面临非常严重的用工荒问题，这对于企业发展与经济恢复增长是非常不利的。

二、产业升级与就业行业变动

表 7-1 与图 7-4 展示了《农民工监测调查报告》中所报告的 2008～2019 年农民工从业行业分布情况。表 7-1 显示，整体来看，农民工从业行业中第一产业占比较低，且相对稳定，2019 年占比为 0.4%。2008～2019 年农民工从业行业有较大结构性转变，农民工就业从第二产业向第三产业转移。2013～2019 年第二产业就业占比从 56.8%下降至 48.6%，农民工第二产业就业占比持续下降的主要原因在于制造业就业占比的下降。伴随着宏观经济产业结构中去工业化进程，农民工制造业就业占比从 2008 年的 37.2%下降至 2019 年的 27.4%。但从各行业分布来看，2008～2019 年制造业始终为农民工第一大从业行业。建筑业为农民工就业占比排名第二的行业，十余年间农民工建筑业就业占比呈现出先上升后下降的倒"U"形趋势。2013～2019 年就业结构持续向第三产业转移，2019 年农民工第三产业总体就业份额为 51%，主要集中在居民服务、修理和其他服务业以及批发和零售业等行业。第三产业技术密集型行业，如信息服务业、文化教育等行业农民工参与率极低，农民工第三产业就业模式与城镇劳动力之间存在较大差异。在由第二产业向第三产业转移的进程中，农民工极有可能出现摩擦性失业现象，尽管建筑行业吸收了 20%左右的农民工群体，但伴随着城市化潜力的进一步释放、房地产业需求与未来大规模基础设施建设力度的可能放缓，农民工充分就业问题仍然具有相当大的挑战。技术进步、产业升级带来了农村劳动力就业结构的迅速变迁。相较于以往从农业部门向非农部门转移，非农部门不同行业之间的转移变得日益重要。

表 7-1　农民工就业行业分布

产业	2008年	2009年	2010年	2011年	2012年	2013年	2014年	2015年	2016年	2017年	2018年	2019年
第一产业						0.6%	0.5%	0.4%	0.4%	0.5%	0.4%	0.4%
第二产业						56.8%	56.6%	55.1%	52.9%	51.5%	49.1%	48.6%
其中：制造业	37.2%	36.1%	36.7%	36.0%	35.7%	31.4%	31.3%	31.1%	30.5%	29.9%	27.9%	27.4%
建筑业	13.8%	15.2%	16.1%	17.7%	18.4%	22.2%	22.3%	21.1%	19.7%	18.9%	18.6%	18.7%
第三产业						42.6%	42.9%	44.5%	46.7%	48.0%	50.5%	51.0%
其中：批发和零售业	9.0%	10.0%	10.0%	10.1%	9.8%	11.3%	11.4%	11.9%	12.3%	12.3%	12.1%	12.0%
交通运输、仓储和邮政业	6.4%	6.8%	6.9%	6.6%	6.6%	6.3%	6.5%	6.4%	6.4%	6.6%	6.6%	6.9%
住宿和餐饮业	5.5%	6.0%	6.0%	5.3%	5.2%	5.9%	6.0%	5.8%	5.9%	6.2%	6.7%	6.9%
居民服务、修理和其他服务业	12.2%	12.7%	12.7%	12.2%	12.2%	10.6%	10.2%	10.6%	11.1%	11.3%	12.2%	12.3%
其他									11.0%	11.6%	12.9%	12.9%

资料来源：《农民工监测调查报告》

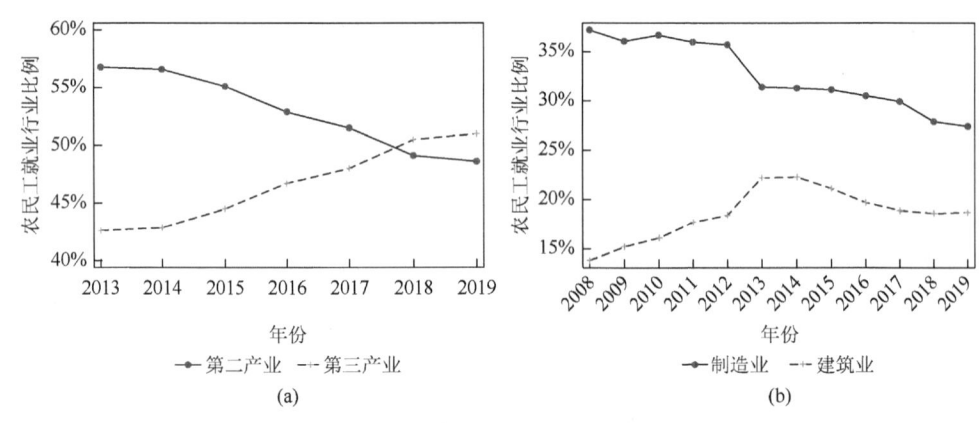

图 7-4　农民工从业行业分布

资料来源：《农民工监测调查报告》

三、就业地域转换

整体来看，受宏观经济以及地区间产业结构调整的影响，农村劳动力从业地域也有较大的结构性转变，具体体现如下。

（一）从跨省流动向省内流动的转变

从图 7-5 中可以看出，2008～2019 年农民工群体中外出农民工比例（其中出乡务工即为外出农民工）整体下降，但幅度相对较小，从 2008 年的 62.3%下降至

2019年的59.9%。外出农民工群体中跨省流动比例基本持续下降，从2008年的53.3%下降至2019年的43.1%。总体来看，近年间外出农民工省内就业比例持续上升，东部、东北地区吸纳农民工就业量连续减少，中、西部吸纳能力增强。

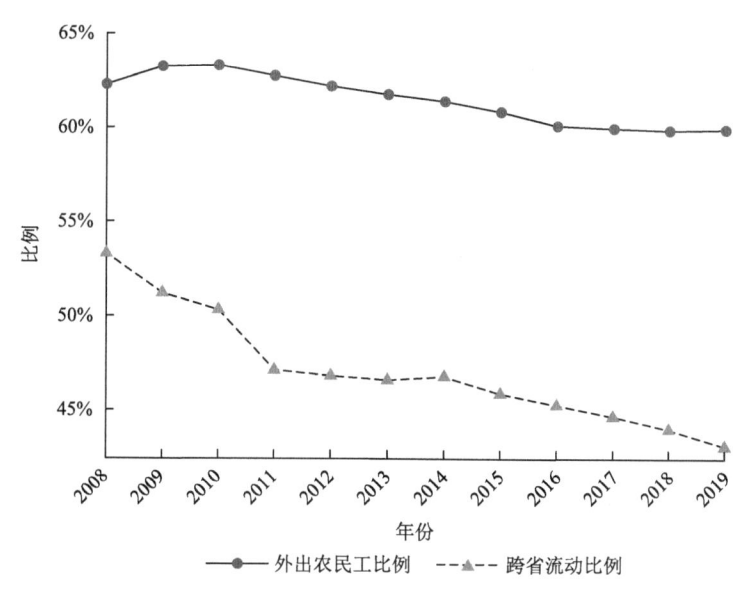

图 7-5　外出农民工与跨省流动比例

资料来源：《农民工监测调查报告》

表7-2汇报了按输出地划分的农民工跨省流动与省内流动情况，将输出地划分为东、中、西部以及东北地区，可以看出中部地区与西部地区为农民工两大主要输出地区。东部地区农民工更倾向于省内就业，中、西部地区跨省流动相对较多。不同区域间外出农民工从业地域选择有较大差异，当本省非农就业机会较为丰富时，农民工更倾向于省内流动。

表 7-2　农民工跨省流动与省内流动情况

按输出地划分	外出农民工总量			构成		
	外出农民工	跨省流动	省内流动	外出农民工	跨省流动	省内流动
合计	17 425	7 508	9 917	100.0%	43.1%	56.9%
东部地区	4 792	821	3 971	100.0%	17.1%	82.9%
中部地区	6 427	3 802	2 625	100.0%	59.2%	40.8%
西部地区	5 555	2 691	2 864	100.0%	48.4%	51.6%
东北地区	651	194	457	100.0%	29.8%	70.2%

资料来源：《农民工监测调查报告 2019》

（二）农村劳动力外出从业受地理距离影响较大

从农村劳动力所在省份与外出从业时间最长的省份转移矩阵来看[①]，农村劳动力外出从业受地理距离的影响仍然是非常大的。尽管劳动力会向有丰富就业机会的地区转移，但这种流动性仍然受到地理距离等的制约。当本省拥有充足的就业机会时，农村劳动力更倾向于省内流动；当本省就业机会相对不足时，农村劳动力往往更倾向于去邻近发达省份就业。例如，东北三省、河北与山东地区农村劳动力更倾向于选择北京、天津地区而非江苏、浙江、广东等沿海地区跨省流动；而安徽农村劳动力跨省流动时更倾向于选择江苏、浙江、上海发达地区而非广东等地区。近年间伴随着户籍制度的逐渐放松与交通基础设施等的逐步完善，劳动力流动成本相对下降，但地理距离仍然是制约劳动力流动的重要因素。随着产业升级与区域间产业梯度转移，发展人口密集地区自身产业体系，为当地人口提供充足的就业机会，是促进农村劳动力高质量充分就业的关键所在。

四、农村劳动力结构

（一）整体农民工年龄趋向于老龄化

从农民工年龄结构来看（图7-6），农民工老龄化趋势日益明显。农民工平均年龄持续上升，50岁以上农民工占比由2011年的14.3%上升至2019年的24.6%；40岁以上农民工占比在2019年已经达到49.4%，近半数农民工为40岁以上群体，

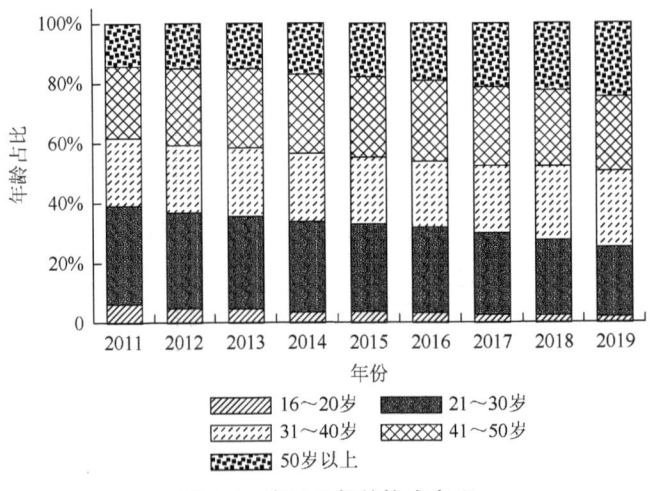

图7-6　农民工年龄构成占比

资料来源：《农民工监测调查报告》

---

① 作者根据农村固定观察点数据计算得到，由于篇幅限制，此处没有进行展示。

21~30岁农民工占比从2011年的32.7%下降至2019年的23.1%。农民工所从事的建筑业等行业为高劳动强度行业，这些行业对于劳动力体力与年龄的要求相对较高，持续老龄化的农民工群体充分就业外部挑战增大。

（二）技能结构

表7-3为农民工技能培训情况，表中结果显示，2017年接受职业技能培训的农民工比例整体为32.9%，其中接受农业技能培训的比例仅为9.5%，接受非农职业技能培训的比例为30.6%，外出农民工职业技能培训水平显著高于本地农民工。技能培训能够有效提升农民工群体人力资本水平，提高劳动力素质以促进劳动力供需与产业结构相匹配。产业升级与技术进步对劳动力素质的要求不断提高，这一过程中技能落伍的劳动者面临着转业转岗，结构性的就业矛盾难以避免。因此，应发挥政府公共就业服务部门的作用，关注对农民的就业服务和就业培训工作，建立城乡统一的就业服务平台，完善劳动力资源信息库和劳务需求信息库建设。同时，应根据市场用工需求加强对农村外出务工劳动力的就业技能培训，切实提高农民的就业能力和职业转换能力。

表7-3　2016年与2017年农民工技能培训情况

农民工分类	接受农业技能培训		接受非农职业技能培训		接受农业或非农职业技能培训	
	2016年	2017年	2016年	2017年	2016年	2017年
合计	8.7%	9.5%	30.7%	30.6%	32.9%	32.9%
本地农民工	10.0%	10.9%	27.8%	27.6%	30.4%	30.6%
外出农民工	7.4%	8.0%	33.8%	33.7%	35.6%	35.5%

资料来源：《2017年农民工监测调查报告》

（三）就业稳定性与规范性问题

整体来看，农村劳动力外出就业多依托亲缘、地缘等非正规社会网络启动与展开，就业稳定性与规范性相对缺乏。《广东千村调查2020年研究报告》显示，广东全省农村雇员仅有15.08%签订了有固定期限的劳动合同，75.27%没有合同。劳动力就业行业与职业的频繁转换既不利于农村劳动力自身收入与就业稳定性，也不利于专业人才与工匠精神的培育，对城市化进程的进一步推进也有一定负面影响。此外，农民工从业不稳定性也会反过来作用于企业用工招聘。因此，未来应进一步提升就业规范性与稳定性，以实现更高质量的农村劳动力就业。

第三节 分行业的农村劳动力就业情况

一、分行业劳动力年龄构成

图 7-7 为分行业农村劳动力年龄构成。其中各行业农村劳动力平均年龄均呈现出上升的趋势。农林牧副渔业劳动力平均年龄显著高于其他从业行业，2013 年已升至 50 岁以上，持续老龄化的劳动力结构为农业生产带来了巨大挑战。非农行业中，建筑业从业平均年龄显著高于其他行业，且上升幅度较大。

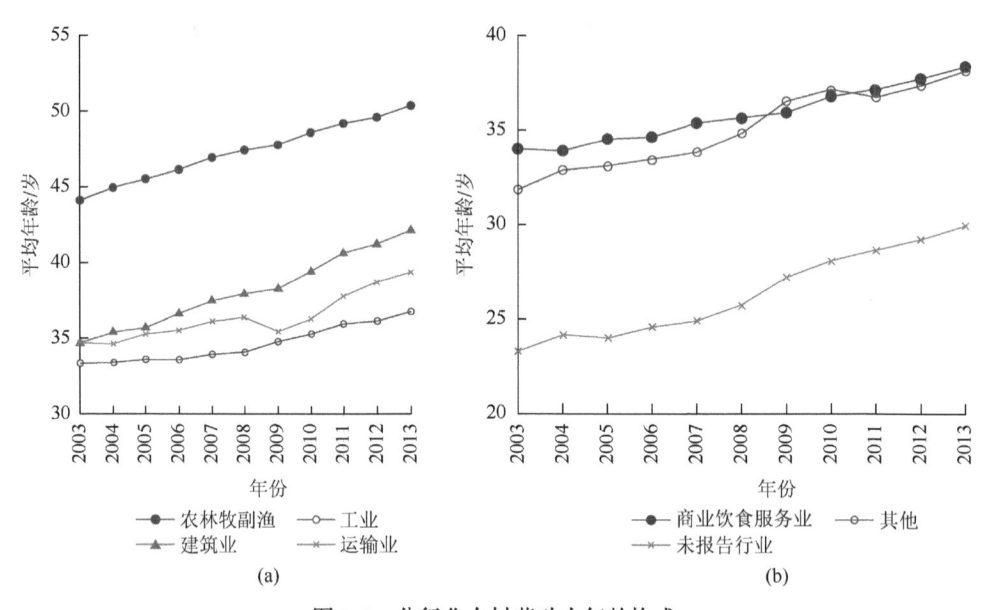

图 7-7 分行业农村劳动力年龄构成

资料来源：农业部农村固定观察点个人数据集（2003~2013 年）

二、从业天数

图 7-8 为分行业农村劳动力平均外出务工天数。2003~2013 年非农行业外出务工天数相对稳定，工业部门与商业饮食服务业农村劳动力外出务工天数整体较多，劳动力年均外出务工约 280 天，建筑业与商业饮食服务业农村劳动力外出务工天数在 2009~2013 年有一定幅度的下降。未来应重视农村劳动力外出务工集约边际发展，以推动农村劳动力整体非农就业质量的提升。

三、受教育年限

从图 7-9 中分行业农村劳动力受教育年限来看，不同行业受教育年限之间有较大差别，工业从业者受教育年限显著高于其他行业，除未报告行业外，农林牧

图 7-8　分行业农村劳动力外出务工天数

资料来源：农业部农村固定观察点个人数据集（2003~2013年）。

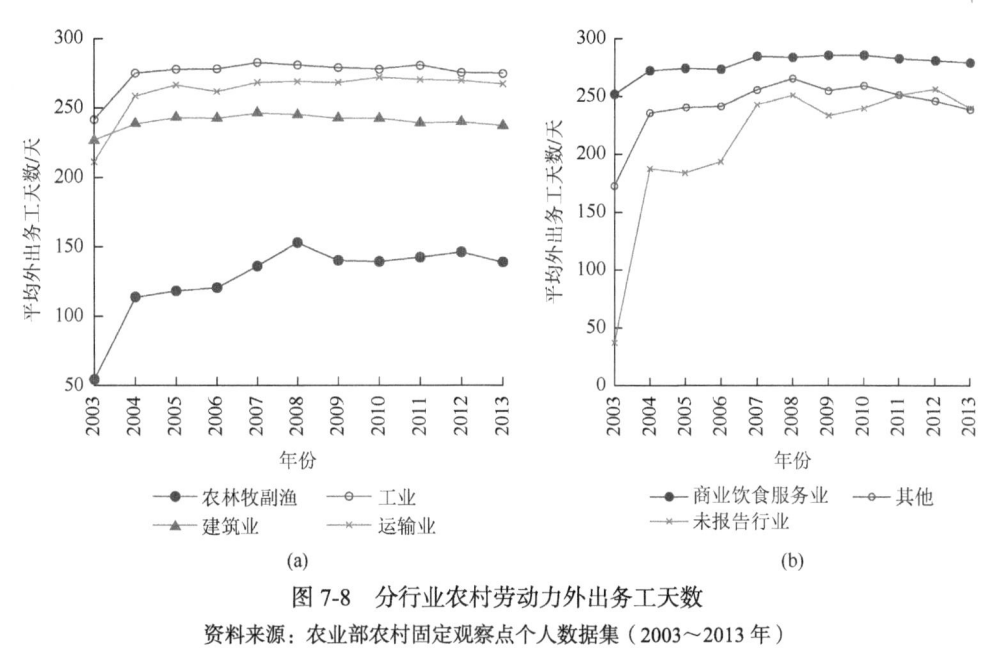

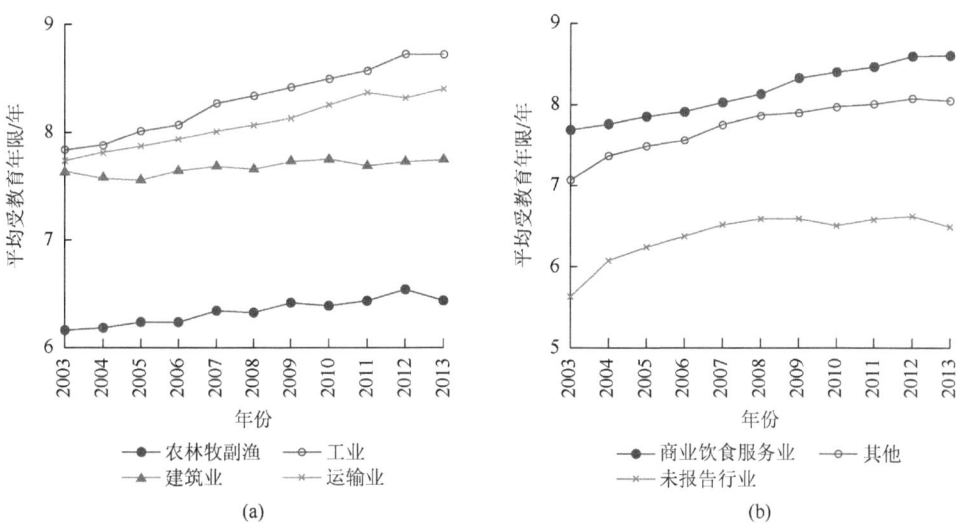

图 7-9　分行业农村劳动力受教育年限

资料来源：农业部农村固定观察点个人数据集（2003~2013年）。

副渔业从业者受教育年限最低。尽管各行业受教育年限呈上升趋势，但整体来看，2013年农村劳动力平均受教育年限均不超过9年，农村劳动力受教育程度整体偏低，未来仍然有相当大的提升空间。

第四节　总　　结

改革开放以前，农业户籍劳动力根据出生地固定于集体土地（李实和朱梦冰，

2018）；改革开放以后，伴随着土地制度调整、户籍制度的逐渐放开与非农部门的快速发展，农村劳动力开始拥有地域流动与工作流动的自由选择权，大量农村剩余劳动力在本地和跨地域寻找非农就业机会，非农务工成为农村家户主要的收入来源。中国出现了规模巨大的人口内部迁移，两亿九千万农村劳动力转移至非农部门，农村劳动力非农活动在提升农村劳动力自身收入水平的同时，也成为中国工业化发展的重要支撑，有效促进了我国城市化水平的提升以及整体经济的增长。

随着产业升级的不断推进与国内一些城市对人口规模的控制，农村劳动力在就业行业、地域等方面产生了较大结构性调整。整体宏观经济结构持续向服务业转型，深刻的结构转型进程中也必然伴随着资源配置重构与剧烈的收入分配效应，在经济繁荣与衰退时期，结构转型进程将持续加速。相比于城镇居民，农村居民受教育程度相对较低，农业生产高风险，农村劳动力相对较低的人力资本与非正规、非稳定就业等特征，使其在结构转型进程中处于弱势地位，调整与适应能力十分有限。结构转型进程中，技术进步、产业升级，经济体产业结构的变迁无疑会对要素收入分配格局产生深刻影响，为此应充分重视转型时期农村劳动力非农就业问题。

改革开放 40 余年间中国经济社会的稳定发展，离不开庞大的农村和农业发挥的就业蓄水池的作用。而近年间农业收入占农户收入比例持续下降，农村土地作为就业蓄水池与稳定器的保障作用下降，农民与土地之间的关系发生了历史性转变。当下工资性收入已经成为农村家庭最主要的收入来源，但工资性收入的提高受外出农村劳动力知识和技能的制约，如果农村外出务工劳动力的劳动生产率不能提高，劳动力就业不能得到充分保障，未来进一步持续提高农村家庭收入的难度较大。促进农村劳动力更高质量、更充分就业是我国长期经济发展的一项基本任务，必须加强对于转型时期农村劳动力就业的研究。为此，应充分重视职业技能培训对于农村劳动力人力资本培育的重要作用，加强就业服务和就业培训，提升农村劳动力的职业技能水平，以充分应对技术进步与产业升级对劳动力素质的更高要求。此外，应以全局与发展的眼光看待农业农村问题，保障粮食安全、促进农业部门的高质量可持续发展与农村劳动力非农就业并不冲突。另外，保持适当的制造业比重对于农村劳动力就业与中国经济增长仍然具有重要意义。

第八章

人力资本匹配与产业升级

人力资本是推动产业升级并促进经济发展的重要因素,而产业升级也会反作用于人力资本。一方面,人力资本结构在一定程度上决定了一国的产业结构,迈向高收入国家必须要以高技能人力资本群体为基础;另一方面,结构转型进程中迅速的产业升级也会不断调整对人力资本的需求,因此人力资本匹配问题就变得尤为重要。本章我们将从经济发展、社会流动、产业升级、科技创新等方面讨论人力资本培育对于社会经济发展的影响,更好地理解产业升级与人力资本二者之间的关系和具体的影响途径,以助力新发展阶段人力资本匹配与产业升级问题。

第一节 人力资本与经济发展

经济发展是现代社会关注的一个重要问题,而我们可能不太了解的是,工业革命之前,其实不存在所谓经济增长问题。从公元元年到1800年左右,世界各国的人均GDP基本保持不变,几乎没有增长,各国之间的差异也比较小。各国的综合国力在很大程度上取决于人口规模,这就可以理解为什么中国几千年以来都是世界上非常重要的国家了。由于人口规模非常大,中国GDP占全世界GDP的比例一直非常高,秦汉时期大约为25%,隋朝时约为70%,唐朝时约为60%,宋朝时约为80%,元朝以后这个比例迅速下降,但一直到鸦片战争时期,中国的GDP总量还是占全世界的约1/3,由此可以想象,古代中国为什么会有那么强大的自信了。新中国成立以来,经济建设历经磨难,中国GDP占全世界GDP的比例在1950年大约为4.5%,由于在一定程度上错过了20世纪五六十年代全球经济发展的又一黄金时代,到1980年时,中国GDP占全球GDP的比例大约为2%,这一占比持续了十多年,到2000年时上升为3.65%,之后这一比例快速上升,2017年中国GDP占全球GDP的比例大约为15%,同期,美国GDP占全球GDP的比例大约为24%。虽然存在数据质量和数据可比性等诸多问题,但这些数据很好地体现了全球经济发展中波澜壮阔的一面。为什么有的国家很贫穷,而有的国家很富裕?为什么工业革命以后各国之间经济增长的差异如此之大?

如果说工业革命之前各国之间是"共同贫穷",国家实力在很大程度上取决于人口规模,那工业革命以后,人均 GDP 持续增长的原因到底是什么呢?这正是经济学学科研究的核心内容。自从亚当·斯密发现工业革命给英国经济带来的翻天覆地的变化,从而写成《国民财富的性质和原因的研究》(简称《国富论》)一书,开创经济学这门学科研究以来,经济学家从很多方面开始思考经济增长的动力。18 世纪以前,虽然有基本的生产要素,但要素流动和信息流动的成本非常高,技术交流速度也非常缓慢,形成的是低水平传统农业社会经济发展的均衡,经济发展水平很低,人均产出基本保持不变。工业革命以来,人均产出开始持续增长,这完全突破了原有的农业社会低水平均衡,使得人们开始从理论上思考经济持续增长的原因。$Y=AF(K,L)$ 是现代经济增长理论和实践的精髓,Y 表示最终产出,K 表示资本,L 表示劳动,A 表示以技术为核心的全要素生产率。两百多年来,经济学理论一直以这一基本的宏观经济核算解释和指导经济发展实践。资本、劳动和以技术为核心的全要素生产率构成现代经济增长的基本要素。经济学研究的基本结论表明,18 世纪到 20 世纪后期,全球经济增长最重要的根源在于资本和劳动,在于资本和劳动本身的价值创造以及相关的资源配置效率改善,而最近几十年,全球经济增长越来越依靠全要素生产率,全要素生产率的核心就是技术进步和人力资本,与教育密切相关。

为了更直观地理解人力资本与经济发展的关系,我们参考一些跨国经济发展的数据。研究发现,人力资本存量越高的经济体,人均 GDP 也越高。如果我们将两个变量做一条拟合直线,这条线的斜率就反映了两个变量之间关系的强弱,当然,这种关系是否稳定还需要参考其他指标判断。还有一个很有意思的初步结论是,拟合直线上方的基本都是大国,而拟合直线下方的很多都是小国,这说明,人力资本不但能带来经济增长,而且存在外部性,有溢出效应。给定人力资本水平,人口规模越大的国家,能够更好地发挥外溢效应,从而有更好的经济发展水平。拟合直线上方很明显的几个国家,如美国、中国、印度、俄罗斯等,中国是相对偏离拟合直线最远的国家,印度次之,美国再次之,其他国家的偏离程度均没有这三个大国的偏离程度高。这就表明,和相同人力资本水平的国家比较,中国的人口规模使得我们更能发挥人力资本的外部性,从而有更高的经济发展水平。

我们继续研究人力资本水平与全要素生产率的关系。经济学将经济增长的根源分为资本 K、劳动 L、全要素生产率 A,凡是资本和劳动不能解释的部分都归结于 A。由此可见,全要素生产率包含的内容非常丰富,如制度质量、技术进步、人力资本、管理水平等,教育对于提升全要素生产率有非常重要的意义,国民素质的提升、精英人才的培养对于制度建设、技术进步、企业管理等都是非常有好处的。我们从跨国数据层面简单考察二者的关系，研究显示，人力资本存量越高的国家，全要素生产率水平越高。同样我们可以拟合一条直线反映二者之间的相关程度，各个国家到拟合直线的距离可以反映出人力资本在促进全要素生产率方面发挥作用的程度。除去一些资源型国家（这些国家的资本存量相对较少，经济增长在很大程度上依赖资源，而资源对于经济增长的贡献在核算中被归为全要素生产率，这和我们一般意义上理解的全要素生产率概念存在差异，属于特例），美国、德国、法国等发达国家处于拟合线上方，而中国处于下方，这表明，相比拟合线附近的国家，美国等发达国家拥有更高的全要素生产率，而中国则因为资源配置效率较低等，全要素生产率还较为落后。这也提醒我们一个非常重要的事实。资源配置效率的视角对我国现阶段相关政策的制定有非常重要的现实意义。最近十多年来，经济结构调整和转型一直是政学两界关注的焦点，但是我们认为现有政策制定对于结构转型的理解是存在偏差的。简单而言，经济结构转型是要实现从现有低技术、低附加值、低效率发展模式向高技术、高附加值、高效率发展模式升级。为达到这个目标，政府热衷于制定方方面面的产业政策，比如，制定新兴产业目录、扶持高新技术产业等，希望由政府引导实现产业升级和结构转型。这种模式试图用不断加大投入来实现企业或产业的绝对技术进步，达到结构升级的目的。然而，资源总是有限的，要维持这种高投入的代价是非常高的——政府规模会越来越庞大，经济效率也很可能会越来越低。我们认为，从资源配置效率的角度来看，政府在经济结构转型过程中，最重要的任务是在关注市场失灵的同时，致力于营造良好的市场竞争环境，让资源能够在企业间、产业间、区域间自由流动，让市场在资源配置中发挥决定性作用。这样，就能够实现资源配置效率改善带来的整体生产率水平提高，这对于我国现阶段的经济结构转型无疑是至关重要的。

根据前面的分析，人力资本水平是一个经济体能够取得成功的重要原因。图8-1是1950~2014年各主要国家人力资本存量，由图中可以看到，人力资本与经济发展绩效是密切相关的，美国人力资本存量最高，日本次之，中国在20世纪60年代以后都高于印度。中国和印度的发展是学术研究中非常关注的一个话题，两国有很多类似之处，但发展模式却存在较大的差异。很多研究认为，中国的劳动力成本和人力资本是非常大的优势，这使得我们具备成为世界工厂的基本条件，从而在过去的几十年成为世界制造中心。

跨国证据显示，高的人力资本积累能带来好的经济增长绩效，且人力资本存在外部性，人口规模更大的国家、人力资本存量更高的国家更能够发挥这种外部性，带来经济更快速的增长。我国作为一个幅员辽阔、地区差异较大的国家，人力资本对于不同地区的发展有什么差异化的影响呢？图8-2是我国各省区市之间

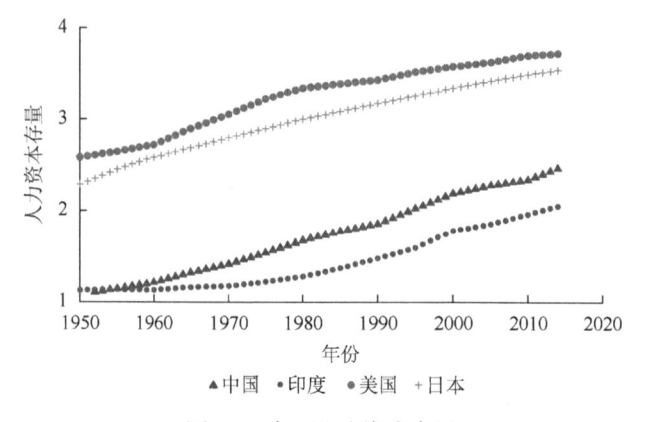

图 8-1 各国人力资本存量

资料来源：Penn World Table 9.0

的人力资本投资（用人均教育支出表示）与人均 GDP 水平关系图，从图中可以看到，整体上，人力资本投资越多的地方，人均 GDP 就越高，和跨国数据显示的一致。同理，结合拟合直线的分析可以看到，位于直线上方的基本上都是人口大省或者人口密集的省市，比如北京、天津、上海、江苏、浙江等，这也表明，人力资本存在较强的外部性，人口规模较大、人口聚居的区域更能够发挥人力资本的作用，促进经济增长。

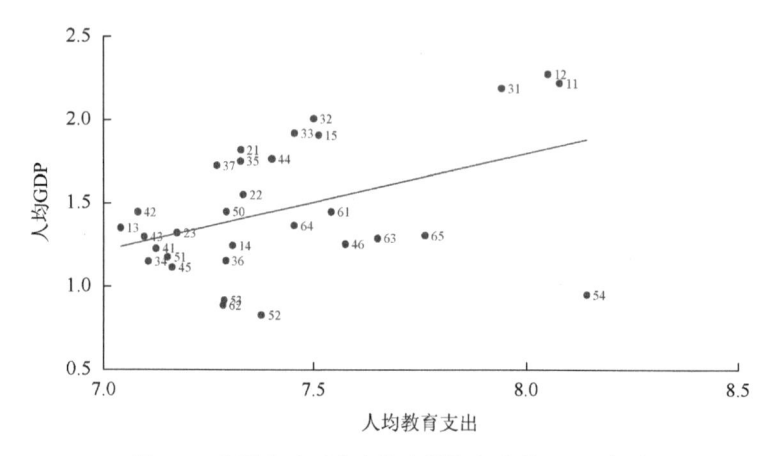

图 8-2 我国各地区人力资本投资与人均 GDP 水平

资料来源：Penn World Table 9.0

地区代码为：北京 11，天津 12，上海 31，重庆 50，河北 13，河南 41，云南 53，辽宁 21，黑龙江 23，湖南 43，安徽 34，山东 37，新疆 65，江苏 32，浙江 33，江西 36，湖北 42，广西 45，甘肃 62，山西 14，内蒙古 15，陕西 61，吉林 22，福建 35，贵州 52，广东 44，青海 63，西藏 54，四川 51，宁夏 64，海南 46。下同

前面的分析表明，无论是跨国经济增长，还是国内各地区之间的经济增长，人

力资本都发挥了重要的作用，不但能直接促进经济增长，还有外部溢出效应，人力资本的集聚可以带来更大程度的经济增长。那我们接下来简要讨论我国人力资本发展的状况。图 8-3 是基于第六次全国人口普查数据分析各年龄段人口的受教育情况（以高等教育人数占比表示）。从 1925 年出生人口开始，按照 18 岁上大学计算，这些人 1943 年开始上大学，这时候接受高等教育的人口比例非常低，但之后逐年增长，一直到大约 1940 年出生的人口，即大约 1960 年接受高等教育，这一比例达到相对阶段高值，之后受"文化大革命"影响，比例略有下降，维持低水平。改革开放以后，恢复高考，大规模发展高等教育，很明显，从 1960 年出生的人口开始，高等教育人口比例快速上升，从 1960 年出生人口的 5%迅速上升到 1990 年出生人口的接近 30%，堪称世界奇迹。一个人口 14 亿的大国，适龄人口中有超过三分之一的比例接受高等教育，这无疑是我国教育发展的巨大成就。还有一个很值得注意的现象是，高等教育中的性别差异逐渐消失，1980 年之前出生的人口中，男性接受高等教育比例相对高于女性接受高等教育比例，而 1980 年以后出生的人口中，已经不存在男女在接受高等教育方面的差异了，不过有关资料显示最近几年，有女性的比例要高于男性比例的趋势。

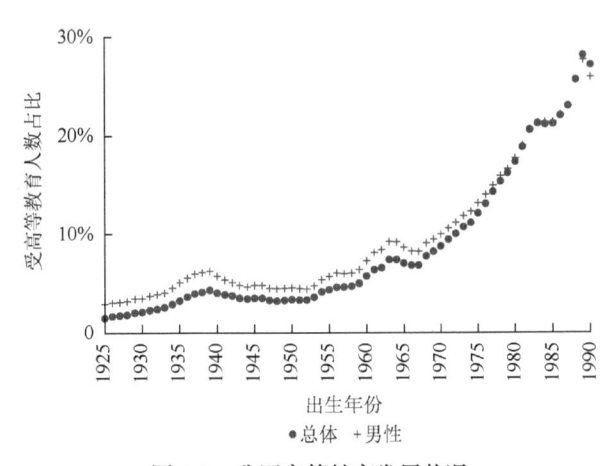

图 8-3 我国高等教育发展状况

资料来源：第六次全国人口普查

表 8-1 列出了各年龄段的具体受教育情况，我们将受教育程度分为未上过学、小学、初中、高中、大学专科、大学本科、研究生等七个等级，根据人口普查数据统计了各个年龄段每类受教育程度人口的数量。从表 8-1 中可以详细讨论我国现有人口中受教育情况、老龄化情况，以及历年来教育发展的基本情况，对此不再一一赘述。

表 8-1　不同年龄段人口受教育程度　　　　　　　单位：人

年龄	人口数量	未上过学	小学	初中	高中	大学专科	大学本科	研究生
15	18 024 484	93 908	1 463 835	11 476 731	4 867 683	109 767	11 510	1 050
16	18 790 521	88 817	1 196 112	8 544 541	8 703 430	224 946	31 772	903
17	20 775 369	92 063	1 226 762	8 152 054	10 652 208	472 134	178 826	1 322
18	20 755 274	93 260	1 266 932	8 173 998	8 884 537	1 331 816	1 002 727	2 004
19	21 543 466	97 405	1 366 216	8 798 785	6 488 797	2 646 852	2 141 809	3 602
20	28 026 954	129 600	1 839 967	11 846 355	6 584 116	4 202 415	3 413 737	10 764
21	26 556 649	130 517	1 658 506	11 690 857	5 594 506	3 972 334	3 467 865	42 064
22	24 474 192	132 226	1 658 560	11 460 655	4 935 702	3 295 292	2 847 327	144 430
23	25 695 955	145 088	1 820 705	12 765 367	5 049 579	3 273 259	2 361 624	280 333
24	22 658 768	141 322	1 711 686	11 579 269	4 241 312	2 798 256	1 883 109	303 814
25	19 933 683	141 932	1 606 631	10 412 367	3 553 489	2 336 006	1 625 829	257 429
26	19 709 177	142 530	1 618 540	10 358 322	3 429 861	2 239 978	1 675 322	244 624
27	19 480 836	147 421	1 623 547	10 124 290	3 454 055	2 187 558	1 702 360	241 605
28	22 322 147	170 115	1 928 173	11 561 193	4 074 271	2 434 773	1 884 429	269 193
29	19 568 009	164 951	1 868 668	10 254 766	3 594 818	1 986 007	1 479 060	219 739
30	18 928 369	185 214	2 029 822	9 934 149	3 499 835	1 822 461	1 267 512	189 376
31	19 866 458	193 575	2 307 746	10 496 582	3 651 530	1 823 229	1 212 188	181 608
32	19 474 874	210 747	2 489 333	10 320 188	3 471 236	1 728 036	1 099 239	156 095
33	18 179 478	206 776	2 542 513	9 745 318	3 088 007	1 521 166	949 084	126 614
34	20 689 024	249 293	3 130 183	11 254 148	3 349 978	1 612 864	971 823	120 735
35	21 186 516	272 618	3 454 257	11 593 331	3 298 255	1 553 146	905 930	108 979
36	22 906 980	308 109	3 980 487	12 636 905	3 424 047	1 557 121	894 510	105 801
37	23 990 208	339 691	4 296 957	13 216 697	3 562 836	1 559 233	905 784	109 010
38	24 730 460	369 186	4 642 679	13 641 371	3 602 308	1 504 429	870 419	100 068
39	25 211 795	386 225	4 981 643	13 871 844	3 595 343	1 438 746	845 198	92 796
40	27 397 219	462 120	5 747 417	14 942 821	3 845 482	1 467 248	844 991	87 140
41	24 956 297	457 839	5 753 595	13 383 853	3 312 532	1 232 435	741 800	74 243
42	27 032 542	522 494	6 472 785	14 487 647	3 456 106	1 252 887	765 845	74 778
43	21 355 748	455 285	5 409 206	11 530 545	2 505 322	865 977	537 635	51 778
44	24 012 158	521 742	6 054 427	12 926 156	2 877 891	967 449	602 428	62 065
45	23 962 574	533 479	5 839 295	12 649 792	3 257 435	1 016 036	599 481	67 056
46	23 355 778	541 012	5 518 497	11 861 918	3 708 611	1 067 093	590 445	68 202
47	26 972 157	616 454	6 139 760	13 226 071	4 994 681	1 260 879	659 345	74 967
48	20 075 084	555 025	4 921 429	9 306 788	3 973 094	857 147	417 966	43 635
49	11 228 960	354 014	2 863 460	4 835 086	2 461 674	472 321	221 621	20 784
50	14 097 008	474 674	3 788 643	5 887 457	3 140 577	550 904	234 073	20 680

续表

年龄	人口数量	未上过学	小学	初中	高中	大学专科	大学本科	研究生
51	12 838 832	511 786	3 864 507	5 134 231	2 683 752	453 840	174 712	16 004
52	16 617 709	767 730	5 475 448	6 498 730	3 092 943	561 794	202 218	18 846
53	18 351 980	943 184	6 507 017	7 024 294	3 025 108	609 872	221 724	20 781
54	16 847 642	962 017	6 379 476	6 285 805	2 440 671	557 695	204 760	17 218
55	17 610 528	1 099 766	7 143 828	6 399 014	2 197 115	554 495	200 977	15 333
56	17 738 127	1 223 106	7 653 860	6 243 840	1 883 638	532 129	188 961	12 593
57	16 093 888	1 245 966	7 424 517	5 432 734	1 406 980	425 796	148 990	8 905
58	16 167 933	1 370 446	7 805 423	5 253 818	1 200 291	395 240	135 605	7 110
59	13 701 998	1 223 531	6 756 831	4 325 028	940 000	335 318	115 494	5 796
60	13 618 204	1 312 970	6 865 158	4 057 350	925 399	337 169	115 035	5 123
61	13 029 125	1 387 605	6 874 015	3 426 767	910 985	318 863	106 403	4 487
62	11 276 853	1 301 588	6 061 931	2 743 153	806 680	272 938	87 280	3 283
63	10 791 633	1 298 501	5 788 919	2 591 046	758 643	257 093	94 179	3 252
64	9 951 467	1 276 659	5 235 227	2 434 372	654 863	221 295	125 309	3 742
65	9 073 411	1 276 966	4 691 641	2 199 163	587 232	192 199	122 678	3 532
66	8 640 965	1 331 970	4 444 934	1 989 284	578 957	179 189	113 600	3 031
67	7 942 141	1 339 308	4 030 070	1 721 233	572 295	170 672	106 121	2 442
68	7 740 868	1 381 597	3 893 571	1 595 477	580 476	174 178	113 404	2 165
69	7 715 897	1 503 355	3 924 624	1 448 509	541 645	169 692	126 037	2 035
70	7 389 412	1 574 921	3 734 529	1 289 851	490 579	164 839	132 731	1 962
71	6 265 718	1 479 104	3 180 416	952 164	382 203	142 395	127 678	1 758
72	6 893 225	1 759 436	3 495 454	967 442	387 114	149 761	132 024	1 994
73	6 343 869	1 728 065	3 200 927	830 940	332 209	133 191	116 609	1 928
74	6 080 173	1 760 273	3 048 860	754 277	295 775	118 779	100 381	1 828
75	5 632 477	1 761 888	2 771 378	663 095	252 310	100 823	81 287	1 696
76	5 175 500	1 725 133	2 505 586	580 837	214 213	82 994	65 180	1 557
77	5 082 383	1 796 120	2 413 253	545 540	197 538	71 621	56 579	1 732
78	4 254 858	1 591 112	1 977 707	426 912	156 796	55 356	45 435	1 540
79	3 706 915	1 432 244	1 689 261	367 398	133 589	45 188	37 843	1 392
80	3 737 259	1 527 460	1 654 508	349 380	127 694	41 371	35 609	1 237
81	2 816 693	1 231 437	1 204 123	236 748	87 336	28 545	27 612	892
82	2 757 918	1 248 539	1 159 203	219 679	80 316	25 221	24 181	779
83	2 237 138	1 031 424	929 144	174 340	63 062	19 248	19 311	609
84	1 824 190	870 823	738 967	135 638	48 493	14 466	15 332	471
85+	7 616 148	4 025 279	2 792 234	503 726	180 097	53 330	59 271	2 211

资料来源：第六次全国人口普查

高校资源分布和级别的差异可以反映出各地区高等教育发展的差别,还有一个很重要的问题是,高等教育人才培养的能力并不一定会转化为对人才的吸引力。一些地区虽然有很好的高等教育资源,也培养了大批高质量毕业生,但地方经济发展并没有真正吸纳这些资源,很多毕业生都会选择去其他地方就业。高校的人才培养和当地的经济发展是否能够真正融合起来,这是很多地区非常关心的问题。表 8-2 进一步更详细地描述了各地区不同受教育程度人口的情况,同样将受教育程度分为未上过学、小学、初中、高中、大学专科、大学本科、研究生等七个等级,可以看到每个地方每类受教育程度人口的详细数据。

表 8-2 不同地区人口受教育程度　　　　　　　　　　单位:人

地区	人口总数	未上过学	小学	初中	高中	大学专科	大学本科	研究生
全国	1 242 546 122	62 136 405	357 211 733	518 176 222	186 646 865	68 610 519	45 625 793	4 138 585
北京	18 813 279	363 770	1 952 619	6 157 444	4 161 674	2 377 944	3 109 069	690 759
天津	12 388 491	312 312	2 205 954	4 936 137	2 672 387	1 089 221	1 069 485	102 995
河北	66 150 575	2 153 698	17 719 711	31 902 985	9 131 670	3 329 231	1 813 264	100 016
山西	33 521 349	868 223	7 804 836	16 115 283	5 618 618	1 999 192	1 055 226	59 971
内蒙古	23 362 679	1 131 271	6 278 818	9 689 532	3 740 299	1 602 849	875 760	44 150
辽宁	41 873 047	975 536	9 364 681	19 829 444	6 469 305	2 817 201	2 233 535	183 345
吉林	26 136 514	637 242	6 604 755	11 549 212	4 630 133	1 416 006	1 216 386	82 780
黑龙江	36 619 463	913 586	9 211 366	17 245 267	5 756 969	1 995 107	1 413 428	83 740
上海	22 085 668	694 616	3 121 808	8 406 458	4 823 221	2 216 495	2 401 283	421 787
江苏	74 119 475	3 448 220	19 033 077	30 423 013	12 703 757	4 899 462	3 298 133	313 813
浙江	51 484 414	3 372 461	15 687 367	19 961 827	7 384 253	2 808 016	2 098 829	171 661
安徽	55 103 738	5 158 856	16 518 988	22 969 845	6 449 846	2 457 181	1 446 936	102 086
福建	34 366 573	1 190 153	10 994 768	13 977 601	5 119 371	1 737 607	1 263 231	83 842
江西	40 413 800	1 682 257	13 399 357	16 787 837	5 488 361	1 937 740	1 057 732	60 516
山东	89 358 154	5 326 632	23 912 234	38 468 023	13 322 584	4 933 489	3 161 869	233 323
河南	85 563 558	4 529 564	22 669 174	39 925 272	12 423 541	4 034 524	1 858 760	122 723
湖北	53 724 341	2 994 419	13 092 079	22 677 927	9 503 078	3 180 279	2 077 526	199 033
湖南	60 715 957	2 012 174	17 600 932	25 977 062	10 133 885	3 196 149	1 680 612	115 143
广东	97 649 498	2 611 734	23 788 746	44 075 971	18 267 539	5 294 533	3 287 295	323 680
广西	41 837 842	1 587 939	14 579 571	17 840 416	5 078 715	1 733 473	955 852	61 876
海南	7 949 791	390 150	1 958 821	3 642 423	1 288 237	415 159	242 323	12 678

续表

地区	人口总数	未上过学	小学	初中	高中	大学专科	大学本科	研究生
重庆	26 962 605	1 348 719	9 707 595	9 646 397	3 814 455	1 374 449	989 687	81 303
四川	75 277 913	4 960 433	27 846 551	28 058 292	9 045 928	3 247 880	1 962 005	156 824
贵州	31 837 765	3 313 944	13 546 008	10 506 809	2 617 659	1 134 876	689 649	28 820
云南	42 475 720	3 392 628	20 042 984	12 591 002	3 813 068	1 574 493	1 002 321	59 224
西藏	2 705 849	925 237	1 098 468	385 793	131 027	93 704	68 266	3 354
陕西	35 187 233	1 636 786	8 740 957	14 981 471	5 887 718	2 364 637	1 438 244	137 420
甘肃	23 912 906	2 448 945	8 313 301	7 982 874	3 244 504	1 171 858	705 613	45 811
青海	5 184 022	700 487	1 984 288	1 427 740	586 713	293 579	183 274	7 941
宁夏	5 798 346	419 166	1 868 716	2 130 699	792 711	359 428	218 374	9 252
新疆	19 965 557	635 247	6 563 203	7 906 166	2 545 639	1 524 757	751 826	38 719

资料来源：第六次全国人口普查

经济的发展和教育密切相关，良好的教育制度，以及丰富的人力资本积累，往往都伴随着很好的经济发展绩效。而快速的经济增长，使得政府和家庭会有更多的资源投入到教育和人才培养，从而带来更快更好的经济发展绩效，形成良性循环。本节的研究给我们如下几点重要的启示。第一，教育是经济增长非常重要的根源。人类文明几千年的发展历史告诉我们，以教育和人才培养为基础的技术进步是国民财富持续增长的最重要根源。而全球200多个经济体的发展经验也告诉我们，教育的差异在很大程度上会体现在经济增长的绩效差异上，中国不同地区之间的发展绩效差异也体现了这一点。第二，教育有很强的正外部性。和一般的物质资本和普通劳动投入不同，教育一个非常重要的特点就是具有正外部性。两个人力资本都为1的人在一起，可能会产生3个单位人力资本的生产效率。从宏观上，这体现在人均人力资本存量相同的国家中，人口规模更大的国家增长绩效更好；在人均资本存量相同的我国不同省份中，人口更多的省份经济增长绩效更好。正是因为存在正向外部性，教育无法以正常的市场机制来提供，那样会大幅度低估教育的社会价值，市场会失灵。这就提示我们在教育的发展过程中政府要发挥更为重要的作用。

第二节 人力资本与社会流动

社会流动是反映社会经济发展水平的重要指标，包括收入的流动、职业的流动、代际流动等诸多方面，一般认为，收入流动是社会流动最为核心的指标，我们首先对收入流动及其与教育的关系做简要阐述。改革开放以来，我国经济发展取得了很大的成绩。不过，市场效率大幅提升的同时，也伴随着收入差距大幅度上升等问题。根据国家统计局的数据，相对于改革开放之前的"共同贫穷"，2008年我国基尼系数已经达到0.491，其后虽然逐年回落，但仍然维持高位，2017年为0.467。基于这一背景，十九大报告指出，"我国社会主要矛盾已经转化为人民日益增长的美好生活需要和不平衡不充分的发展之间的矛盾"[①]。收入差距和收入分配等相关问题成为学术界和政府决策层高度关注的重要问题。关于如何看待收入差距扩大问题，理论上有两个研究方向。一些人认为收入差距扩大是一个非常严重的问题，直接关乎公平、关乎民生。还有一些人认为收入差距本身并不是问题，关键是要研究清楚是什么原因导致了收入差距，这一机制是否符合公平正义，这样才能制定合适的政策，在确保基本社会保障的前提下提高经济运行效率。正是在这一逻辑体系下，产生了收入流动的相关讨论。收入流动是指同一个人或家庭的收入在不同时点所处群体的差异，衡量收入差距的动态变化。一般而言，我们讨论收入分配都是指截面差异，即在同一个时点，个体之间的收入差距，而收入流动则是研究这种收入差距的动态演变。比如，在一个由两个人组成的群体中，第一年的收入分布为（1，0），第二年的收入分布为（0，1），独立来看，每年的收入差距都非常大，一个人获得所有收入，另一个人一无所获。但如果动态地看，这个分配是非常平均的。由此可见，收入流动同样是研究收入分配的一个非常重要的方面。如果收入差距非常大，但是收入流动性非常好，处于收入底层的家户有上升通道，那么较大的收入差距并不一定会带来太大的问题；如果收入差距大，收入流动性也差，这种收入结构将对低收入群体非常不利，他们很难通过不断努力实现群体跃迁，社会矛盾将会不断被激发。

由于缺乏全国层面的微观家户数据，我们以我国农村1986年到2017年的家户调查数据为基础，对收入流动问题做些探讨。与收入流动密切相关的一个问题是收入分配。收入分配反映收入的静态分布，而收入流动反映这种分布的动态演变，收入流动性的研究本身就是相对收入分配而言的。图8-4（a）是几个指标反映的收入分配动态演变，图8-4（b）是分地区计算的基尼系数。总体来看，收入分配情况可以分为两个阶段，以基尼系数为例，从1986年的0.37缓慢上升到2000年的峰值0.42，再逐步下降到2017年的0.33。GE指数（$a=0$）和泰尔指数也表现出基本相同的趋势。分地区看，东部、中部、西部地区的基尼系数跨期变化趋势基本相同，但数值上还是存在显著差异，中部地区收入差距最小，东部地区收入差距在2002年之前较大，2002年之后下降很快。接下来看收入流动。收入流动性强会平滑短期的高收入差距，降低长期收入差距；反之，收入流动性弱

---

① 《习近平：决胜全面建成小康社会 夺取新时代中国特色社会主义伟大胜利——在中国共产党第十九次全国代表大会上的报告》，http://www.gov.cn/zhuanti/2017-10/27/content_5234876.htm，2017年10月27日。

时，即使短期收入差距较小，在长期也会被不断放大。改革开放40多年来，收入差距问题一直都引起学术界和政府决策层的高度关注，基尼系数的微小变化都会在社会上产生较大的影响。但是，由于数据缺乏等各方面原因，我们对收入流动性的关注严重不足。研究收入流动性的前提是要有面板跟踪数据，由于流动性是个相对长期的问题，最好有长期面板跟踪数据，这对于中国研究而言是非常稀缺的。固定观察点数据的数据结构和问卷设计为我们研究收入流动提供了非常好的基础。

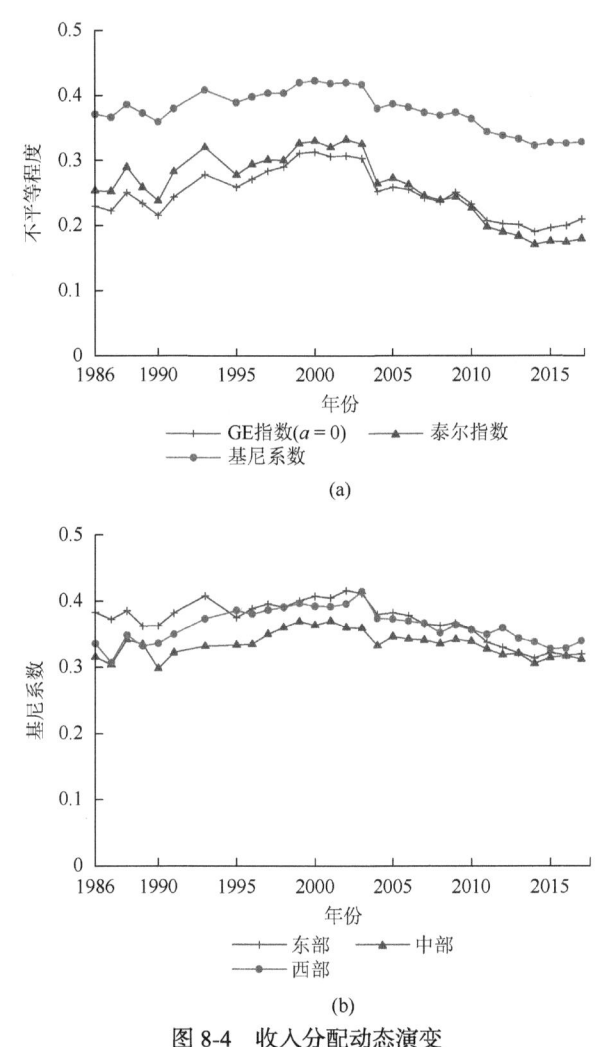

图 8-4 收入分配动态演变

资料来源：农业部农村经济研究中心 1986~2017 年固定观察点调查

收入流动矩阵是研究收入流动的最重要工具，我们首先计算 1986 年以来的收入流动矩阵。将每一期样本按照家庭人均纯收入等分为五个组（各占 20%样本，分别称为低收入组、较低收入组、中等收入组、较高收入组、高收入组，分别用数字 1、2、3、4、5 表示），从而得到每个家户所处的收入分组，再来考察下一期该家户所处收入分组的变化。为提高各阶段收入流动的可比性，将 1986~2017 年按照基本相同的时间间距分为五个组，即 1986~1991 年、1993~1999 年、2000~2005 年、2006~2011 年、2012~2017 年。表 8-3 列出了各个时间段的农户收入流动矩阵，同时列出了样本比例。以 1986~1991 年时间段为例，1986 年处于低收入组的农户中，到 1991 年仍有 43% 的农户处于低收入组，有 26% 跃迁到较低收入组，有 16% 跃迁到中等收入组，有 10% 跃迁到较高收入组，有 4% 跃迁到高收入组。同理，可以解释其他各时间段的收入流动矩阵。从前面五组约 5 年间隔时间段的转换矩阵来看，收入流动性还是略有不足。首先看对角线的各收入组不变比例，低收入组中 41%~49% 的比例在五年以后仍然位于低收入组，高收入组中 45%~53% 的比例在五年后仍然位于高收入组，中间三个组的不变比例大约为 27%。再从分组看，低收入组的流动性相对较差，五个时间段数据均显示，低收入组或较低收入组农户在五年后约 70% 仍然处于低收入组或较低收入组，只有 30% 的农户实现了向更高收入组的跃迁。由此可见，农村收入流动性问题的确是一个需要长期关注的重要问题。与之相对应，高收入组的向下流动概率也非常小，约 75% 的比例在五年后仍然处于高收入组或较高收入组。中间三个收入组的流动性则较强。最后，从 1986~2017 年时间段的超长时期内的收入流动性数据可以看到，长期收入流动性要远远高于短期流动性，但同时也揭示了一个非常重要的长期问题——1986 年的低收入组农户中有 34% 的比例到 2017 年仍然处于低收入组。

表 8-3 主要年份收入流动矩阵

项目	收入分组	各收入位置家庭比例				
		1	2	3	4	5
		1991 年收入位置				
1986 年收入位置	1	0.43	0.26	0.16	0.10	0.04
	2	0.23	0.28	0.23	0.17	0.09
	3	0.14	0.22	0.25	0.25	0.15
	4	0.10	0.15	0.22	0.27	0.26
	5	0.06	0.07	0.13	0.22	0.51
		1999 年收入位置				
1993 年收入位置	1	0.41	0.28	0.17	0.09	0.04
	2	0.24	0.28	0.24	0.17	0.07
	3	0.16	0.22	0.25	0.25	0.13
	4	0.11	0.15	0.22	0.28	0.24
	5	0.06	0.07	0.12	0.23	0.52

续表

项目	收入分组	各收入位置家庭比例				
		1	2	3	4	5
2005 年收入位置						
2000 年收入位置	1	0.46	0.23	0.15	0.10	0.05
	2	0.26	0.28	0.23	0.14	0.08
	3	0.16	0.24	0.26	0.22	0.13
	4	0.09	0.17	0.24	0.29	0.21
	5	0.04	0.07	0.12	0.24	0.53
2011 年收入位置						
2006 年收入位置	1	0.46	0.23	0.16	0.10	0.06
	2	0.24	0.29	0.22	0.16	0.08
	3	0.15	0.23	0.26	0.22	0.14
	4	0.09	0.16	0.24	0.27	0.23
	5	0.05	0.07	0.13	0.25	0.50
2017 年收入位置						
2012 年收入位置	1	0.49	0.24	0.13	0.09	0.05
	2	0.25	0.31	0.24	0.14	0.06
	3	0.16	0.23	0.27	0.23	0.11
	4	0.09	0.16	0.23	0.31	0.21
	5	0.06	0.07	0.13	0.30	0.45
2017 年收入位置						
1986 年收入位置	1	0.34	0.23	0.18	0.16	0.08
	2	0.24	0.22	0.22	0.19	0.13
	3	0.19	0.20	0.22	0.23	0.16
	4	0.16	0.16	0.20	0.25	0.23
	5	0.12	0.15	0.16	0.26	0.31

资料来源：农业部农村经济研究中心 1986~2017 年固定观察点调查

以收入流动矩阵为基础，还有一些其他指标可以更简练地体现收入流动情况。比较常用的包括 Shorrocks 指数和平均流动指数。我们基本按照三年移动平均的方式计算了每年的收入流动矩阵和收入流动指数。图 8-5 显示了两个指数的计算结果，30 多年间，以 Shorrocks 指数衡量的收入流动程度由 0.77 下降到 0.66，下降幅度为 14%，以平均流动指数衡量的收入程度由 4.67 下降到 3.68，下降幅度为 21%。我国农村家庭收入的基尼系数在经历前期的上升后一直在缓慢回落，但与此同时发现收入流动性也在不断下降。收入差距虽然在缩小，但低收入农户处于持续低收入的概率却在上升，相对于收入差距，这个问题也应该引起我们的高度关注。

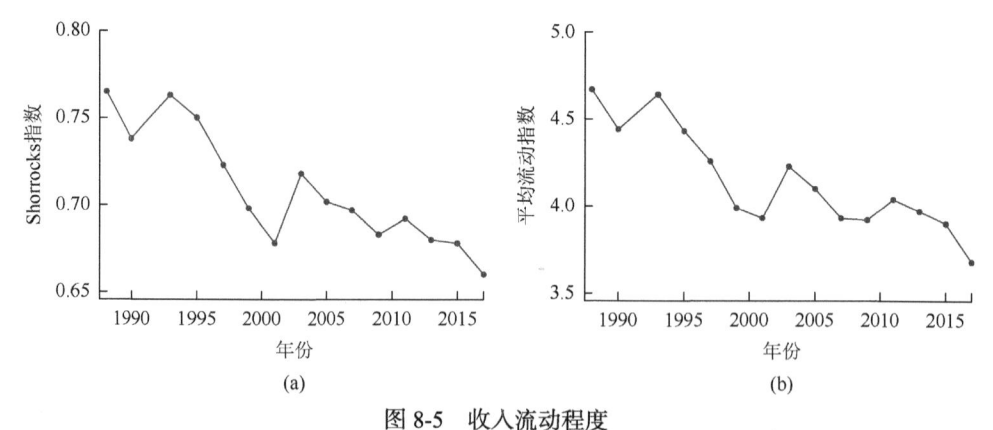

图 8-5　收入流动程度

资料来源：农业部农村经济研究中心 1986~2017 年固定观察点调查

收入流动与收入分配密切相关，高收入流动性会缓解收入不平等，反之，低收入流动性会加剧收入不平等。图 8-6 考察了 200 等分收入组 1986 年到 2002 年和 2003 年到 2017 年两个时间段的长期收入增长情况。图 8-6（a）的分组依据是 1986 年和 2002 年的平均收入，图 8-6（b）的分组依据是 2003 年和 2017 年的平均收入，纵轴为收入的对数差。从图 8-6 中可以看到，在 2002 年之前，长期收入增长是更强烈地偏向高收入群体，收入越高的群体收入增长速度也越快，这显然会扩大收入差距。2002 年之后，这种情况略有改善，相对而言，高收入群体的收入增长速度在下降。2002 年之前收入差距在扩大，2002 年之后收入差距有所缩小。图 8-6 再次提醒我们的另一个重要问题是，最低收入群体一直都是收入增长速度较慢的。

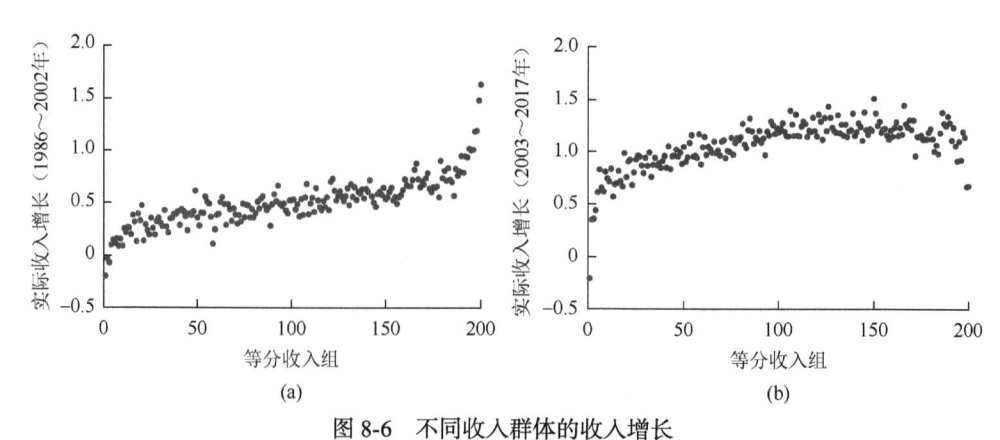

图 8-6　不同收入群体的收入增长

资料来源：农业部农村经济研究中心 1986~2017 年固定观察点调查

收入流动性对于一个社会的平稳发展有着极为重要的意义,那接下来非常重要的问题就是研究清楚到底是什么因素在影响收入流动。很多研究从教育、年龄、人口结构、社会保障、机会公平等多方面讨论了收入流动的影响因素。我们将影响收入流动的因素分为四个维度:政府补贴、家庭禀赋(包括劳动和土地)、人力资本(包括正规学校教育和专业技术培训)、社会资本,发现人力资本对于社会流动的影响最大。进一步,我们将人力资本分为两类:受教育程度和专业技能。受教育程度主要是指接受学校教育的年限,重点是知识型教育;专业技能主要是指劳动力的学习能力以及掌握的谋生技能,重点是能力型教育。图 8-7 是两种不同类型人力资本对群体跃迁的影响,值越大表示人力资本对群体跃迁的影响越大。从图 8-7 中可以看到,知识型人力资本的回报率从 20 世纪 80 年代开始逐渐上升,在 2002 年左右达到顶峰,此后开始下降,而能力型人力资本的回报率一直在上升。这种现象其实也很好理解。改革开放初期,我国各行业人才非常缺乏,而经济发展水平较低又使得教育成为奢侈品,受教育人数非常少,教育的回报率非常高。随着经济的不断发展,人们对人力资本培育越来越重视,接受正规教育的人口也越来越多,知识型人力资本的稀缺性下降,从而回报率也开始下降。与之相对应的是,知识型人力资本的普及使得能力型人力资本培育成为可能,而能力型教育的回报率在不断上升,这也提示了我们教育改革非常重要的方向,即如何由单纯的知识传授向素质教育、能力培养过渡。

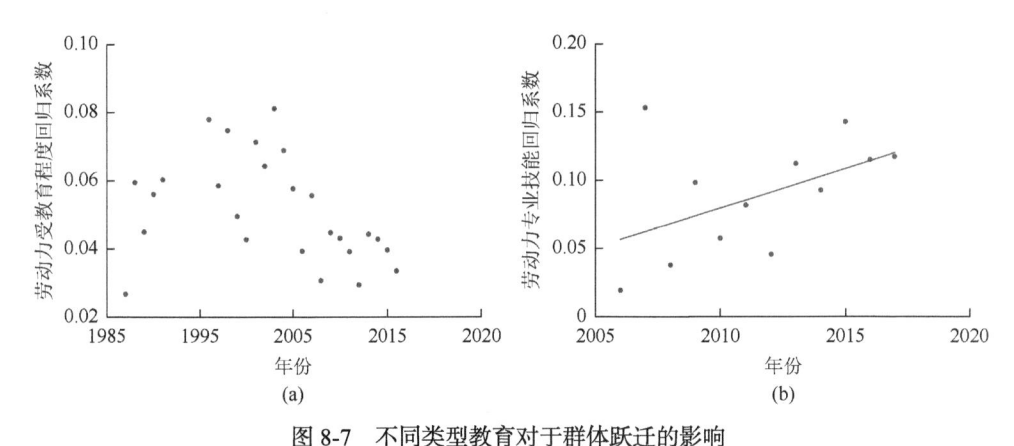

图 8-7 不同类型教育对于群体跃迁的影响

资料来源:农业部农村经济研究中心 1986~2017 年固定观察点调查

与社会流动另一个密切相关的问题是代际流动。随着我国经济社会流动固化现象的日益显现,代际流动性问题受到了越来越广泛的关注。代际流动包含代际收入流动、代际职业流动、代际社会流动等多方面的内容。代际收入流动是代际流动的最直接的体现,也是近年来被广泛使用的一个度量收入分配和社会公平的动态指标，主要通过考察父代收入与子代收入之间的相关性，来反映子代在多大程度上能通过自身能力而非家庭因素实现收入的向上流动，代际收入弹性是用来测度代际收入流动的主要方法。代际收入弹性越大说明父代收入对子代收入的影响越强，代际收入流动性越差，反之，代际收入流动性越强。其后大量研究试图通过测度代际收入弹性来了解一国的收入流动程度，以及社会公平状况。主流研究认为，比较来看，美国的代际流动性较弱，除美国以外的发达国家代际流动性较强，尤其是一些北欧国家社会流动程度较高，而发展中国家普遍社会固化比较严重。在关于中国的研究中，我们发现，代际流动的弹性系数值约为 0.34，我国居民代际收入流动性不强，而教育是提高代际流动性、提高代际跃迁概率的最核心因素。

总结本节的研究，有如下几点重要结论。第一，人力资本有利于促进社会流动，缓解长期不平等。第二，随着人力资本的稀缺性程度下降，知识型人力资本的回报率在下降，从而学历教育在促进社会流动、缓解长期不平等方面的作用在不断下降。第三，能力型人力资本的回报率在上升，这也提示出人力资本培育理念的进一步发展。

第三节　人力资本与产业升级

产业升级是我们非常关注的一个问题，每个经济体都希望能有更为高端、高附加值的产业形态，但是我们应该明白的是，不能就产业谈产业，产业升级需要有相关的配套资源和措施。人力资本存量与结构就是非常重要的方面，每个产业都会有其特定的知识含量和知识密集度，举例而言，在一个高等教育比例非常低的经济里要发展高技术含量的航天航空产业，成功概率肯定是非常低的。有什么样的人力资本，就会有什么样的产业结构。图 8-8 是一个基本的人力资本与产业结构的关系图，图 8-8（a）是人力资本发展水平与第一产业占 GDP 的比重的关系图，图 8-8（b）是人力资本发展水平与第二产业占 GDP 的比重的关系图。可以看到，人力资本发展水平与产业结构是密切相关的，人力资本发展越好，第一产业的占比越低，第二产业的占比越高。需要指出的是，产业结构升级在不同时代有不同的含义，在经济发展初期，我们会致力于提高第二产业的占比，而一旦经济发展到一定程度，我们又会追求由第二产业向第三产业转型，由工业向服务业转型。服务业的知识含量和技术含量较为复杂，简单而言，可以分为低端服务业和高端服务业，不同行业的服务业之间的差别非常大，如酒店餐饮服务业和金融业等。如果单一地以第三产业占比高为目标，而忽视制造业的重要作用，显然会带来很多其他问题，过早服务业化是需要引起我们关注的重要问题。

第八章 人力资本匹配与产业升级　177

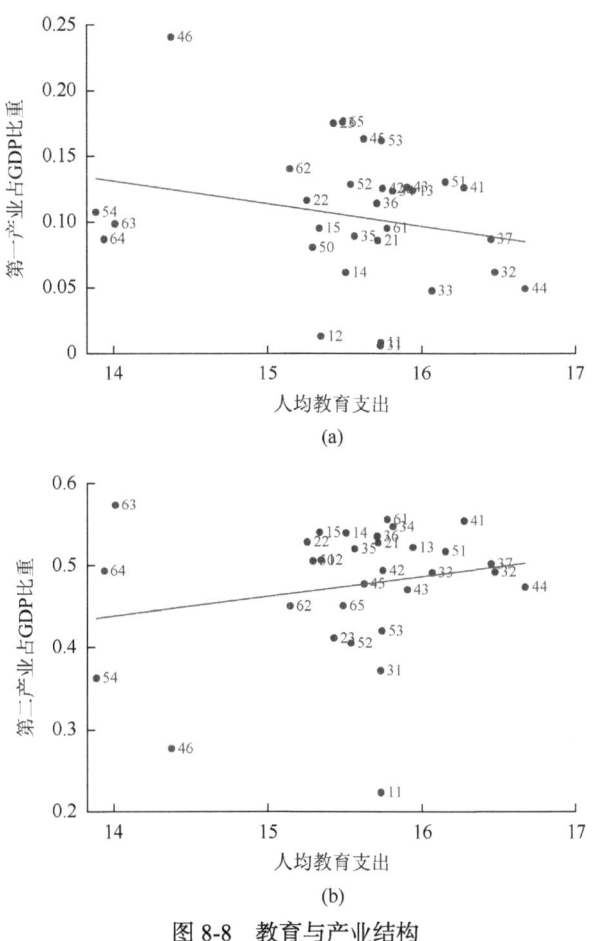

图 8-8 教育与产业结构

资料来源：根据历年各省区市统计年鉴收集整理

以我国 600 多万家企业数据为基础，我们根据每个企业的员工信息，计算了每个行业的知识含量和技术含量，这对我们理解人力资本和产业结构升级非常有好处。表 8-4 和表 8-5 是分产业、分行业的计算结果，表 8-4 按照国民经济行业代码两位数分类，表 8-5 按照行业大类分类。员工教育结构方面，我们采用三个标准：学历、专业技术职称、技术等级。按学历可以分为研究生、本专科生、高中生、初中及以下；按专业技术职称可以分为高级职称、中级职称和初期职称；按技术等级可以分为高级技师、技师、高级工、中低级工。表 8-4 和表 8-5 中列出了每个产业或行业按照不同分类的员工数量所占百分比。比如，代码为 06 的煤炭开采和洗选业，按照受教育程度分，该产业所有员工中，研究生、本专科生、高中生的占比分别为 0.05%、7.50%、25.66%，其余员工为初中及以下学历；按照专业技术职称分，高级职称员工和中级职称员工的占比分别为 0.82%、3.30%，绝大部分为初级职称员工；按照技术等级分，高级技师、技师、高级工占比分别为 0.08%、

0.62%、2.78%，其余为中低级工。其他产业或行业也可以按照类似的方法推算其员工队伍的受教育程度。从表 8-4 中可以看到，在制造业中，烟草制品业，医药制造业，化学原料及化学制品制造业，通信设备、计算机及其他电子设备制造业等行业的技术含量较高，对员工的人力资本水平要求更高。

表 8-4 不同产业的员工人力资本结构

行业名称	行业代码	学历 研究生	学历 本专科生	学历 高中生	专业技术职称 高级	专业技术职称 中级	技术等级 高级技师	技术等级 技师	技术等级 高级工
煤炭开采和洗选业	06	0.05%	7.50%	25.66%	0.82%	3.30%	0.08%	0.62%	2.78%
石油和天然气开采业	07	0.46%	27.80%	49.85%	2.67%	10.66%	0.17%	1.08%	16.90%
黑色金属矿采选业	08	0.22%	7.09%	28.89%	0.61%	2.61%	0.16%	0.62%	2.66%
有色金属矿采选业	09	0.11%	7.96%	30.82%	0.75%	3.22%	0.16%	0.70%	2.24%
非金属矿采选业	10	0.08%	4.49%	23.41%	0.29%	1.43%	0.09%	0.34%	1.30%
其他采矿业	11	0.50%	5.33%	27.30%	0.70%	3.44%	0.24%	0.53%	0.93%
农副食品加工业	13	0.20%	9.37%	32.55%	0.55%	2.38%	0.22%	0.71%	1.15%
食品制造业	14	0.30%	12.19%	33.69%	0.67%	2.58%	0.24%	0.70%	1.25%
饮料制造业	15	0.24%	14.08%	37.94%	0.78%	3.40%	0.30%	1.00%	1.61%
烟草制品业	16	0.57%	22.54%	39.47%	0.21%	5.11%	0.06%	0.87%	8.34%
纺织业	17	0.05%	5.16%	28.81%	0.35%	1.51%	0.11%	0.50%	1.01%
纺织服装、鞋、帽制造业	18	0.05%	4.77%	25.37%	0.21%	0.94%	0.09%	0.36%	0.70%
皮革、毛皮、羽毛（绒）及其制品业	19	0.05%	4.05%	23.64%	0.19%	0.87%	0.11%	0.33%	0.71%
木材加工及木、竹、藤、棕、草制品业	20	0.08%	5.47%	26.83%	0.36%	1.62%	0.14%	0.51%	0.93%
家具制造业	21	0.09%	6.66%	28.17%	0.39%	1.53%	0.19%	0.57%	1.09%
造纸及纸制品业	22	0.10%	7.97%	32.77%	0.48%	2.03%	0.22%	0.65%	1.37%
印刷业和记录媒介的复制	23	0.16%	10.69%	38.18%	0.64%	2.78%	0.26%	0.90%	2.86%
文教体育用品制造业	24	0.07%	5.32%	24.15%	0.26%	1.01%	0.15%	0.33%	0.58%
石油加工、炼焦及核燃料加工业	25	0.36%	18.17%	40.46%	1.50%	5.92%	0.23%	1.04%	6.46%
化学原料及化学制品制造业	26	0.40%	14.51%	36.76%	1.25%	4.40%	0.27%	0.91%	3.34%
医药制造业	27	0.96%	26.18%	42.43%	1.89%	6.54%	0.42%	1.33%	3.37%

续表

行业名称	行业代码	学历 研究生	学历 本专科生	学历 高中生	专业技术职称 高级	专业技术职称 中级	技术等级 高级技师	技术等级 技师	技术等级 高级工
化学纤维制造业	28	0.20%	12.42%	38.89%	0.83%	3.28%	0.17%	0.68%	2.52%
橡胶制品业	29	0.17%	8.07%	33.01%	0.59%	2.12%	0.19%	0.63%	1.62%
塑料制品业	30	0.13%	8.01%	31.04%	0.50%	2.00%	0.20%	0.56%	1.03%
非金属矿物制品业	31	0.10%	5.66%	26.85%	0.46%	1.90%	0.16%	0.53%	1.25%
黑色金属冶炼及压延加工业	32	0.22%	15.05%	38.66%	1.27%	4.72%	0.33%	1.22%	8.61%
有色金属冶炼及压延加工业	33	0.22%	14.33%	35.57%	1.27%	4.85%	0.31%	1.27%	5.16%
金属制品业	34	0.16%	8.82%	31.12%	0.74%	2.64%	0.28%	0.84%	1.66%
通用设备制造业	35	0.23%	12.43%	34.71%	1.28%	4.23%	0.39%	1.31%	3.71%
专用设备制造业	36	0.46%	16.42%	38.51%	1.71%	5.33%	0.51%	1.56%	4.49%
交通运输设备制造业	37	0.33%	16.92%	39.91%	1.77%	5.57%	0.43%	1.48%	5.36%
电气机械及器材制造业	39	0.37%	13.60%	35.86%	1.17%	3.46%	0.48%	0.99%	2.20%
通信设备、计算机及其他电子设备制造业	40	1.03%	16.98%	41.70%	1.28%	3.56%	0.28%	0.76%	1.46%
仪器仪表及文化、办公用机械制造业	41	0.82%	19.15%	36.69%	1.90%	5.04%	0.40%	1.17%	2.80%
工艺品及其他制造业	42	0.08%	6.00%	26.91%	0.40%	1.45%	0.13%	0.44%	1.32%
废弃资源和废旧材料回收加工业	43	0.18%	7.68%	27.11%	0.40%	1.64%	0.12%	0.34%	0.72%
电力、热力的生产和供应业	44	0.46%	27.97%	43.27%	2.32%	7.96%	0.22%	1.71%	9.26%
燃气生产和供应业	45	0.31%	25.94%	44.10%	1.63%	6.91%	0.20%	1.17%	8.22%
水的生产和供应业	46	0.22%	21.44%	44.13%	0.94%	5.36%	0.13%	1.13%	7.13%
房屋和土木工程建筑业	47	0.24%	13.62%	28.19%	0.99%	5.07%	0.47%	1.61%	3.73%
建筑安装业	48	0.52%	23.77%	32.56%	1.72%	6.89%	0.59%	1.94%	4.59%
建筑装饰业	49	0.61%	25.98%	32.11%	1.52%	6.54%	0.55%	1.59%	2.30%
其他建筑业	50	0.49%	17.87%	29.12%	1.56%	5.84%	0.51%	1.64%	3.62%
铁路运输业	51	0.35%	29.62%	46.60%	0.69%	3.60%	0.11%	1.27%	10.36%

续表

行业名称	行业代码	学历 研究生	学历 本专科生	学历 高中生	专业技术职称 高级	专业技术职称 中级	技术等级 高级技师	技术等级 技师	技术等级 高级工
道路运输业	52	0.34%	20.51%	42.49%	0.68%	2.71%	0.24%	1.06%	3.70%
城市公共交通业	53	0.21%	13.04%	50.40%	0.41%	1.80%	0.17%	0.61%	3.83%
水上运输业	54	0.64%	26.66%	37.56%	1.23%	6.23%	0.32%	1.07%	3.49%
航空运输业	55	1.51%	64.26%	22.80%	0.70%	5.67%	0.25%	0.84%	3.21%
管道运输业	56	1.37%	51.53%	28.84%	3.00%	9.79%	0.19%	1.58%	16.89%
装卸搬运和其他运输服务业	57	0.96%	33.07%	32.21%	0.46%	2.26%	0.13%	0.37%	0.88%
仓储业	58	0.68%	28.43%	39.14%	0.88%	3.76%	0.30%	0.76%	2.31%
邮政业	59	0.67%	33.87%	47.67%	0.77%	2.73%	0.21%	0.71%	6.84%
电信和其他信息传输服务业	60	3.10%	62.85%	27.48%	2.19%	8.56%	0.30%	0.87%	3.85%
计算机服务业	61	4.41%	51.28%	30.93%	2.02%	5.20%	0.38%	0.67%	0.72%
软件业	62	10.52%	78.52%	8.75%	3.52%	9.57%	0.97%	1.30%	0.93%
批发业	63	1.30%	37.92%	37.88%	1.03%	3.77%	0.28%	0.53%	0.89%
零售业	65	0.61%	29.56%	45.35%	0.75%	2.75%	0.30%	0.72%	1.06%
住宿业	66	0.37%	20.83%	43.29%	0.65%	2.27%	0.35%	0.99%	2.11%
餐饮业	67	0.30%	15.54%	41.28%	0.58%	1.79%	0.38%	0.86%	0.88%
银行业	68	5.09%	76.30%	14.84%	3.56%	38.41%	0.17%	0.84%	1.29%
证券业	69	21.91%	66.38%	10.67%	3.77%	12.52%	1.21%	1.25%	1.39%
保险业	70	6.65%	63.21%	27.54%	1.82%	6.36%	0.19%	0.52%	0.35%
其他金融活动	71	4.53%	63.49%	25.71%	2.64%	8.81%	0.32%	0.50%	0.45%
房地产业	72	0.95%	50.32%	34.67%	1.52%	9.43%	0.24%	0.73%	4.67%
租赁业	73	1.22%	30.10%	39.72%	1.14%	3.35%	0.35%	0.76%	1.20%
商务服务业	74	2.78%	43.90%	30.16%	1.88%	5.32%	0.25%	0.59%	1.41%
研究与试验发展	75	15.30%	56.27%	18.05%	15.02%	17.54%	0.60%	1.74%	6.32%
专业技术服务业	76	5.34%	67.69%	19.30%	10.64%	19.73%	0.59%	1.13%	2.89%
科技交流和推广服务业	77	4.73%	50.60%	27.61%	5.38%	12.27%	0.60%	1.11%	2.71%
地质勘查业	78	2.62%	44.19%	32.57%	7.52%	14.46%	0.42%	2.32%	13.25%

续表

行业名称	行业代码	学历 研究生	学历 本专科生	学历 高中生	专业技术职称 高级	专业技术职称 中级	技术等级 高级技师	技术等级 技师	技术等级 高级工
水利管理业	79	0.96%	40.21%	34.87%	3.09%	9.95%	0.46%	2.21%	13.83%
环境管理业	80	0.60%	19.15%	25.89%	0.93%	2.40%	0.13%	0.82%	5.51%
公共设施管理业	81	0.97%	33.68%	33.98%	1.62%	5.66%	0.46%	1.68%	10.11%
居民服务业	82	0.48%	22.56%	41.51%	0.97%	2.63%	0.66%	2.25%	1.69%
其他服务业	83	0.63%	22.41%	35.99%	1.35%	3.70%	0.59%	1.40%	2.29%
教育	84	4.89%	74.69%	16.03%	9.87%	31.72%	0.31%	0.50%	1.67%
卫生	85	2.96%	56.01%	32.25%	6.57%	21.12%	0.39%	0.83%	2.77%
社会保障业	86	1.42%	53.81%	39.96%	1.36%	8.22%	0.17%	0.55%	2.07%
社会福利业	87	0.90%	30.92%	31.31%	0.87%	3.31%	0.22%	1.06%	4.13%
新闻出版业	88	7.65%	67.98%	15.58%	8.60%	14.51%	0.20%	0.72%	3.03%
广播、电视、电影和音像业	89	2.29%	62.91%	26.14%	4.56%	13.14%	0.33%	1.22%	4.84%
文化艺术业	90	2.19%	52.20%	30.15%	6.47%	15.73%	0.30%	0.73%	3.55%
体育	91	2.36%	54.53%	27.41%	3.94%	8.21%	0.27%	0.89%	3.54%
娱乐业	92	0.60%	23.41%	42.61%	0.50%	1.53%	0.23%	0.77%	0.76%
中国共产党机关	93	6.23%	80.60%	10.35%	0.88%	2.18%	0.26%	1.11%	2.75%
国家机构	94	2.50%	71.26%	19.73%	1.63%	6.68%	0.21%	0.72%	3.16%
人民政协和民主党派	95	5.53%	77.79%	13.05%	1.71%	2.81%	0.30%	1.70%	4.30%
群众团体、社会团体和宗教组织	96	2.19%	36.98%	25.98%	2.50%	4.91%	0.22%	0.43%	0.85%
基层群众自治组织	97	0.10%	11.21%	39.78%	0.17%	0.72%	0.04%	0.08%	0.07%

资料来源：根据第二次和第三次全国经济普查数据整理

表 8-5　不同行业的员工人力资本结构

行业名称	行业代码	学历 研究生	学历 本专科生	学历 高中生	专业技术职称 高级	专业技术职称 中级	技术等级 高级技师	技术等级 技师	技术等级 高级工
采矿业	B	0.12%	9.39%	28.64%	0.94%	3.83%	0.10%	0.64%	4.13%
制造业	C	0.26%	10.50%	32.76%	0.84%	2.96%	0.25%	0.81%	2.35%

续表

行业名称	行业代码	学历 研究生	学历 本专科生	学历 高中生	专业技术职称 高级	专业技术职称 中级	技术等级 高级技师	技术等级 技师	技术等级 高级工
电力、燃气及水的生产和供应业	D	0.41%	26.80%	43.45%	2.06%	7.48%	0.20%	1.59%	8.86%
建筑业	E	0.29%	15.21%	28.78%	1.10%	5.32%	0.49%	1.64%	3.73%
交通运输、仓储和邮政业	F	0.51%	24.58%	41.77%	0.68%	3.01%	0.22%	0.84%	3.62%
信息传输、计算机服务和软件业	G	5.49%	64.49%	23.05%	2.52%	8.04%	0.51%	0.94%	2.29%
批发和零售业	H	1.00%	34.22%	41.19%	0.91%	3.32%	0.29%	0.61%	0.97%
住宿和餐饮业	I	0.33%	17.96%	42.20%	0.61%	2.01%	0.37%	0.92%	1.45%
金融业	J	5.17%	68.32%	21.44%	2.97%	19.82%	0.27%	0.64%	0.78%
房地产业	K	0.95%	50.32%	34.67%	1.52%	9.43%	0.24%	0.73%	4.67%
租赁和商务服务业	L	2.73%	43.50%	30.43%	1.86%	5.26%	0.25%	0.60%	1.40%
科学研究、技术服务和地质勘查业	M	6.69%	59.72%	22.16%	9.93%	17.18%	0.58%	1.34%	4.37%
水利、环境和公共设施管理业	N	0.82%	29.44%	31.03%	1.67%	5.31%	0.33%	1.46%	9.12%
居民服务和其他服务业	O	0.56%	22.48%	38.66%	1.17%	3.18%	0.62%	1.81%	2.00%
教育	P	4.89%	74.69%	16.03%	9.87%	31.72%	0.31%	0.50%	1.67%
卫生、社会保障和社会福利业	Q	2.84%	55.02%	32.44%	6.21%	20.09%	0.38%	0.83%	2.80%
文化、体育和娱乐业	R	2.84%	50.99%	29.30%	4.80%	10.99%	0.27%	0.87%	3.11%
公共管理和社会组织	S	2.11%	55.88%	24.09%	1.42%	5.17%	0.18%	0.58%	2.29%

资料来源：根据第二次和第三次全国经济普查数据整理

不过，相对于制造业，服务业对员工人力资本水平的要求要高出很多，从表8-5中可以看到，信息传输、计算机服务和软件业，金融业，科学研究、技术服务和地质勘查业，教育等几个行业的员工中，本专科生及以上学历约为70%，而制造业只有10.76%，其他一些主要服务业对员工素质的要求也较高。比较两个表可以非常明显地看到，不同的行业对员工的人力资本水平的要求差异非常大，要实现产业升级，首先要求有很好的人力资本培育体系，能培养出足够符合行业发展的人才。

总结而言，第一，不同的产业会面临不同的人才需求，每个产业都会有其特有的知识含量和特定技能含量，产业升级与特定技能人力资本发展密切相关。第二，中国现有的产业结构还亟待转型，向高附加值行业转变，但这种转变绝非一朝一夕之功，完善的人力资本培育体系，多元化的人才培养是基础、是根本。根据前面的表格，我们简单测算，工业企业员工平均受教育年限 11 年，服务业员工平均受教育年限 14 年，如果我们要达到美国 80% 的 GDP 由服务业创造的程度，我国人均受教育水平至少要再提高 1~2 年。这是个什么概念呢？从 1998 年高校扩招到现在约 20 年时间里，我们的人均受教育年限大概提高了 1 年，这还不考虑教育质量、边际收益递减等问题。由此可见，产业结构调整与升级是一个长期的过程，人力资本培育是个基础性的准备，首先要扎实人力资本基础，才有可能实现产业升级。

第四节 人力资本与科技创新

科技创新实际上可以归为产业升级的一部分，前文关于产业升级的讨论很好地体现了教育的重要作用，科技创新相对产业升级是更为尖端、更为基础的工作，对人力资本的依赖程度只会更高。图 8-9 是省际教育发展水平与专利申请和授权情况，图 8-9（a）是人均教育支出与人均专利申请数量的关系，图 8-9（b）是人均教育支出与人均专利授权数量的关系。从图 8-9 中可以看到，人力资本发展水平越高的地方，专利申请和授权数量会越高。以教育支出为代表的人力资本发展同样有溢出效应，给定相同的教育发展水平，如果一个地区人口规模更大、人口密度更大，则会有相对更多的专利申请数量和授权数量。如北京、天津、上海、浙江、广东等地，科技创新活动会更为活跃，人力资本能够发挥更大的作用。

进一步，专利可以分为不同类型，包括发明专利、外观专利、实用新型专利三种，不同的专利类型对于科技创新的价值和意义是完全不同的，对于前沿科技发展而言，最为重要的是发明专利，这类专利能在更大程度上体现科学的原创性。表 8-6 列出了 2013 年到 2015 年这三年的各省区市不同类型的专利申请数量。从总量来看，江苏、浙江、广东、北京、安徽是专利申请大省（直辖市），均超过 10 万件，按申请密度来看，北京、上海、浙江等省市领先。发明专利方面也有类似的情形，仍然是北京、上海、江苏、浙江、广东、安徽、山东等省市领先。和经济发展类似，各地区之间专利申请差异极度不平衡，5 个省市的专利申请总数都超过 10 万件，而同时有 7 个省区申请总数还不到 5000 件，差距巨大。

需要指出的是，本节我们希望讨论人力资本对于科技创新的影响，但从量化角度而言，我们很难准确地对科技创新进行分析，从而选择了专利这一常见指标，发现人力资本培育对于专利申请与授权数量有重要意义。但是，在科技创新的整个流程中，到专利申请授权这一步实际上还只是刚刚开始，后面还有很长的路要

184 扩大中等收入群体与促进产业升级协同发展研究

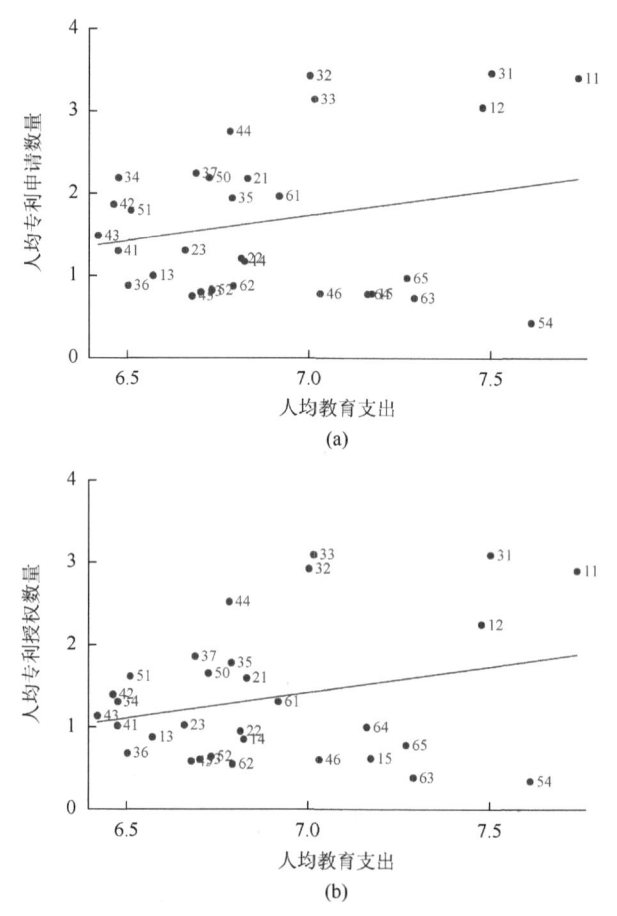

(a)

(b)

图 8-9 教育发展水平与专利申请和授权情况

资料来源：根据历年各省区市统计年鉴收集整理

表 8-6 2013~2015 年各省区市不同类型专利申请数量

省区市	省区市代码	发明专利申请数	外观专利申请数	实用新型专利申请数	专利申请总数
北京	11	52 901	4 556	58 379	115 836
天津	12	13 146	2 466	19 361	34 973
河北	13	6 089	2 504	13 170	21 763
山西	14	3 434	860	6 251	10 545
内蒙古	15	1 355	390	2 177	3 922
辽宁	21	7 630	1 094	11 330	20 054
吉林	22	1 466	363	2 290	4 119
黑龙江	23	3 637	999	5 395	10 031

续表

省区市	省区市代码	发明专利申请数	外观专利申请数	实用新型专利申请数	专利申请总数
上海	31	20 829	5 817	28 481	55 127
江苏	32	91 885	70 255	109 503	271 643
浙江	33	42 877	87 372	121 604	251 853
安徽	34	43 960	7 358	49 081	100 399
福建	35	8 954	14 498	20 881	44 333
江西	36	3 379	2 248	9 445	15 072
山东	37	34 388	8 800	47 061	90 249
河南	41	10 457	4 932	25 427	40 816
湖北	42	11 343	2 749	19 353	33 445
湖南	43	11 427	5 009	17 708	34 144
广东	44	59 034	34 840	79 629	173 503
广西	45	10 185	1 322	8 160	19 667
海南	46	545	127	551	1 223
重庆	50	11 402	6 346	18 751	36 499
四川	51	16 294	17 856	23 158	57 308
贵州	52	3 488	1 654	4 566	9 708
云南	53	2 649	912	5 113	8 674
西藏	54	15	15	3	33
陕西	61	4 894	1 426	7 771	14 091
甘肃	62	1 403	297	2 663	4 363
青海	63	276	91	427	794
宁夏	64	1 344	143	1 146	2 633
新疆	65	1 304	242	3 888	5 434

资料来源：中国专利数据库

走。所谓"研发"，按照发达国家的经验，当10%的资源配置在研究，90%的资源配置在开发时，将会有一个比较理想的技术转换效率，即科学技术前沿成果能够真正有效地转化为产品和生产力。而我们国家由于各方面的原因，重研究，轻开发，重论文成果，轻转化成果，资源配比还远远没有达到9∶1的比例，大量的科研成果还没有进行转化，也有大量的科研成果根本就没有转化价值。学校教育只能有助于科研创新，有助于研究，开发却是一个系统性工程，与教育体制、产权制度、金融支持等各方面都密切相关，需要通盘考虑。

简要总结本节的讨论，第一，信息时代，知识的积累速度非常快，不同类别的科技创新对人力资本培育有不同的要求。第二，原创性的科技创新是对新领域的探索，要求有以能力培养为基础的人力资本培育理念。第三，我国的专利申请和授权数量已经是全球第一，但成果转化率还比较低，这需要有更好、更完善的措施来促进成果转化。

第五节　人力资本与未来社会经济发展展望

从经济发展的角度来看，进入文明时代后的人类社会的演变主要经历了三个阶段，并正在迈向第四个阶段。第一个阶段是1800年之前的两千年间，第二阶段是从工业革命到第二次世界大战结束，第三阶段是从第二次世界大战结束到现在，第四阶段是指我们对于未来的预判。第一阶段是典型的农业社会，经济个体规模很小，自给自足，交通落后，市场狭窄，人们只能在一个很小的范围内交换资源，资源配置效率非常低，人们的生活水平变化不大，基本处于马尔萨斯低水平均衡。源于大航海时代的到来，经济个体能够接触的范围大幅度扩张，这种市场扩大和需求拉动带来了革命性的变化，需求创造了供给，大规模的需求扩张带来了技术的革命性突破。几百年以来的经济发展实践表明，资源配置效率的改善成为经济增长的核心，要素、技术和信息的组合构成现代经济增长的源泉。在信息流动和完善的基础上，要素开始流动，与特定的技术结合，形成最终产出。三者互动合作，互相促进和加强，缺一不可。18世纪以前，虽然有基本的生产要素，但要素流动和信息流动的成本非常高，技术交流速度也非常缓慢，形成的是低水平传统农业社会经济发展的均衡，经济发展水平很低，人均产出基本保持不变。工业革命以来的第二阶段，人均产出开始持续增长，这完全突破了原有的农业社会低水平均衡，使得人们开始从理论上思考经济持续增长的原因。$Y=AF(K, L)$是现代经济增长理论和实践的精髓，Y表示最终产出，K表示资本，L表示劳动，A表示以技术为核心的全要素生产率。两百多年来，经济学理论一直以这一基本的宏观经济核算解释和指导经济发展实践。资本、劳动和以技术为核心的全要素生产率构成现代经济增长的基本要素。从全球范围来看，经济发展是分区域、分阶段的，首先在部分国家之间进行贸易和资源交换，这部分国家先成为发达国家，这个格局到第二次世界大战基本已经奠定。第二次世界大战结束到现在，我们认为是全球经济发展的第三阶段，经济发展开始向发展中国家扩散，按照经济学的解释，符合新古典经济学的基本框架，各经济存在条件收敛，发展水平较低的国家增长速度会较快，发展水平较高的国家增长速度会较慢，最终所有的国家会收敛到几乎同一个经济发展水平。当然，这种趋同的存在是有条件，从"华盛顿共识"到"北京共识"等，都是在讨论如何促进经济增长的基本原则，此外，收敛的时间跨度也是一个大问题，并没有一定之规。在第三阶段中，发展中国家和发达国家的交流大幅度增加，很多国际组织开始建立，如联合国、世界银行、IMF、世界贸易组织等，这对维持市场经济政治基本秩序、促进经济增长起到了很大的作用。由此，很多发展中经济体开始兴起，韩国、中国、印度，再到后来的东欧国家等。相对而言，这是世界历史上难得的一段整体和平时期，全球经济得到了很大的发展，人民的生活水平、科技发展水平等都有了大幅度的提升。

总结而言，第一阶段的经济发展以自给自足为主，从经济增长的角度看，人力资本无论对于个人还是社会，作用都较为有限；第二阶段的经济发展以资源的跨区域配置、产品流动和要素流动为核心，资源配置效率的改善带来了经济效率的大幅度提升，分工是经济增长最重要的动力；第三阶段在分工的基础上发挥规模经济的作用，规模经济成为经济增长的核心动力。在第二阶段和第三阶段，教育、人才的作用都至关重要，正如前文所述，如果没有与之匹配的人力资本，就没有相应的产业结构和创新能力，就不可能发挥出比较优势和规模经济的巨大威力。但仍然需要强调的是，两个阶段中，经济增长最核心的动力还是来自分工和规模经济。未来，随着技术的不断进步，分工和规模经济促进经济增长的潜力越来越小时，人力成本的进一步上升会催生资本对劳动的迅速替代，这会是一个根本性的格局变化。现有国际分工体系基本上是以各国禀赋为基础的，一些国家提供资源，一些国家提供劳动力，一些国家提供研发等，共同形成产品生产，再通过贸易来实现资源的全球配置。一旦资本能在更大程度上替代劳动，那么发达国家对于发展中国家的依赖程度将大幅度下降，世界将可能由单峰模式转向双峰模式，文明的冲突离我们也许并没有那么遥远。我们研判，第四阶段的发展将是以制度和创新为核心竞争力的模式，一旦资本能够不断替代劳动，而要素的直接流动成本又非常低，那么全球产业布局就会在很大程度上由制度质量与公共服务质量来决定。另外，在普遍性的制度竞争、成本竞争之外，创新的水平将成为决定一个经济体综合实力的最重要因素，人力资本将发挥人类发展史上最为重要的作用。

第六节 总　　结

经济社会的发展最终都是为了实现人的发展。人力资本培育是经济发展最坚实的基础，也是以人为本的发展观的核心体现。制度设计合理，人力资本培育可以在实现人的发展的同时，带来社会经济的繁荣与发展，如果设计不合理，则有可能会造成资源错配，损失效率。结合前面的研究，我们认为政府决策和社会研究应该从以下几个方面做深入的研究和讨论，并以此为依据对相关政策进行适度调整，完善现有教育制度与人力资本培育体系，服务于社会经济发展与人的成长，以实现更高质量的人力资本匹配与产业升级。

第一，结构转型非一日之功，扎实人力资本培育，夯实基础。社会经济的发展经常会困惑于长期目标和短期目标的权衡。在我们以往的很多认识中，总认为教育的发展、国民素质的提升等是个长期的事情，需要有长远规划，但经济增长却更多的是个短期的事情。这就使得很多时候的决策会出现长期目标让位于短期目标，先保增长，再提升人力资本，从而出现教育经费投入不足，劳动力素质较低，经济增长乏力的恶性循环。如何看待这样一个问题呢？如果我们将经济增长理解为简单的资本和劳动的组合形成产出的过程，那么这种经济增长确实没有太高的技术含量。但是，经济增长，尤其是长期的经济增长绝对不是简单的资本与劳动的简单组合，经济增长的质量存在很大的差异。即使最简单的经济学模型，也认为经济增长至少包括三个方面的贡献：资本、劳动和全要素生产率。而全要素生产率中非常重要的因素就是技术和人力资本等密切相关的元素。应该说，长期以来，各国政策都观察到了经济增长质量的差异，都希望致力于经济结构转型升级。最近十多年，我国一直在推动经济发展模式转变，就是希望改变原有的投资拉动型模式，转向内生经济增长模式。在这里，我们需要特别表明的是，根据我们前面的研究，我们认为经济增长目标和国民人力资本培育是完全相辅相成的。长期而言，经济增长的唯一动力只有技术进步，而只有高水平的教育、高素质的劳动力才有可能带来技术进步。比如，举一个最简单的具体例子，根据现有的研究，不同产业存在不同的知识密集度，假设第一、第二、第三产业的知识密集度分别为6年、8年、10年，如果一个经济体希望由第一产业和第二产业各占50%转型升级到第二产业和第三产业各占50%，也就意味着该经济体的劳动者人均受教育程度必须由7年上升到9年。经济结构转型，依赖的是人力资本先行，没有人力资本的大发展，就不可能有真正的结构转型，只有培养了高水平的劳动者，才能带来经济发展质量的提升。因此，经济发展与人力资本培育是相辅相成、相互促进的。

第二，加强基础教育。教育是社会公平的底线，教育是社会流动最重要的堡垒，也是人力资本培育最坚实的基础。以人为本的发展方式和理念，要求我们必须为每个人的成长提供相对公平的机会。对于全体民众而言，也许没有哪一项其他投资会比教育更为公平了。接受教育在一定程度上对家庭拥有的其他禀赋的差异依赖程度较低，从而教育就可以成为一项大家普遍受益的公共品。在现代国家治理领域，政府一个非常重要的功能就是促进普遍发展、保障基本发展。这就涉及政府用什么样的方式来实现这一目标，任何的政策和措施都会有一定的受众，而受众的差异性和公平性是评价一项政策的重要标准之一。比如，基础设施建设、交通网络的发展和投资会促进经济更快的发展，这的确会使得全体国民共享发展成果，但这种共享并不是完全公平的，不同群体的受益程度差别非常大。类似的例子还有很多，而教育与一般公共支出项目的差异就在于会使不同群体都有相对公平的受益程度，而且促进普遍发展，也能保障基本发展，对现代国家治理而言，是一项最有价值的公共品投资。此外，还需要特别强调的是，随着社会经济的不断发展，社会对教育的需求不再局限于公平，也对教育质量、教育多元化等提出了更高的要求。分工的细化要求有更多专业化技能人才，政府作为教育的主要提供方，必须认真考虑这一社会需求，以更为开放包容的心态办好多元化教育，服务社会发展。

第三，高度重视产学研结合，尤其是技能密切相关的成果转化。教育很重要，经济发展也很重要，二者的关系相辅相成，但是高水平的教育、高水平的研究要转化为生产力，还是一个漫长的过程，需要有大量相关的配套政策和措施。基本教育保障基本公平，更高层次的教育则要担起科技创新的重任。几十年来，我们基础教育和高等教育的普及程度大幅度上升，但是，教育科研的成果转化方面还起步不久，做得还很不够。成果转化是一个系统工程，需要有产权保护、金融支持、公共服务等诸多方面的政策配套。首先，发挥高新区科技成果转化试验田的作用，考虑开展科技成果所有权混合所有制改革。受我国目前专利法等法律限制，企业、科研院所和高等学校在开展产学研合作时面临尚不清晰、明朗的利益分配问题，可能直接影响到校-地合作的实质成效和可持续性。高新区作为科研机构和高等院校科研成果转化的重要平台，要敢于先行先试，积极探索科技成果所有权混合所有制改革。其次，加强高新区孵化器市场化运作力度。成立孵化器管理企业，建立孵化器联盟，用市场化手段整合孵化资源，以中介、服务、投资、受托管理等多种市场形式，支持和参与科技成果的商品转化和相关产品产业化成长的经营运作，加速企业的技术创新过程。此外，各科技企业孵化器可以出台统一的孵化器政策，推动各孵化器之间开展广泛的业务合作，加强产学研互动结合，实现联盟企业间的资源共享、人才互补，以及技术、资金和产品的合作，提升科技企业孵化器的整体服务水平。尝试建立以孵化器管理公司和创业投资公司为市场服务手段，以孵化器孵化项目评价管理体系为依托，构建企业孵化投融资网络，最终形成由政府、风险投资机构、投资管理机构、投资人、金融机构、担保及其他中介机构组成的多元化投融资体系，对孵化企业提供从无偿资助到种子基金、风险投资和担保融资的全过程、多方位的金融服务，保证孵化企业的持续发展。发达国家的发展经历告诉我们,一项研究要转化为生产力有相当长期的过程,也需要有各方面的配套措施,单就从经费投入来看,研究与开发的费用比例为1:9最有利于科研成果转化,我国在这方面的发展还任重道远,后续需继续加强。

第四,以科技创新引领未来全球竞争。人是社会的动物,人更是时代的动物。那现在是什么样的时代呢?比如,这是一个科技革新风起云涌的时代。大数据分析、人工智能、机器人……这些技术创新将推动要素流动成本快速下降,要素替代程度不断上升,全球的生产和贸易格局将发生重大变革,一旦劳动越来越容易被资本替代,全球竞争的重点将转向制度和公共服务,转向科技创新。这就要求我们在人才培养和科技创新方面做得更好。首先,以批判思维培养独立和自由思考能力,这是科技创新的基础。劳动会不断被替代,但人永远不会。奈特说,面对不确定性的世界,思想(idea)和判断力(judgment)比知识(knowledge)更重要。康德说,如果一切都可知,自由就是不可能的;正因为不可知,自由才成为可能。正因为未知世界的存在,批判精神、自由思考才显得如此重要。制度和文明竞争的本质是理念和思想的竞争,如果没有批判的精神、自由的思考,就不可能有先进的理念和创造性的思想。我们学习这么多年的目的就是学会学习、学会思考,具备独立思考和研究问题的能力。作为社会动物,社会规范会框定人的行动范围,但保持一份自由思考的能力,保持自己一份应变能力,这对个人发展和社会发展都非常重要。其次,要有配套的人力资本培育与科技政策支撑创新。简单地说,人力资本培育要包容,要多元化,要尊重不同的个体各自的兴趣爱好和发展潜力,重视通识教育的同时也要重视专业知识培养,重视前期学校学历教育的同时也要注重后期专业技能培训。人力资本提升不是通过学校学历教育一次性完成,个人职业生涯远远长于学业生涯,我国劳动者的规模也远远大于在校学生规模,职业发展的同时实现人力资本提升是关键所在。后期个人专业技能培训、职业生涯的经验积累也有利于培育工匠精神,进一步提升人力资本与产业升级的匹配度,进而助力整体经济增长与社会进步。此外,科技创新是最高层次的产业转化,对产业转化的政策、环境会有更高的要求,这也需要我们从各方面进一步完善。

参考文献

安同良，千慧雄. 2014. 中国居民收入差距变化对企业产品创新的影响机制研究. 经济研究，（9）：62-76.

白成琦. 1991. 石油危机、通货膨胀的双重打击与日本企业对策——日本历史经验对我国的启示. 中国工业经济研究，（2）：73-80.

白雪洁，李爽. 2017. 要素价格扭曲、技术创新模式与中国工业技术进步偏向——基于中介效应模型的分析. 当代经济科学，（1）：30-42，125.

白重恩，钱颖一，谢长泰. 2007. 中国的资本回报率. 比较，（28）：1-22.

白重恩，钱震杰. 2009a. 国民收入的要素分配：统计数据背后的故事. 经济研究，（3）：27-41.

白重恩，钱震杰. 2009b. 谁在挤占居民的收入——中国国民收入分配格局分析. 中国社会科学，（5）：99-115，206.

白重恩，钱震杰. 2010. 劳动收入份额决定因素：来自中国省际面板数据的证据. 世界经济，（12）：3-27.

白重恩，钱震杰，武康平. 2008. 中国工业部门要素分配份额决定因素研究. 经济研究，（8）：16-28.

CCER"中国经济观察"研究组. 2007. 我国资本回报率估测（1978—2006）——新一轮投资增长和经济景气微观基础. 经济学（季刊），（3）：723-758.

陈斌开，林毅夫. 2013. 发展战略、城市化与中国城乡收入差距. 中国社会科学，（4）：81-102，206.

陈斌开，张鹏飞，杨汝岱. 2010. 政府教育投入、人力资本投资与中国城乡收入差距. 管理世界，（1）：36-43.

陈欢，王燕. 2015. 国际贸易与中国技术进步方向——基于制造业行业的经验研究. 经济评论，（3）：84-96.

陈继勇，盛杨怿. 2008. 外商直接投资的知识溢出与中国区域经济增长. 经济研究，（12）：39-49.

陈乐一，宾莎莎，杨云. 2017. 要素偏向型技术进步对我国经济波动的影响. 社会科学研究，（3）：19-27.

陈晓玲，连玉君. 2013. 资本-劳动替代弹性与地区经济增长——德拉格兰德维尔假说的检验. 经济学（季刊），（1）：93-118.

陈晓玲, 徐舒, 连玉君. 2015. 要素替代弹性、有偏技术进步对我国工业能源强度的影响. 数量经济技术经济研究, (3): 58-76.

陈宇羡, 申广军, 邹静娴. 2018. 信息技术的增长效应: 来自中国制造业企业的证据. 经济学报, (1): 112-130.

程承坪. 2021. 人工智能促进经济发展的途径. 当代经济管理, (3): 1-8.

程名望, Jin Y H, 盖庆恩, 等. 2016. 中国农户收入不平等及其决定因素——基于微观农户数据的回归分解. 经济学(季刊), (3): 1253-1274.

程文, 张建华. 2018. 收入水平、收入差距与自主创新——兼论"中等收入陷阱"的形成与跨越. 经济研究, (4): 47-62.

戴天仕, 徐现祥. 2010. 中国的技术进步方向. 世界经济, (11): 54-70.

邓明. 2014. 人口年龄结构与中国省际技术进步方向. 经济研究, (3): 130-143.

董直庆, 蔡啸. 2016. 技术进步方向诱发劳动力结构优化了吗?. 吉林大学社会科学学报, (5): 25-33, 187-188.

董直庆, 蔡啸, 王林辉. 2014. 技能溢价: 基于技术进步方向的解释. 中国社会科学, (10): 22-40, 205-206.

董直庆, 戴杰, 陈锐. 2013. 技术进步方向及其劳动收入分配效应检验. 上海财经大学学报, (5): 65-72.

樊纲, 姚枝仲. 2002. 中国财产性生产要素总量与结构的分析. 经济研究, (11): 12-19, 92.

樊潇彦. 2004. 中国工业资本收益率的测算与地区、行业结构分析. 世界经济, (5): 48-57.

范从来, 卞志村. 2003. 日本通货紧缩问题研究. 世界经济, (4): 26-34.

封进, 余央央. 2007. 中国农村的收入差距与健康. 经济研究, (1): 79-88.

傅晓霞, 吴利学. 2013. 偏性效率改进与中国要素回报份额变化. 世界经济, (10): 79-102.

顾颖, 岳永, 房路生. 2007. 中小企业发展与行业收入差距——基于政治经济学视角的实证分析. 管理世界, (1): 156-157.

郭克莎. 2019. 中国产业结构调整升级趋势与"十四五"时期政策思路. 中国工业经济, (7): 24-41.

郭熙保, 罗知. 2010. 中国省际资本边际报酬估算. 统计研究, (6): 71-77.

韩方明. 2002. 华人与马来西亚现代化进程. 北京: 商务印书馆.

韩军, 刘润娟, 张俊森. 2015. 对外开放对中国收入分配的影响——"南方谈话"和"入世"后效果的实证检验. 中国社会科学, (2): 24-40, 202-203.

韩永辉, 黄亮雄, 王贤彬. 2017. 产业政策推动地方产业结构升级了吗?——基于发展型地方政府的理论解释与实证检验. 经济研究, (8): 33-48.

何小钢, 王自力. 2015. 能源偏向型技术进步与绿色增长转型——基于中国33个行业的实证考察. 中国工业经济, (2): 50-62.

洪银兴. 2001. WTO条件下贸易结构调整和产业升级. 管理世界, (2): 21-26, 219-220.

胡建文. 2019. 新加坡组屋制度与深圳市保障性住房制度的比较分析. 住宅与房地产, (17): 72-75.

胡秋阳. 2016. 产业分工与劳动报酬份额. 经济研究, (2): 82-96.
黄季焜. 2008. 制度变迁和可持续发展: 30年中国农业和农村. 上海: 格致出版社.
黄玖立, 李坤望. 2006. 对外贸易、地方保护和中国的产业布局. 经济学 (季刊), (2): 733-760.
黄先海, 徐圣. 2009. 中国劳动收入比重下降成因分析——基于劳动节约型技术进步的视角. 经济研究, (7): 34-44.
黄祖辉, 张晓波, 王敏. 2006. 农村居民收入差距问题的一个分析视角: 基于农民企业家报酬的考察. 管理世界, (1): 75-82.
贾珅, 申广军. 2016. 企业风险与劳动收入份额: 来自中国工业部门的证据. 经济研究, (5): 116-129.
孔高文, 刘莎莎, 孔东民. 2020. 机器人与就业——基于行业与地区异质性的探索性分析. 中国工业经济, (8): 80-98.
孔宪丽, 米美玲, 高铁梅. 2015. 技术进步适宜性与创新驱动工业结构调整——基于技术进步偏向性视角的实证研究. 中国工业经济, (11): 62-77.
雷钦礼. 2013. 偏向性技术进步的测算与分析. 统计研究, (4): 83-91.
雷钦礼, 徐家春. 2015. 技术进步偏向、要素配置偏向与我国TFP的增长. 统计研究, (8): 10-16.
黎文靖, 郑曼妮. 2016. 实质性创新还是策略性创新?——宏观产业政策对微观企业创新的影响. 经济研究, (4): 60-73.
李稻葵, 刘霖林, 王红领. 2009. GDP中劳动份额演变的U型规律. 经济研究, (1): 70-82.
李坤望, 冯冰. 2012. 对外贸易与劳动收入占比: 基于省际工业面板数据的研究. 国际贸易问题, (1): 26-37.
李实. 2003. 中国个人收入分配研究回顾与展望. 经济学 (季刊), (2): 106-134.
李实, 罗楚亮. 2011. 中国收入差距究竟有多大?——对修正样本结构偏差的尝试. 经济研究, (4): 68-79.
李实, 宋锦, 刘小川. 2014. 中国城镇职工性别工资差距的演变. 管理世界, (3): 53-65, 187.
李实, 万海远. 2013. 提高我国基尼系数估算的可信度——与《中国家庭金融调查报告》作者商榷. 经济学动态, (2): 43-49.
李实, 岳希明, 史泰丽, 等. 2019. 中国收入分配格局的最新变化. 劳动经济研究, (1): 9-31.
李实, 赵人伟, 张平. 1998. 中国经济改革中的收入分配变动. 管理世界, (1): 43-56, 220.
李实, 朱梦冰. 2018. 中国经济转型40年中居民收入差距的变动. 管理世界, (12): 19-28.
李雅楠, 谢倩芸. 2017. 互联网使用与工资收入差距——基于CHNS数据的经验分析. 经济理论与经济管理, (7): 87-100.
李忠富, 徐淑红, 王永华. 2008. 借鉴韩国新村运动经验提升我国新农村基础设施建设水平研究. 建筑管理现代化, (6): 53-56.
梁琦, 张二震. 2002. 比较利益理论再探讨——与杨小凯、张永生先生商榷. 经济学 (季刊), (4): 239-250.
林毅夫, 蔡昉, 李周. 1999. 比较优势与发展战略——对"东亚奇迹"的再解释. 中国社会科学,

（5）：4-20，204.

林毅夫，陈斌开. 2013. 发展战略、产业结构与收入分配. 经济学（季刊），（4）：1109-1140.

刘慧慧，雷钦礼. 2016. 中国能源增强型技术进步率及要素替代弹性的测算. 统计研究，（2）：18-25.

刘世锦. 2019. 中国经济增长十年展望（2019—2028）：建设高标准市场经济. 北京：中信出版社：14-17.

卢晶亮. 2017. 资本积累与技能工资差距——来自中国的经验证据. 经济学（季刊），（2）：577-598.

陆雪琴，章上峰. 2013. 技术进步偏向定义及其测度. 数量经济技术经济研究，（8）：20-34.

罗楚亮，刘晓霞. 2018. 教育扩张与教育的代际流动性. 中国社会科学，（2）：121-140，207.

罗长远，张军. 2009a. 经济发展中的劳动收入占比：基于中国产业数据的实证研究. 中国社会科学，（4）：65-79，206.

罗长远，张军. 2009b. 劳动收入占比下降的经济学解释——基于中国省级面板数据的分析. 管理世界，（5）：25-35.

吕冰洋，郭庆旺. 2012. 中国要素收入分配的测算. 经济研究，（10）：27-40.

吕炜，杨沫，王岩. 2015. 城乡收入差距、城乡教育不平等与政府教育投入. 经济社会体制比较，（3）：20-33.

马红旗，黄桂田，王韧. 2017. 物质资本的积累对我国城乡收入差距的影响——基于资本—技能互补视角. 管理世界，（4）：32-46.

潘士远. 2008. 最优专利制度、技术进步方向与工资不平等. 经济研究，（1）：127-136.

潘文卿，吴天颖，胡晓. 2017. 中国技术进步方向的空间扩散效应. 中国工业经济，（4）：17-33.

皮凯蒂 T. 2014. 21世纪资本论. 巴曙松译. 北京：中信出版社.

钱忠好，牟燕. 2013. 土地市场化是否必然导致城乡居民收入差距扩大——基于中国23个省（自治区、直辖市）面板数据的检验. 管理世界，（2）：78-89，187-188.

沈坤荣，李剑. 2003. 中国贸易发展与经济增长影响机制的经验研究. 经济研究，（5）：32-40，56-92.

舒元，张莉，徐现祥. 2010. 中国工业资本收益率和配置效率测算及分解. 经济评论，（1）：27-35.

斯蒂格利茨 J E. 2020. 不平等的代价. 张子源译. 北京：机械工业出版社：10-22.

宋旭光，左马华青. 2019. 工业机器人投入、劳动力供给与劳动生产率. 改革，（9）：45-54.

孙早，侯玉琳. 2019. 工业智能化如何重塑劳动力就业结构. 中国工业经济，（5）：61-79.

田新民，王少国，杨永恒. 2009. 城乡收入差距变动及其对经济效率的影响. 经济研究，（7）：107-118.

童健，刘伟，薛景. 2016. 环境规制、要素投入结构与工业行业转型升级. 经济研究，（7）：43-57.

王班班，齐绍洲. 2014. 有偏技术进步、要素替代与中国工业能源强度. 经济研究，（2）：115-127.

王光栋. 2014. 有偏技术进步、技术路径与就业增长. 工业技术经济，（12）：59-65.

王光栋，芦欢欢. 2015. 技术进步来源的就业增长效应——以技术进步的要素偏向性为视角. 工业技术经济, (8): 147-153.

王静. 2016. 价格扭曲、技术进步偏向与就业——来自第三产业分行业的经验研究. 产业经济研究, (3): 91-101.

王林辉, 袁礼. 2018. 有偏型技术进步、产业结构变迁和中国要素收入分配格局. 经济研究, (11): 115-131.

王林辉, 赵景, 李金城. 2015. 劳动收入份额"U形"演变规律的新解释: 要素禀赋结构与技术进步方向的视角. 财经研究, (10): 17-30.

王文, 牛泽东, 孙早. 2020. 工业机器人冲击下的服务业: 结构升级还是低端锁定. 统计研究, (7): 54-65.

王永钦, 董雯. 2020. 机器人的兴起如何影响中国劳动力市场?——来自制造业上市公司的证据. 经济研究, (10): 159-175.

王勇, 沈仲凯. 2018. 禀赋结构、收入不平等与产业升级. 经济学(季刊), (2): 801-824.

魏下海, 董志强, 黄玖立. 2013. 工会是否改善劳动收入份额?——理论分析与来自中国民营企业的经验证据. 经济研究, (8): 16-28.

魏下海, 张沛康, 杜宇洪. 2020. 机器人如何重塑城市劳动力市场: 移民工作任务的视角. 经济学动态, (10): 92-109.

吴锦宇, 葛乙九. 2018. "机器换人"背景下劳动力就业问题的思考. 温州大学学报(社会科学版), (5): 11-18.

吴万宗, 刘玉博, 徐琳. 2018. 产业结构变迁与收入不平等——来自中国的微观证据. 管理世界, (2): 22-33.

肖红叶, 郝枫. 2009. 中国收入初次分配结构及其国际比较. 财贸经济, (2): 13-21, 45, 136.

徐舒. 2010. 技术进步、教育收益与收入不平等. 经济研究, (9): 79-92, 108.

徐现祥, 王海港. 2008. 我国初次分配中的两极分化及成因. 经济研究, (2): 106-118.

闫雪凌, 朱博楷, 马超. 2020. 工业机器人使用与制造业就业: 来自中国的证据. 统计研究, (2): 74-87.

杨娟, 赖德胜, 邱牧远. 2015. 如何通过教育缓解收入不平等?. 经济研究, (9): 86-99.

杨汝岱, 朱诗娥. 2007. 公平与效率不可兼得吗?——基于居民边际消费倾向的研究. 经济研究, (12): 46-58.

杨振兵. 2016. 有偏技术进步视角下中国工业产能过剩的影响因素分析. 数量经济技术经济研究, (8): 30-46.

杨振兵, 邵帅, 张诚. 2015. 生产比较优势、棘轮效应与中国工业技术进步的资本偏向. 数量经济技术经济研究, (9): 39-55.

姚洋, 郑东雅. 2008. 重工业与经济发展: 计划经济时代再考察. 经济研究, (4): 26-40.

姚毓春, 袁礼, 王林辉. 2014. 中国工业部门要素收入分配格局——基于技术进步偏向性视角的分析. 中国工业经济, (8): 44-56.

叶林祥, 李实, 罗楚亮. 2011. 行业垄断、所有制与企业工资收入差距——基于第一次全国经济普查企业数据的实证研究. 管理世界,（4）: 26-36, 187.

余玲铮, 魏下海, 孙中伟, 等. 2021. 工业机器人、工作任务与非常规能力溢价——来自制造业"企业—工人"匹配调查的证据. 管理世界,（1）: 47-59, 44.

袁志刚, 解栋栋. 2011. 中国劳动力错配对 TFP 的影响分析. 经济研究,（7）: 4-17.

张军. 2017. 坚持改革开放和扩大中等收入群体是跨越中等收入陷阱的关键. 经济研究,（12）: 17-18.

张莉, 李捷瑜, 徐现祥. 2012. 国际贸易、偏向型技术进步与要素收入分配. 经济学（季刊）,（2）: 409-428.

张伟, 朱启贵, 高辉. 2016. 产业结构升级、能源结构优化与产业体系低碳化发展. 经济研究,（12）: 62-75.

赵人伟. 2007. 我国居民收入分配和财产分布问题分析. 当代财经,（7）: 5-11.

赵勇, 魏后凯. 2015. 政府干预、城市群空间功能分工与地区差距——兼论中国区域政策的有效性. 管理世界,（8）: 14-29, 187.

郑猛, 杨先明. 2015. 有偏技术进步下的要素替代与经济增长——基于省级面板数据的实证分析. 山西财经大学学报,（7）: 1-10.

郑猛, 杨先明. 2017. 要素替代增长模式下的收入分配效应研究——基于中国省际面板数据的经验分析. 南开经济研究,（2）: 55-75.

郑猛, 杨先明, 李波. 2015. 有偏技术进步、要素替代与中国制造业成本——基于30个行业面板数据的研究. 当代财经,（2）: 85-96.

钟世川. 2014. 技术进步偏向与中国工业行业全要素生产率增长. 经济学家,（7）: 46-54.

钟世川. 2015. 中国全要素生产率增长的地区差异及阶段划分——基于偏向型技术进步对1978—2013年的测算和分解. 西部论坛,（2）: 65-72.

钟世川, 毛艳华. 2017. 中国全要素生产率的再测算与分解研究——基于多要素技术进步偏向的视角. 经济评论,（1）: 3-14.

周茂, 陆毅, 李雨浓. 2018. 地区产业升级与劳动收入份额: 基于合成工具变量的估计. 经济研究,（11）: 132-147.

周云波, 田柳, 陈岑. 2017. 经济发展中的技术创新、技术溢出与行业收入差距演变——对U型假说的理论解释与实证检验. 管理世界,（11）: 35-49.

朱琳, 汪波, 徐波. 2016. 中国技术进步偏向性的测算与分析. 技术经济,（11）: 73-78, 96.

Abel A B, Mankiw N G, Summers L H, et al. 1989. Assessing dynamic efficiency: theory and evidence. The Review of Economic Studies,（1）: 1-19.

Acemoglu D, Restrepo P. 2019. Automation and new tasks: how technology displaces and reinstates labor. Journal of Economic Perspectives,（2）: 3-30.

Acemoglu D, Restrepo P. 2020. Robots and jobs: evidence from US labor markets. Journal of Political Economy,（6）: 2188-2244.

Acemoglu D, Robinson J A. 2000. Why did the West extend the franchise? Democracy, inequality, and growth in historical perspective. The Quarterly Journal of Economics, (4): 1167-1199.

Acemoglu D, Robinson J A. 2015. The rise and decline of general laws of capitalism. Journal of Economic Perspectives, (1): 3-28.

Acemoglu D. 2002a. Directed technical change. The Review of Economic Studies, (4): 781-809.

Acemoglu D. 2002b. Technical change, inequality, and the labor market. Journal of Economic Literature, (1): 7-72.

Acemoglu D. 2003. Labor-and capital-augmenting technical change. Journal of the European Economic Association, (1): 1-37.

Acemoglu D. 2007. Equilibrium bias of technology. Econometrica, (5): 1371-1409.

Adelman I, Sunding D. 1987. Economic policy and income distribution in China. Journal of Comparative Economics, (3): 444-461.

Aghion P, Bolton P. 1997. A theory of trickle-down growth and development. The Review of Economic Studies, (2): 151-172.

Aghion P, Cai J, Dewatripont M, et al. 2015. Industrial policy and competition. American Economic Journal: Macroeconomics, (4): 1-32.

Aghion P, Caroli E, García-Peñalosa C. 1999. Inequality and economic growth: the perspective of the new growth theories. Journal of Economic literature, (4): 1615-1660.

Agrawal A K, Gans J S, Goldfarb A. 2019. Artificial intelligence: the ambiguous labor market impact of automating prediction. Journal of Economic Perspectives, (2): 31-50.

Aitken B, Harrison A, Lipsey R E. 1996. Wages and foreign ownership a comparative study of Mexico, Venezuela, and the United States. Journal of International Economics, (3/4): 345-371.

Alesina A, Rodrik D. 1994. Distributive politics and economic growth. The Quarterly Journal of Economics, (2): 465-490.

Alvarez-Cuadrado F, Poschke M. 2011. Structural change out of agriculture: labor push versus labor pull. American Economic Journal: Macroeconomics, (3): 127-158.

Anand S, Kanbur S M R. 1993. The Kuznets process and the inequality—development relationship. Journal of Development Economics, (1): 25-52.

Antras P. 2004. Is the US aggregate production function Cobb-Douglas? New estimates of the elasticity of substitution. Contributions in Macroeconomics, (1): 1-34.

Autor D H, Dorn D, Hanson G H. 2013. The China syndrome: local labor market effects of import competition in the United States. The American Economic Review, (6): 2121-2168.

Autor D H, Katz L F, Kearney M S. 2006. The polarization of the US labor market. NBER Working Paper.

Banerjee A V, Gertler P J, Ghatak M. 2002. Empowerment and efficiency: tenancy reform in West Bengal. Journal of Political Economy, (2): 239-280.

Banerjee A V, Newman A F. 1993. Occupational choice and the process of development. Journal of

Political Economy, (2): 274-298.

Bardhan P, Ghatak M. 1999. Inequality, market imperfections, and collective action problems. Working Paper.

Bartik T J. 1991. Who benefits from state and local economic development policies?. Working Paper.

Benabou R. 1996. Inequality and growth. NBER Macroeconomics Annual, (11): 11-74.

Benhabib J, Rustichini A. 1996. Social conflict and growth. Journal of Economic Growth, (1): 125-142.

Benito A. 2000. Inter-industry wage differentials in Great Britain. Oxford Bulletin of Economics and Statistics, 62: 727-746.

Bentolina S, Saint-Paul G. 2003. Explaining movements in the labor share. Contributions in Macroeconomics, (1): 1-33.

Berthold N, Fehn R, Thode E. 2002. Falling labor share and rising unemployment: long-run consequences of institutional shocks? German Economic Review, (4): 431-459.

Brandt L, Biesebroeck J V, Zhang Y. 2012. Creative accounting or creative destruction? Firm-level productivity growth in Chinese manufacturing. Journal of Development Economics, (2): 339-351.

Brandt L, Rawski T G. 2008. China's great economic transformation. London: Cambridge University Press: 683-728.

Brandt L, Thun E. 2010. The fight for the middle: upgrading, competition, and industrial development in China. World Development, (11): 1555-1574.

Caju P D, Lamo A, Poelhekke S, et al. 2010. Inter-industry wage differentials in EU countries: what do cross-country time varying data add to the picture? Journal of the European Economic Association, (2/3): 478-486.

Caselli F, Feyrer J. 2007. The marginal product of capital. The Quarterly Journal of Economics, (2): 535-568.

Caselli F, Ventura J. 2000. A representative consumer theory of distribution. The American Economic Review, (4): 909-926.

Cheng H, Jia R, Li D, et al. 2019. The rise of robots in China. Journal of Economic Perspectives, (2): 71-88.

Cho L J, Kim Y H. 1991. Economic development in the Republic of Korea: a policy perspective. Hawaii: East-West Center.

Chu Y P. 1995. Taiwan's inequality in the postwar era. Unpublished Paper.

Ciccone A. 2002. Agglomeration effects in Europe. European Economic Review, (2): 213-227.

Ciccone A, Hall R E. 1993. Productivity and the density of economic activity. NBER Working Paper.

Dalio R, Kryger S, Jason R, et al. 2017. Populism: the Phenomenon. Bridgewater: Daily Observations, (203): 226-3030.

de La Grandville O. 1989. In quest of the Slutsky diamond. The American Economic Review, 468-481.

Deichmann U, Lall S V, Redding S J, et al. 2008. Industrial location in developing countries. The World Bank Research Observer, (2): 219-246.

Deininger K, Squire L. 1996. A new data set measuring income inequality. The World Bank Economic Review, (3): 565-591.

Deininger K. 2003. Land policies for growth and poverty reduction. World Bank Publication.

Deininger K, Olinto P. 2000. Asset distribution, inequality, and growth. World Bank Group.

Dinlersoz E, Wolf Z. 2018. Automation, labor share, and productivity: plant-level evidence from US manufacturing. Working Paper.

Diwan L. 2000. Labor shares and globalization. World Bank Working Paper.

Diwan L. 2001. Debt as sweat: labor, financial crises, and the globalization of capital. World Bank Working Paper.

Du L, Harrison A, Jefferson G. 2011. Do institutions matter for FDI spillovers? The implications of China's "special characteristics". Working Paper.

Ebenstein A. 2012. Winners and losers of multinational firm entry into developing countries: evidence from the special economic zones of the People's Republic of China. Asian Development Review, (1): 29-56.

Ebenstein A, Margaret M, Zhao Y, et al. 2012. Understanding the role of China in the "decline" in US manufacturing. Working Paper.

Engerman S L, Sokoloff K L. 2002. Factor endowments, inequality, and paths of development among new world economics. National Bureau Working Paper.

Faber M. 2020. Robots and reshoring: evidence from Mexican labor markets. Journal of International Economics, 103384.

Fan S. 1991. Effects of technological change and institutional reform on production growth in Chinese agriculture. American Journal of Agricultural Economics, (2): 266-275.

Fan S, Pardey P G. 1997. Research, productivity, and output growth in Chinese agriculture. Journal of Development Economics, (1): 115-137.

Fan S, Zhang X, Robinson S. 2003. Structural change and economic growth in China. Review of Development Economics, (3): 360-377.

Färe R, Grosskopf S, Weber W L. 2006. Shadow prices and pollution costs in U.S. agriculture. Ecological Economics, (1): 89-103.

Galor O, Zeira J. 1993. Income distribution and macroeconomics. The Review of Economic Studies, (1): 35-52.

Goldsmith R W. 1951. A perpetual inventory of national wealth. Studies in Income and Wealth, (14): 5-74.

Gollin D. 2002. Getting income shares right. Journal of Political Economy, (2): 458-474.

Graetz G, Michaels G. 2018. Robots at work. Review of Economics and Statistics, (5): 753-768.

Greenwald B, Stiglitz J E. 2006. Helping infant economies grow: foundations of trade policies for developing countries. The American Economic Review, (2): 141-146.

Hall R E, Jones C I. 1999. Why do some countries produce so much more output per worker than others?. The Quarterly Journal of Economics, (1): 83-116.

Han J, Liu R, Zhang J. 2012. Globalization and wage inequality: evidence from urban China. Journal of International Economics, (2): 288-297.

Harrison A. 2002. Has globalization eroded labor's share? Some cross-country evidence. University of California at Berkeley and NBER.

Harrison A, Rodríguez-Clare A. 2010. Trade, foreign investment, and industrial policy for developing countries//Rodrik D, Rosenzweig M R. Handbook of Development Economics. 5. Qxford: North-Holland: 4039-4214.

Hausmann R, Hwang J, Rodrik D. 2007. What you export matters. Journal of Economic Growth, (1): 1-25.

He C, Wang J. 2012. Regional and sectoral differences in the spatial restructuring of Chinese manufacturing industries during the post-WTO period. GeoJournal, (3): 361-381.

Hicks J. 1932. The Theory of Wages. London: Macmillan.

Huff W G, Dewit G, Oughton C. 2001. Credibility and reputation building in the developmental state: a model with East Asian applications. World Development, (4): 711-724.

Ianchovichina E, Martin W. 2001. Trade liberalization in China's accession to WTO. Journal of Economic Integration, 16: 421-445.

Jr R E L. 1988. On the mechanics of economic development. Journal of Monetary Economics, (1): 3-42.

Jung J H. 1992. Personal income distribution in Korea, 1963-1986: a human capital approach. Journal of Asian Economics, (1): 57-71.

Kanbur R. 2000. Income distribution and development//Atkinson A B, Bourguignon F. Handbook of Income Distribution. 1. Oxford: North-Holland: 791-841.

Kanbur R. 2005. Growth, inequality and poverty: some hard questions. Journal of International Affairs, 58 (2): 223-232.

Karabarbounis L, Neiman B. 2014. The global decline of the labor share. The Quarterly Journal of Economics, (1): 61-103.

Kaushik P D, Singh N. 2004. Information technology and broad-based development: preliminary lessons from North India. World Development, (4): 591-607.

Klump R, de La Grandville O. 2000. Economic growth and the elasticity of substitution: two theorems and some suggestions. American Economic Review, (1): 282-291.

Klump R, Mcadam P, Willman A. 2007. Factor substitution and factor-augmenting technical progress in the United States: a normalized supply-side system approach. The Review of Economics and Statistics, (1): 183-192.

Krueger A O, Tuncer B. 1982. An empirical test of the infant industry argument. The American Economic Review, (5): 1142-1152.

Kuznets S. 1955. Economic growth and income inequality. The American Economic Review, (1): 1-28.

León-Ledesma M A, Mcadam P, Willman A. 2010. Identifying the elasticity of substitution with biased technical change. The American Economic Review, (4): 1330-57.

Lewis W A. 1954. Economic development with unlimited supplies of labour. The Manchester School of Economic and Social Studies, (2): 139-191.

Li C. 1996. Surplus rural laborers and internal migration in China: current status and future prospects. Asian Survey, (11): 1122-1145.

Liang Z, White M J. 1996. Internal migration in China, 1950-1988. Demography, (3): 375-384.

Lin J Y. 2011. New structural economics: a framework for rethinking development. The World Bank Research Observer, (2): 193-221.

Lindert P H, Williamson J G. 1985. Growth, equality, and history. Explorations in Economic History, (4): 341-377.

Liu Z. 2005. Institution and inequality: the hukou system in China. Journal of Comparative Economics, (1): 133-157.

Long C, Zhang X. 2011. Cluster-based industrialization in China: financing and performance. Journal of International Economics, (1): 112-123.

Lucas Jr R E. 1988. On the mechanics of economic development. Journal of Monetary Economics, 22 (1): 3-42.

McAdam P, Willman A. 2004. Production, supply and factor shares: an application to estimating German long-run supply. Economic Modelling, (2): 191-215.

Mcmillan M S, Rodrik D. 2011. Globalization, structural change and productivity growth. NBER Working Paper.

Mincer J A. 1974. Schooling, Experience, and Earnings. Cambridge: NBER.

Mirrlees J A. 1971. An exploration in the theory of optimum income taxation. The Review of Economic Studies, (2): 175-208.

Morel L. 2005. A sectoral analysis of labour's share of income in Canada. Working Paper, Research Department, Bank of Canada.

Nugent J B, Robinson J A. 2002. Are endowments fate?. Working Paper.

Oshima H T. 1987. Economic Growth in Monsoon Asia: A Comparative Survey. Tokyo: University of Tokyo Press.

Oshima H T. 1993. Strategic Processes in Monsoon Asia's Economic Development. Baltimore: Johns Hopkins University Press.

Oshima H T. 1994. The impact of technological transformation on historical trends in income distribution of Asia and the West. The Developing Economies, (3): 237-255.

Oshima H T. 1998. Income distribution policies in East Asia. The Developing Economies, (4): 359-386.

Pack H, Saggi K. 2006. Is there a case for industrial policy? A critical survey. The World Bank Research Observer, (2): 267-297.

Papanek G F, Kyn O. 1986. The effect on income distribution of development, the growth rate and economic strategy. Journal of Development Economics, (1): 55-65.

Partridge M D. 1997. Is inequality harmful for growth? Comment. The American Economic Review, (5): 1019-1032.

Perotti R. 1993. Political equilibrium, income distribution, and growth. The Review of Economic Studies, (4): 755-776.

Persson T, Tabellini G. 1994. Does centralization increase the size of government?. European Economic Review, (3/4): 765-773.

Piketty T. 1997. The dynamics of the wealth distribution and the interest rate with credit rationing. The Review of Economic Studies, (2): 173-189.

Piketty T, Yang L, Zucman G. 2019. Capital accumulation, private property, and rising inequality in China, 1978-2015. The American Economic Review, (7): 2469-2496.

Porter M E. 1998. Clusters and the new economics of competition. Harvard Business Review, 76(6): 77-90.

Ravallion M. 1991. Reaching the rural poor through public employment: arguments, evidence, and lessons from South Asia. The World Bank Research Observer, (2): 153-175.

Rodrik D. 1998. Why do more open economies have bigger governments?. Journal of Political Economy, (5): 997-1032.

Rodrik D. 1999. Where did all the growth go? External shocks, social conflict, and growth collapses. Journal of Economic Growth, (4): 385-412.

Seoghoon K. 2001. Globalization and income inequality in Korea: an overview. FDI, Human Capital and Education in Developing Countries Technical Meeting.

Serres A D, Scarpetta S, Maisonneuve C D L. 2001. Falling wage shares in Europe and the United States: how important is aggregation bias?. Empirica, (4): 375-401.

Smith A. 1937. The Wealth of Nations (1776). New York: Modern Library.

Solow R M. 1958. A skeptical note on the constancy of relative shares. The American Economic Review, (4): 618-631.

Song B N. 1990. The Rise of the Korean Economy. Oxford: Oxford University Press.

Summers R, Kravis I B, Heston A. 1984. Changes in the world income distribution. Journal of Policy Modeling, (2): 237-269.

Syrquin M. 1988. Patterns of structural change//Chenery H, Srinivasan T N. Handbook of Development Economics. 1. Qxford: North-Holland: 203-273.

Taylor J R. 1988. Rural employment trends and the legacy of surplus labour, 1978-1986. The China Quarterly, 736-766.

Wang L, Szirmai A. 2008. Productivity growth and structural change in Chinese manufacturing, 1980-2002. Industrial and Corporate Change, (4): 841-874.

Wei S J, Xie Z, Zhang X. 2017. From "made in China" to "innovated in China": necessity, prospect, and challenges. The Journal of Economic Perspectives, (1): 49-70.

Xin M, Kailing S, Sen X. 2013. Economic reform, education expansion, and earnings inequality for urban males in China, 1988-2009. Journal of Comparative Economics, (1): 227-244.

Yeung Y M, Lee J, Kee G. 2009. China's special economic zones at 30. Eurasian Geography and Economics, (2): 222-240.

Young A T. 2004. Labor's share fluctuations, biased technical change, and the business cycle. Review of Economic Dynamics, (4): 916-931.

Yu M. 2011. Moving up the value chain in manufacturing for China. Working Paper.

Yuen B. 2007. Squatters no more: Singapore social housing. Global Urban Development Magazine, (1): 1-22.

Yuhn K H. 1991. Economic growth, technical change biases, and the elasticity of substitution: a test of the de La Grandville hypothesis. The Review of Economics and Statistics, (2): 340-346.

Zhang X, Tan K Y. 2007. Incremental reform and distortions in China's product and factor markets. The World Bank Economic Review, (2): 279-299.

Zhao Y. 2000. Rural-to-urban labor migration in China: the past and the present. Rural labor flows in China. Berkeley: University of California Press: 15-33.

Zhao Z. 2005. Migration, labor market flexibility, and wage determination in China: a review. The Developing Economies, (2): 285-312.

Zucman G. 2016. Wealth inequality. The Poverty and Inequality Report.